早期汽车

奔驰1号

戴姆勒1号

福特A型车

1905年第一辆劳斯莱斯

福特T型车

1910年凯迪拉克

1929年布加迪

1938年甲壳虫

1939年雪佛兰

1939年别克

1949年福特

1955年宝马

中国轿车的鼻祖东风金龙CA71

红旗CA72

国产第一辆解放牌货车

上海轿车 SH760

各类汽车

客车

货车

警车

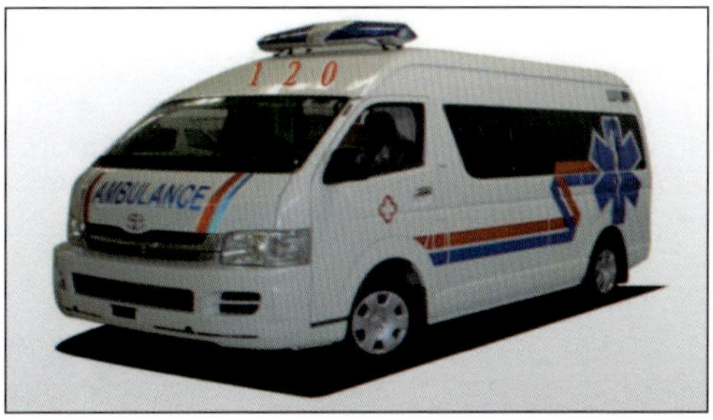

救护车

消防车

环卫车

军车

赛车

检阅车

校车

未来汽车

智能汽车

会飞的汽车

无人驾驶汽车

电动汽车

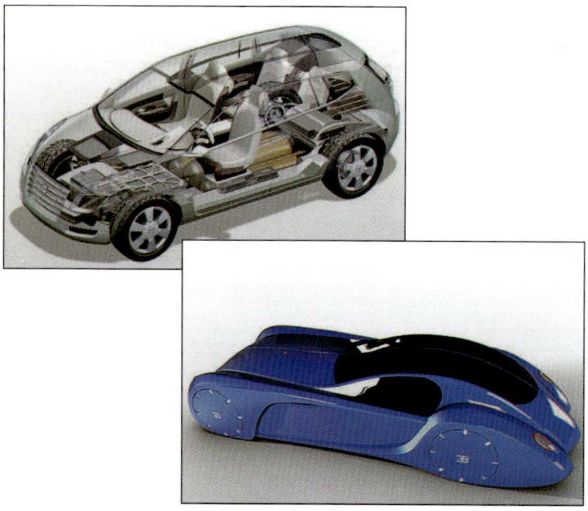

氢燃料汽车

太阳能汽车

车标集锦（一）

奔驰（德）	宝马（德）	迈巴赫（德）	奥迪（德）	大众（德）	欧宝（德）
亚琛施耐泽（德）	Arash（英）	卡尔森（德）	巴博斯（德）	劳伦士（德）	梅尔库斯（德）
保时捷（德）	阿尔宾娜（德）	猛狮（德）	精灵（德）	泰赫雅特（德）	威兹曼（德）
尼奥普兰（德）	别克（美）	眼镜蛇（美）	克莱斯勒（美）	凯迪拉克（美）	普利茅斯（美）
土星（美）	水星（美）	雪佛兰（美）	庞蒂亚克（美）	道奇（美）	林肯（美）
野马（美）	福特（美）	克尔维特（美）	悍马（美）	道奇·蝰蛇（美）	吉姆斯（美）
菲斯克（美）	菲斯克（美）	洛克（美）	特斯拉（美）	奥兹莫比尔（美）	
阿斯奎斯（英）	帕诺兹（美）	阿斯卡利（英）	迈凯伦（英）	捷豹（英）	
沃克斯豪尔(英)	名爵（英）	罗孚（英）	宾利（英）	摩根（英）	迷你（英）
卡特汉姆（英）	路特斯（英）	利兰（英）	阿斯顿·马丁（英）	拉贡达（英）	陆虎（英）

车标集锦（二）

劳斯莱斯（英）		菲亚特（意）	依维柯（意）	比安基（意）	法拉利（意）
玛莎拉蒂（意）	阿巴特（意）	兰博基尼（意）	阿尔法·罗米欧（意）	蓝旗亚（意）	伊索（意）
帕加尼（意）	雷克萨斯（日）	丰田（日）	丰田赛恩（日）	英菲尼迪（日）	日产（日）
本田（日）	讴歌（日）	铃木（日）	斯巴鲁（日）	马自达（日）	俊郎（日）
总统（日）	五十铃（日）	大发（日）	三菱（日）	光冈（日）	
日野（日）	布加迪（法）	雪铁龙（法）	文图瑞（法）	标致（法）	雷诺（法）
三星（韩）	现代（韩）	起亚（韩）	双龙（韩）	大宇（韩）	斯派朗（韩）
沃尔沃（瑞）	科尼塞克（瑞）	绅宝（瑞）	霍顿（澳）	西亚特（西）	毕加索（西）
特纳蒙塔纳（西）	波罗乃兹（波）	凯佰赫（俄）	MARUSSIA（俄）	嘎斯（俄）	伏尔加（俄）
拉达（俄）		塔塔（印）	普鲁顿（马）	宝腾（马）	世爵（荷）

车标集锦（三）

达契亚（罗）		阿罗（罗）	斯柯达（捷）	斯太尔（奥）	BRP（加）
解放（中）	荣威（中）	广汽（中）	北京吉普（中）		金杯（中）
跃进（中）	东风（中）	中华（中）	红旗（中）	夏利（中）	福田（中）
一汽（中）		纳智捷（中）	北京轻型（中）	理念（中）	双环（中）
奇瑞（中）		威麟（中）	瑞麒（中）	开瑞（中）	长丰（中）
比亚迪（中）		哈飞轿车（中）	哈飞微型车（中）	昌河（中）	
吉利（中）		帝豪（中）	全球鹰（中）	英伦（中）	华普（中）
上汽汇众（中）	川汽野马（中）	黑豹（中）	中客华北（中）	恒天（中）	华颂（中）
华翔（中）	航天汽车（中）	金程（中）	九龙（中）	卡威（中）	大迪（中）
凯马（中）	凯翼（中）	陆地方舟（中）	青年莲花（中）	康迪（中）	大通（中）

车标集锦（四）

美亚（中）	飞驰（中）	新雅途（中）	赛宝（中）	通家（中）	通田（中）
长城（中）		长安（中）			中顺（中）
江淮（中）		五菱（中）	东南（中）	力帆（中）	江铃（中）
安驰（中）		北汽制造（中）	北京汽车（中）	北汽幻速（中）	北汽威旺（中）
万丰（中）	陆风（中）	中兴（中）	宝龙（中）	江南（中）	天马（中）
新凯（中）		众泰（中）	福迪（中）	吉奥（中）	大地（中）
新龙马（中）	英致（中）	华泰（中）	永源（中）	云雀（中）	中誉（中）
观致（中）	美鹿（中）	海马（中）	宝骏（中）	长安重汽	中国重汽
亚星（中）	宇通（中）	上饶（中）	青年（中）	恒通（中）	江淮（中）
曙光（中）	五洲龙（中）	红岩（中）	金龙（中）		

高职高专“十三五”规划教材

汽车文化

(第3版)

主　编　仲子平　崔　勇
副主编　艾佳琨　高超学

北京航空航天大学出版社

内容简介

汽车文化涵盖的内容非常宽广。从广义上讲，凡是在汽车发明、设计、生产与使用过程中形成的物质财富与精神财富，均称之为汽车文化。本书一方面较为详细地阐述了汽车的历史与发展，汽车的分类、造型、性能等常识，汽车的设计与制造，世界著名汽车公司和我国主要汽车公司的概况、品牌及车标，汽车展览，汽车运动、汽车模特、艺术汽车等与汽车直接相关的文化；另一方面还介绍了包括选购、保险、上牌、检验、油料、维护、贸易在内的汽车消费与服务，汽车所面临的环境保护、能源节约、交通安全等社会问题及相关新技术以及汽车驾驶与考试等由汽车衍生出来的文化。

本书可作为高职高专院校汽车类专业的教材和教学参考书以及非汽车类专业学生的公选教材，也可作为汽车工作者和汽车爱好者学习和鉴赏的读物。

图书在版编目(CIP)数据

汽车文化 / 仲子平，崔勇主编. -- 3版. -- 北京 ：北京航空航天大学出版社，2016.6

ISBN 978-7-5124-2118-9

Ⅰ.①汽… Ⅱ.①仲… ②崔… Ⅲ.①汽车—文化 Ⅳ.①U46-05

中国版本图书馆CIP数据核字(2016)第103508号

汽车文化(第3版)

主　编　仲子平　崔　勇

副主编　艾佳琨　高超学

责任编辑　董　瑞　甄　真

*

北京航空航天大学出版社出版发行

北京市海淀区学院路37号(邮编100191)　http://www.buaapress.com.cn

发行部电话:(010)82317024　传真:(010)82328026

读者信箱:goodtextbook@126.com　邮购电话:(010)82316936

北京时代华都印刷有限公司印装　各地书店经销

*

开本:787×1 092　1/16　印张:13.25　字数:339千字

2016年7月第3版　2016年7月第1次印刷　印数:3 000册

ISBN 978-7-5124-2118-9　定价:32.00元

前　言

汽车，作为世界现代文明的产物，在其孕育、诞生和发展中，始终蕴涵着人类的文化意念，凝结着人类的智慧，汇聚着先进的科学技术，闪耀着人类对艺术追求的光芒，它以不同语言诠释着人类文明的进步与骄傲，不断地改变着人们的生产和生活方式，带动着世界经济的繁荣和发展。汽车在满足人们代步需求的同时也积累和蕴涵了丰富的精神财富，被赋予了更多的文化内涵，形成了一个独特的文化现象——汽车文化。

为了贯彻“将人文教育与科学教育、文化素质教育与专业素质教育实现有机结合，促进自然科学技术与人文社科成果交叉融合，让课程富有专业文化特色”课程教学理念的要求，汽车文化作为一门独立的课程在汽车及其相关专业普遍开设起来。

本书较为详细地阐述了汽车的历史与发展；汽车的分类与编号、总体构造与行驶原理、性能参数与指标等基本知识；汽车的制造过程与制造方式，汽车的选购、保险、上牌、检验、油料、维护、贸易等服务内容；汽车所面临的主要社会问题，包括环境保护、能源节约、交通安全及相关新技术；世界各国的主要汽车公司的概况、品牌及车标；汽车展览、运动等时尚活动；最后对汽车驾驶与考试也作了充分的介绍。本书内容全面、丰富、新颖，简明扼要，深入浅出，图文并茂，易于理解，将知识性与趣味性有机结合，为读者学习汽车基本知识，感受、弘扬并传播汽车文化提供了一个很好的平台，使读者在了解和掌握汽车基本知识的同时，培养对汽车的兴趣和爱好，提高对汽车的鉴赏能力。

本书由苏州农业职业技术学院仲子平和江苏农牧科技职业学院崔勇两位同志担任主编，具体分工为：仲子平负责编写彩页、第4、6章，并统稿，崔勇负责编写第2、3章，苏州农业职业技术学院的艾佳琨编写第7～9章，江苏农林职业技术学院的高超学编写第1、5章。

本书在编写过程中，参考和引用了大量文献资料，受篇幅所限，没能一一列出，特向有关作者致歉并表示衷心感谢！由于编者水平有限，错误和欠妥之处诚望广大读者指正。

作　者

2016年3月

目　　录

第 1 章　汽车的历史与发展

人类经历了漫长的靠双足行走、依靠畜力运输的时代后，发明了车轮和车。随着技术的发展，人们总是希望发明一种行走更快、运输效率更高的机器。伴随着工业革命中蒸汽机和内燃机的发明发展，汽车逐步成为最主要的陆上交通工具。百余年来，人们不断地将自己智慧的结晶凝聚于汽车工业技术之中，使这个改变世界的机器迸发出社会文化的意念，闪耀着当代科学技术、造型艺术、人机工程的光芒，诠释着当今人类的文明与骄傲。

1.1　汽车的诞生

1.1.1　汽车的雏形

1. 车轮和古代的车

在原始社会，人们发明了一种简单的工具，将圆木置于重物的下面，然后拖着走。重物即可由一个地方移到另一个地方，这被称为早期的木轮运输。后来人们发现用直径大的木轮运输速度较快，于是木轮的直径越来越大，逐渐演变为带轴的轮子，这便形成了最早的车轮雏形（见图 1.1）。关于车轮的发明，有一种主流的说法：大约公元前 3500 年，最早的车轮出现在美索不达米亚（Mesopotamia，意为“两条河之间的地区”，即纵贯伊拉克境内的幼发拉底河和底格里斯河之间的地区，今叙利亚东部和伊拉克境内），从中亚迁徙到这里的苏美尔人建立了最早的城市，并发明了车轮和战车。没有人知道制造早期车轮的工匠姓名，也许他们是从陶工那里得到了启发，因为那时陶工们用旋转的轮子制造陶器。从美索不达米亚出土的文物中可以发现最早的车轮图案（见图 1.2）。早期的轮子用实木制成，是用木钉把木板固定在一起，然后把它安装在车轴上。这种实心车轮装在运泥炭的马车上，十分笨重，拖动起来也十分吃力。美索不达米亚的工匠们挖掉了一些木料，造出了带有两个大洞的车轮，这就是最早带辐条的车轮。车轮的发明节省了人的体力，开创了人类使用交通工具的新纪元。

图 1.1　早期的车轮

图 1.2　发现最早的车轮图案

公元前 2207—1766 年,我国出现了辁(指没有轮辐的车轮)和各种有辐条的车轮。

大约公元前 3000 年,苏美尔战车出现在当时的浮雕上(见图 1.3),最早的苏美尔战车是极其简陋的,独辕,四个实心木轮,由驴牵引。

(a) 浮　雕

(b) 摹　本

图 1.3　苏美尔战车

中华民族也是最早使用车辆的民族之一。传说在公元前 2697 年,中国古代的黄帝开始造车,所以黄帝又号称"轩辕氏"。"轩"是古代一种有围棚的车,"辕"是车的基本构件,指车前驾牲畜的两根直木。不过,黄帝造车之说迄今为止尚未找到确凿的史料记载。

中国有关车辆的最早史料记载,是在公元前 2000 多年夏朝初期的大禹时代。有一名叫奚仲的"车正"(掌管车辆的官员),他发明的车由两个车轮架起车轴,车轴固定在带辕的车架上,车架附有车厢,用来盛放货物。这是有记载的中国第一辆车。有记载称早在公元前 1600 年的商代,我国的车工技术已达到相当高的水平,能制造出相当高级的两轮车(见图 1.4),采用辐条做车轮,外形结构精致、华美,做工也十分复杂。公元前 1100 年左右,出现了农用牛车(见图 1.5)。

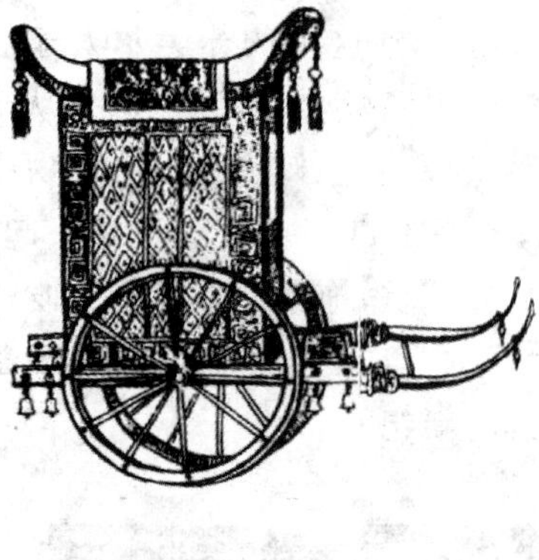

图 1.4　我国古代的两轮车

图 1.5　农用牛车

公元前 770—249 年的春秋时代,我国出现古代战车(见图 1.6),一般为独辀(辕)、两轮、方形车舆(车厢),驾四匹马或两匹马。

公元前一世纪罗马帝国时代,罗马的制车匠发现了西欧的凯尔特(Celt)人制造的四轮车,并加以改革,用旋转式前轴转动方向,用整片的轮辋与轮箍增加强度,用包有金属边的轮毂减少摩擦,使四轮马车的性能大为提高。此后的 1 000 多年里,这种用作长途运输的四轮马车(见图 1.7)成为世界各国主要的运输车辆。我国在西周时期,马车已经很盛行了。公元 13 世纪左右，中国高超的马车制造技术通过丝绸之路传到欧洲。这些马车不仅能拉货，同时还能载人。马车是至今人类历史上使用时间最长、最具影响力的陆地交通运输工具。

图1.6　我国春秋时代战车

图1.7　四轮马车

在我国历代车辆发展过程中，有重要技术价值的还要数指南针车（见图1.8）和记里鼓车（见图1.9）。据记载，三国时期（约公元220—228年）的马钧发明了指南针车。指南针车是一种双轮独辕车，车上有一个伸臂南指的小木人，不论车子如何前进、后退、转弯，木头人的手一直指向南方。后来（汉末魏晋时期）又出现了记里鼓车，它分上下两层，上层设一钟，下层设一鼓。记里鼓车上有两个小木人，头戴峨冠，身穿锦袍，高坐车上。车走一里，小木人击鼓一次，当击鼓十次，就击钟一次。可惜，中国制造指南针车和记里鼓车的资料未能保存下来。现在我们看到的指南针车和记里鼓车，基本上是依据宋代一位精通机械的进士燕肃制造的样式重新制造的。这两种车都是利用齿轮传动的原理而工作的。它们的出现，体现了中国古代技术的卓越成就。

图1.8　指南针车

图1.9　记里鼓车

公元200年左右，中国人发明了独轮手推车（见图1.10）。而西方到公元11世纪才使用独轮车，比中国晚了1 200年。独轮车能在极其狭窄的路面行驶，比用肩扛担挑省力。公元3世纪，三国时代的诸葛亮发明了“木牛流马”，用于在崎岖的栈道上运送军粮，且“人不大劳，牛不饮食”。

2. 自走式车的幻想与探索

尽管古代的人们对车辆不断改进探索，但总需要由人力或畜力驱动，速度和载重量都受到很大的限制，而且增添了饲养马匹的麻烦。能不能发明一种机器来代替呢？也就是能不能发明一种自走式车辆呢？带着这个问题，人类开始不断地探索。

公元7世纪，我国唐代天文学家僧一行(原名张遂，见图1.11)，第一个提出“激铜轮自转之法，加以火蒸汽运，名曰汽车”。他是世界上提出汽车设想的第一人。

图1.10　独轮手推车

图1.11　僧一行

1420年，有人制造出了一种滑轮车(见图1.12)。人坐在车内，借用人力使绳子不停地转动滑轮。车虽然走了起来，但由于人力有限，这辆车的速度就不能充分得以发挥，比步行还要慢。

15世纪，钟楼上响起的钟声，唤起意大利著名画家达·芬奇的突发奇想：制造以发条机构驱动的自行行驶的车子。达·芬奇将自己的设想画在纸上。只是，他的理想留在了纸上，并没有进行实际的研究。

1649年，德国钟表匠赫丘依照达·芬奇留下的设计图纸，试验制造了一台发条车(见图1.13)，车速达1.6 km/h。然而每前进230 m，就必须把钢制发条卷紧一次，这个工作的强度太大了，所以发条车也没有能够得到发展。

1600年，荷兰的西蒙·斯蒂芬根据帆船靠风力推进行驶的原理，造出了“双桅帆车”(见图1.14)。它实际上是在帆船上装上四个车轮而已，或者说是在马车上装上了桅帆。该车在海边的试验中最高车速达到了24 km/h，令人难以置信。然而，风力车的致命弱点在于风时有时无，时大时小，且风向不定，用来驱动车辆只能笑话百出、难顺人意。但它却反映了当时人们对“自行驱动”车辆的追求。

图1.12　1420年的滑轮车

图1.13　赫丘的发条车

图1.14　双桅帆车

1.1.2　蒸汽汽车的发展史

1. 蒸汽机的发明

人类在对“代步工具”的探索历程中，尽管经历了无数次的失败，但他们那种坚韧的创造精神和严谨的科学态度，是永远值得后人敬仰和学习的。正如英国大科学家牛顿所说的那样：我之所以看得远，不过是站在前人肩膀上的缘故。沿着前人开拓的道路，后来者更是始终不渝地追求着一个目标：为车辆装上一颗跳动的“心脏”——发动机。

1629 年，意大利工程师布兰卡发明了利用蒸汽冲击风轮旋转的机器，这是冲动式汽轮机的雏形(见图 1.15)。

1663 年，英国科学家牛顿(Newton)提出按“蒸汽射流”原理制造蒸汽机汽车。

1698 年，英国工程师托马斯·萨维利(Thomas Savery)在抽气机的原理基础上，制造了第一台用蒸汽作为动力的矿用抽水机。

1712 年，英国工程师托马斯·纽柯门(Thomas Newcommen)在萨维利蒸汽机的基础上，成功制成了纽柯门大气式蒸汽机(见图 1.16)。蒸汽通入气缸后推动活塞上行，接着在气缸内部喷水使它冷凝，造成气缸内部负压，气缸外的大气压力推动活塞向下，再通过杠杆、链条传动等机构带动水泵活塞提升做功。它的热效率低，燃料消耗量大，在欧洲流行了 60 年，主要用于矿井排水。

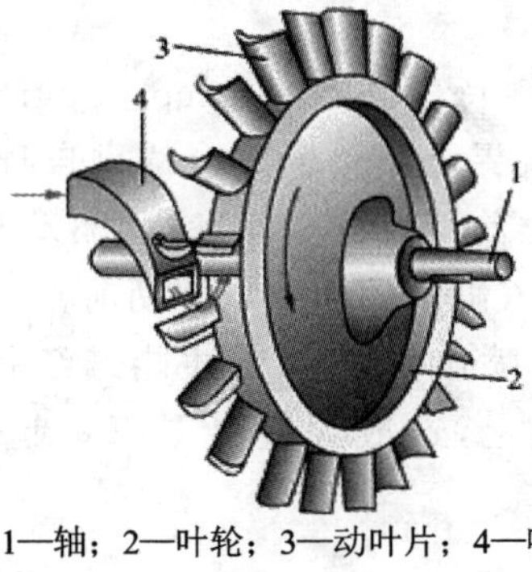

1—轴；2—叶轮；3—动叶片；4—喷嘴

图 1.15 冲动式汽轮机原理

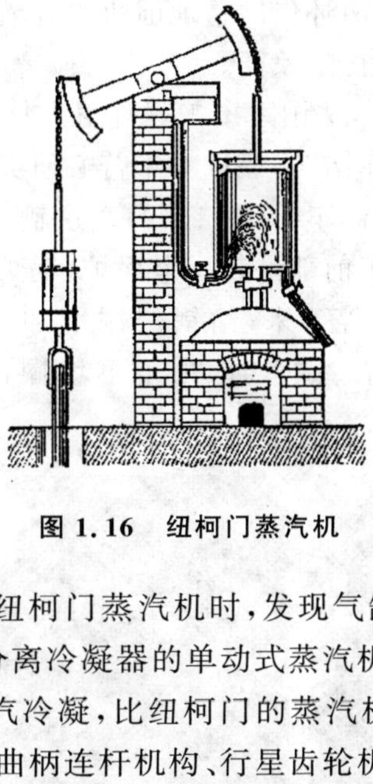

图 1.16 纽柯门蒸汽机

1765 年，英国的詹姆斯·瓦特(James Watt)在修理纽柯门蒸汽机时，发现气缸一会儿被加热，一会儿被冷却，白白浪费了很多热量，于是研制了分离冷凝器的单动式蒸汽机，让气缸始终是热的，负责做功，让另一容器始终是冷的，负责使蒸汽冷凝，比纽柯门的蒸汽机节约 75% 的煤。之后历经 20 余年的不懈研究，又制成了蒸汽机的曲柄连杆机构、行星齿轮机构、四连杆机构、配气机构、飞轮、离心调速器以及压力表等，首次较好地解决了从热能到机械能的转换问题。1781 年，瓦特进一步改进气缸的结构，制成双作用式蒸汽机(见图 1.17)，蒸汽可以从气缸的两头分别进入气缸，来推动活塞往复运动。瓦特蒸汽机广泛运用于火车、轮船等运输工具，以及采矿、冶金等行业，极大地推动了世界各国生产力的发展。恩格斯评论“蒸汽机是第一个真正国际性的发明”。为了纪念这位伟大的发明家，人们把常用的功率单位定为“瓦特(W)”。

2. 蒸汽机汽车的发展

蒸汽机发明以后，发明家们纷纷进行将它应用于车辆上的研究。最早在 1670 年，比利时传教士南怀仁(康熙的数学老师)在北京成功制造了一辆蒸汽涡轮车(见图 1.18)。这辆“车”长 60 cm，有四个车轮和一个导向轮，车身中央安置一个煤炉，上置盛水的金属曲颈瓶。水被加热到沸腾汽化，产生一定的压力，蒸汽由弯曲的瓶口高速射出，叶轮在蒸汽的冲击下转动，产

图1.17 瓦特和他发明的双作用式蒸汽机

生的动力再通过齿轮传递给车轮,驱动车辆前进。从原理上讲,这已称得上是很成功的一种蒸汽汽车。遗憾的是,由于当时清政府不重视科学技术,他的这项发明没有得到进一步的发展。迄今在北京南怀仁的墓地前仍矗立着一块镌有"耶稣南公之墓"字样的石碑,成为中国和西欧人民友好交往的象征。

1769年,法国军事工程师尼古拉斯·约瑟夫·柯诺特(Nichola Joseph Cugnot,也有人译成"古诺""库诺"),经过6年苦心研究,成功地制造出世界上第一辆完全依靠自身动力行驶的蒸汽机三轮汽车(见图1.19)。这辆木制的蒸汽机汽车前面有一个车轮,作驱动和转向,后面两个车轮,车前部吊装一个锅炉,锅炉产生的蒸汽推动气缸中的活塞以驱动前轮。它大约每走15 min就得停下来,给锅炉添水加煤,待锅炉里重新喷出蒸汽以后才能继续行走,速度为4 km/h左右。试车时,由于下坡操作不灵,撞到了墙上,这成为世界上第一起机动车交通事故。

图1.18 南怀仁和他发明的"蒸汽涡轮车"

图1.19 柯诺特发明的世界上第一辆蒸汽机车

柯诺特的尝试给后来者以极大的启发和激励。1804年,英国工程师理查德·特雷威蒂克(Richard Trevithich)制造出第一辆载客8人的高压蒸汽汽车。

1805年,美国的奥利弗·爱文斯(Oliver Evans)首次制造了水陆两用蒸汽机汽车(见图1.20)。该车下面有四个轮子,后面还有一个蹼轮,在陆地靠车轮行走,在水里靠蹼轮驱动。

1814年,英国人史蒂芬逊(Stephenson)制造了蒸汽火车(见图1.21)。由于蒸汽机在前进时不断从烟囱里冒出火来,所以人们称它为"火车"。

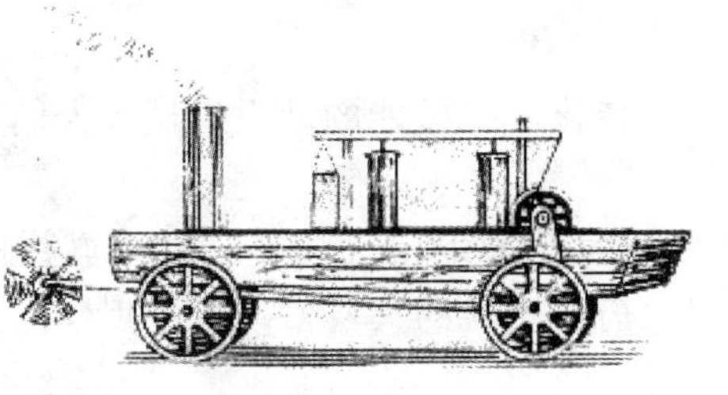

图 1.20　水陆两用蒸汽机汽车

图 1.21　第一辆蒸汽机火车

1825 年，英国的哥尔斯瓦底·嘉内(Goldsworthy Gurney)公爵制造出一辆蒸汽机公共汽车(见图 1.22)，车速达 19 km/h，可载 18 人。这辆车的蒸汽机安装在后部，后轮驱动，前轮转向。它采用了巧妙的专用转向轴设计，最前面两个轮子并不承载车重，可由驾驶者利用方向舵柄轻便地转动，然后通过一个车辕引导前轴转动，使转向轻松自如。不久，该车便在英国中部地区开始了正式营业，成为良好的陆上公共交通工具。

1833 年 4 月，英国人沃尔特·汉考克(Walter Hancock)用制造的"企业"(Enterprise)号蒸汽公共汽车(见图 1.23)，成立了世界上最早的公共汽车运输公司——苏格兰蒸汽汽车公司，进行固定线路收费的公共汽车运输服务。该车可载乘客 14 名，车速可达 32 km/h。

图 1.22　嘉内制造的蒸汽机公共汽车

图 1.23　汉考克蒸汽机公共汽车

蒸汽机汽车的迅速发展引起了马车商人的不满，他们利用各自的势力让政府不支持蒸汽机汽车。1865 年，以保守著称的英国制定了现在看来非常滑稽的"红旗法令"(即《机动车道路法案》)。该法令规定：凡两名乘客以上的载人车辆，当中一人应在车辆前方 50 m，手持红旗或红灯不断摇动，为机动车开道，警告行人并且负责限制车速；并规定蒸汽机汽车通过城镇的车速不得超过 3.2 km/h，通过乡村的车速不得超过 6.4 km/h。

具有讽刺意味的是，由于这条法令的实施，使得英国后来在制造汽车的起步上远远落后于其他工业国家。

由于蒸汽机汽车笨重，惯性大，制动困难，转向不灵敏，事故多，污染严重，启动困难(约 30～45 min)，热效率低(10%左右)，以及一些保守势力的严重阻碍，到 19 世纪中叶以后，蒸汽机汽车事业日趋衰落。

进入 20 世纪后，随着内燃机汽车、电动汽车的大量涌现和性能的不断提高，蒸汽机汽车渐渐退出了历史的舞台。但蒸汽机汽车在汽车发展史上占有重要的一页，它是现代汽车的奠基者，在汽车的"家谱"中，它应是"自动车"的祖先。

1.1.3 内燃机汽车的发展史

1. 内燃机的发明

内燃机是将燃料在气缸内部燃烧产生的热能直接转化成机械能的动力机械。人们对内燃机的探索从17世纪就已经开始。

1670年,荷兰的物理学、数学家和天文学家惠更斯发明了采用火药在气缸内燃烧膨胀推动活塞做功的机械,即"内燃机",又称"火药机"。用火药作燃料的火药发动机是现代内燃机原理的萌芽。

1794年,英国人斯特里特提出从燃料的燃烧中获取动力,并第一次提出燃料与空气混合的概念。

1833年,英国人赖特提出了直接利用燃烧压力推动活塞做功的设计。直到1860年,在比利时出生的法国工程师埃提纳·雷诺尔(Etienne Lenoir)模仿蒸汽机的结构,设计制造出第一台实用的煤气机(见图1.24)。它由水平放置的一个气缸和双侧做功的活塞组成,用滑阀开闭控制进气和排气,没有压缩,热效率只有3%。

1861年,法国工程师罗彻斯(Rochas)提出了著名的内燃机四冲程理论,即活塞在气缸中上下移动四次,完成进气、压缩、做功和排气一个循环,可以有效地提高热效率。100多年来的往复式汽车发动机,都是采用该四冲程理论。

1866年,德国工程师尼古拉斯·奥托(Nikolaus Otto)和郎根(Eugen Langen)合作制造了大气发动机(见图1.25),也称自由活塞式发动机,热效率比雷诺尔煤气机高30%,并创建N. A. Otto & Cie公司,是第一个制造发动机的公司,后来发展成为世界最大的发动机制造商——道伊茨发动机公司。当时戴姆勒、迈巴赫等一批汽车设计师都在该厂工作。

图1.24 雷诺尔制造的第一台煤气机

图1.25 大气发动机

1876年,经过多年研制实验,奥托研制了一台往复活塞式四冲程煤气内燃机(见图1.26),单缸、卧式、功率3.2 kW、压缩比2.66。这种发动机对进入气缸的空气和煤油混合物先进行压缩,然后点火,具有进气、压缩、做功、排气四个行程,热效率达14%,比没有压缩的发动机提高了3倍。为了纪念奥托的发明,人们把这种循环改称为奥托循环。尽管奥托内燃机当时还不能用在汽车上,但是作为动力源在其他行业中表现出的效率高、质量轻、体积小、使用方便、运转有力、速度平稳等优点,为汽车的发明解决了最关键的技术难题,为汽车的诞生奠定了坚实的基础。

图 1.26 奥托和活塞式四冲程内燃机

1883 年 8 月，德国的汽油机发明家戈特利布·戴姆勒(Gottlieb Daimler，见图 1.27)与威尔海姆·迈巴赫(Wolhelm Maybach，见图 1.28)合作，成功制造出世界上第一台四冲程往复式汽油机，此发动机上安装了迈巴赫设计的化油器，还用白炽灯管解决了点火问题。它的特点是质量轻、功率大、转速快(可达 800～1 000 r/min，远远超过当时其他内燃机的不到 200 r/min 的转速)、体积小、效率高，特别适合作为交通工具使用。1885 年，他们俩又研制出世界第一台风冷立式单缸二冲程汽油机，功率 809 W。之后，他们把它装在两轮自行车上，制成世界上第一辆摩托车(见图 1.29)。该摩托采用橡木车架，真皮坐垫，木制车轮，带传动，利用压带轮控制带转动，一级齿轮变速，最高车速可达 11.2 km/h。

图 1.27 戈特利布·戴姆勒

图 1.28 威尔海姆·迈巴赫

图 1.29 世界第一辆摩托车

1890 年，德国冷藏师鲁道夫·狄塞尔(Rudolf Diesel)受面粉厂粉尘爆炸的启发，设想将吸入气缸的空气压缩，使其温度超过燃料的自燃温度，再将燃料喷入气缸，使之燃烧，第一个提出了压燃式内燃机原理。并于 1893 年试制出了第一台柴油机(见图 1.30)，热效率达 26%，比汽油机高得多。人们为了纪念他，就把柴油机称为“狄塞尔发动机”。

目前市场上的汽车普遍使用的是往复式活塞发动机。或许你不知道，还有一种知名度很高、但应用很少的发动机，那就是转子发动机，又称为米勒循环发动机(见图 1.31)。它采用三角转子旋转运动来控制压缩和排放，与传统的活塞往复式发动机的直线运动迥然不同。这种发动机由德国人菲加士·汪克尔发明，在总结前人研究成果的基础上，解决了密封、润滑等一些关键技术问题，于 1954 年成功研制了第一台转子发动机。

图1.30　狄塞尔及其发明的柴油机

图1.31　转子发动机

2. 内燃机汽车的发明

1885年，德国工程师卡尔·本茨(Carl Benz)造出一台单缸二冲程汽油机，排量0.785 L、转速300 r/min、功率655 W。1886年1月29日，本茨将它装在一辆三轮车后面车架上，成为世界上第一辆三轮汽车(见图1.32)，并申请了专利，为此这一天被后人称为现代汽车诞生日。该车采用蓄电池-高压线圈点火，有散热器。车身采用金属管架，辐条式橡胶轮，通过前面一个小轮，由操纵杆控制方向，首次采用齿轮齿条转向器；后面两个大轮子之间装有世界上最早的差动齿轮装置(差速器)，还装有变速器和制动器；在车架与车轴之间，首次装有弹簧悬架，使乘坐舒适。该车已具备了现代汽车的一些基本特点，最高车速15 km/h。

1886年，就在本茨研制第一辆三轮汽车的时候，戈特利布·戴姆勒也同时造出了世界上第一辆四轮汽车(见图1.33)。该车采用单缸四冲程水冷汽油机，功率1.1马力，转速6 500 r/min，发动机后置，后轮驱动，前轮转向，最高车速可达14.4 km/h。后人把他与本茨同誉为“汽车之父”，公认为以内燃机为动力的现代汽车的发明者。

图1.32　卡尔·本茨和他发明的三轮汽车

图1.33　世界上第一辆四轮汽车

1898年，英国人阿尔道夫·布什，将柴油机成功地装在汽车上，开创了柴油机汽车的先例。

3. 内燃机汽车技术的发展和完善

受限于当时的工业基础，世界第一辆汽车十分简陋，只能把它看作是脱离了马的“马车”。随着新技术的不断发明和创新，汽车技术也有了不断的进步和变化。

1796 年，意大利科学家沃尔兹发明了世界上第一台蓄电池，为汽车的电点火和电启动奠定了基础；1838 年，英国人亨纳特发明了世界第一台内燃机点火装置；1858 年，法国工程师洛纳因发明了世界上第一只用陶瓷绝缘制成的火花塞（见图 1.34）；1901 年，德国 Bosch（博世）发明了高压磁电机点火装置；1953 年，晶体管被应用于汽车点火系；20 世纪 70 年代后期，汽车开始应用微机点火系。

图 1.34　火花塞

1892 年美国人杜里埃发明了喉管型喷雾化油器，开创其后上百年使用化油器的先河；1945 年汽油喷射系统应用于军用战斗机；1953 年美国奔第克斯（Bendix）首先开发了电子喷射器（Electrojector）；1954 年，德国奔驰公司在奔驰 300SL 上安装了机械式汽油喷射系统（K 型）；1967 年，德国 Bosch 公司推出电控燃油喷射装置（Electronic Fuel Injection，EFI），成为内燃机史上又一重大突破。柴油机电控喷射技术也迅速推广和普及，其技术水平日趋成熟。

1901 年，迈巴赫发明了蜂窝状的冷却水箱；1917 年，美国凯迪拉克汽车公司研制出了第一个电启动器。

1888 年，英国人约翰·伯德·邓洛普发明了充气轮胎。1889 年，法国的米其林公司发明了首个自行车可拆卸轮胎；1895 年，制造出了首个轿车用充气轮胎，极大地改善了汽车的行驶性能；1937 年，又研制出子午线轮胎，极大地提高了轮胎行驶方向的稳定性。1902 年，法国的狄第安采用了流传至今的狄第安后桥半独立悬架。

1889 年，法国人标志（Peugeot）成功研制出了齿轮变速器、差速器；同年，戴姆勒在他的汽车上采用装有滑动小齿轮的四速齿轮手动变速器；1891 年法国人首次采用了前置发动机后轮驱动，并开发出摩擦片式离合器；1898 年，法国的雷诺一号车采用了厢式变速器、万向节传动轴和齿轮主减速器；1929 年，美国凯迪拉克公司研制出了同步器，以便顺利换挡；1939 年，美国通用汽车公司的奥兹莫比尔汽车采用了液控变速器（AT）；1969 年，出现了电子控制变速器（AMT）；1987 年，福特汽车公司首次在市场上推出了金属带式无级变速器（CVT）；2000 年，保时捷汽车公司发明了一种手动/自动一体化变速器。

1896 年英国人首次采用了石棉制动片和转向盘；1902 年，英国人发明了盘式制动器；法国人雷诺发明了鼓式制动器；1904 年，气压制动系统开始采用；1918 年，美国人麦克姆·罗西德制成了四轮液压制动器；1928 年，制动防抱死制动理论被提出；1936 年，双管路紧急制动系统问世；当年，德国 Bosch 公司开始研发防抱死系统（Antilock Braking System，ABS）；1954 年，ABS 用于福特林肯轿车上；1978 年，Bosch 公司首先推出了采用数字式电子控制装置的制动防抱死系统，并将该装置安装在奔驰车上，揭开了现代 ABS 系统发展的序幕。

随着汽车技术的不断发展，人们同时也追求汽车车身外形的多样性。汽车车身外形经历了马车形、箱形、甲壳虫形、船形、鱼形、楔形等的变化。

早期生产的汽车基本上沿用了马车形车身（见图 1.35），这与最初的汽车是在马车的基础上发展起来的有关。

箱形汽车的发动机室和乘客室为方正形,像个箱子(见图1.36)。这是未考虑空气动力学原理的技术未成熟时代的产物。

图1.35 马车形汽车

图1.36 箱形汽车

甲壳虫形汽车(见图1.37)设计成流线型,风阻小,外观时尚,但空间狭小,横向稳定性差。

船形(见图1.38)是世界上数量最多的一种车型,明显地将其分为发动机室、乘客室、行李箱三部分,中部突起,就像一条船,这也是现代三厢轿车的先驱。发动机前置,重心前移,使风压中心位于汽车重心之后,避免了横向不稳,但尾部空气涡流作用较强。

图1.37 甲壳虫形汽车

图1.38 船形汽车

鱼形汽车(见图1.39)后窗倾斜,形成斜背式,类似鱼形,这样可克服船形汽车的上述缺点,但汽车高速行驶的升力较大。

楔形汽车(见图1.40)为从根本上解决汽车升力的问题,车身前部整体向下倾斜,车身后部平齐,或在汽车尾部安装一个翘起的尾翼。其造型酷似子弹头,故而又称子弹头形,一些多用途汽车多用此形。

图1.39 鱼形汽车

图1.40 楔形汽车

1.1.4 电动汽车的发展史

电动汽车是指用蓄电池或燃料电池作能源的电机驱动的汽车。电动汽车具有噪声小、启动迅速、使用方便等特点，适用于城市和郊区客、货运输。

随着电动机、蓄电池和变压器的发明，1873 年英国人戴维森制成了第一辆有实用价值的电动汽车。1881 年，法国工程师古斯塔夫·特鲁夫以铅酸电池为动力制成了一辆电动三轮车。1882 年，英国阿顿和培理教授也制成一辆三轮电动车（见图 1.41）。在 1891 年，美国人威廉姆·莫瑞森（William Morrison）制成了第一辆四轮电动车（见图 1.42），这使电动车向实用化方向迈出重要一步。1899 年，比利时人制造的流线型电动赛车（见图 1.43），创造了时速 68 英里的世界纪录。

图 1.41　1882 年电动汽车

图 1.42　莫里森的第一辆四轮电动车

20 世纪初，世界的科技进步很快。铅酸电池的不断改进，充气轮胎的出现，方向盘及转向杆的发明，手动和脚动制动器的问世，以及电驱动系统的充电器、控制和牵引电机的技术改善，都为电动车的技术进步注入活力，加速了电动汽车的发展。电动汽车有电池驱动的，也有通过电线驱动的有轨和无轨电车。在世界各大城市，如纽约、底特律、伦敦、巴黎街头随处可见（见图 1.44），电动汽车进入了黄金年代。由于电动车电池成本太高（当时一年的充电费相当于购买一部新车的价格）、行驶距离短等，在以后的 10 多年里，尽管电动汽车在数量上有所增加，但后来居上的内燃机汽车几乎一下子替代了发展近半个世纪、有过辉煌历史的电动汽车。这时，世界上的电动汽车又进入一个沉睡的年代。

图 1.43　流线型电动车

图 1.44　20 世纪初的电动汽车

一个多世纪以来，电动汽车的升起和沉落一直是一个不解之谜，但它对汽车产业的发展极具诱惑力。今日，随着世界交通运输的发展，内燃机汽车的噪声和排气污染成为了严重的社会问题，这促使休眠了几十年的电动汽车，在 20 世纪 60 年代后期又重新引起各国的重视。一个现代的电动汽车时代即将来临。不过至今,现代电动汽车前进的步伐既令人振奋又令人困惑。世界各国为发展现代电动汽车倾注了巨大的力量,但仍步履艰难。尽管如此,全球汽车业者已经完全意识到,要以坚定的意志、最合适的技术选择和产业决策,让电动汽车东山再起。

通用汽车公司1996年推出两座位电动汽车EV1(见图1.45),但EV1在车坛的寿命只有3年,1999年通用汽车公司宣布停产。

2008年日本的Topia公司推出了一款只有一个座椅的环保电动概念车HUVO(见图1.46),大量使用了铝合金和碳纤维,质量只有150 kg。

图1.45 通用EV1电动车

图1.46 单人概念电动汽车HUVO

2009年宝马汽车公司推出Mini E(见图1.47)。比亚迪汽车公司推出双模电动车,搭载的是全球首创的DM双动力混合系统,实现了既可充电,又可加油的多种能源补充方式,是真正意义上的双动力混合系统。

电动汽车的发展关键在于改善蓄电池的性能。电动汽车需要能量密度高、输出特性好、使用寿命长、制造成本低的蓄电池。但目前使用的蓄电池一般都不能满足作为汽车动力源的需要,因此世界各国都致力于高能蓄电池的研究工作。目前所研制的有钠硫蓄电池、铁镍蓄电池、镍锌蓄电池、锌氯蓄电池、锌空气蓄电池等。有的国家还正在研制氢燃料电池和混合动力的电动汽车。

图1.47 宝马Mini E

1.2 世界汽车工业的发展

汽车自诞生以来,经过不断改进和发展,大大地改变了人类的生活方式,提高了人们的生活质量。汽车及其技术的发展促进了汽车工业的发展。

1.2.1 汽车工业的摇篮——德国

1886年德国人本茨和戴姆勒分别成功地将内燃机装在三轮车和四轮车上,发明了世界上第一辆三轮汽车和四轮汽车。他们的伟大之处在于,没有将发明的汽车停留在实验室阶段,而是将发明的汽车生产出来,以替代当时流行的马车。事实上,本茨和戴姆勒不仅是伟大的发明家,还是著名的企业家。

1883 年 10 月，卡尔·本茨创立了本茨公司和莱茵煤气发动机厂，开始生产工业用二冲程发动机。1890 年，本茨的公司已经是德国第二大发动机制造商。1894—1899 年生产的维洛牌(Velo)汽车(见图 1.48)，是第一款大量生产的汽车，产量共计 1 200 辆。雇员从 1890 年的 50 人增加到 1899 年的 430 人。1899 年产量达到 572 辆，是当时世界上最大的汽车制造商。

1890 年，戴姆勒与人合伙建立了戴姆勒发动机公司，进行固定式发动机和汽车的生产。1901 年，第一辆梅赛德斯轿车诞生(见图 1.49)，年产量 96 辆。

图 1.48　维洛牌汽车

图 1.49　梅赛德斯轿车

一直为竞争对手的戴姆勒公司和奔驰公司，迫于市场困境的压力，于 1924 年 5 月 1 日组成共同利益联盟，联合进行产品的销售和服务，并于 1926 年 6 月 28 日合并为戴姆勒-奔驰股份公司。因此可以说，德国既是现代汽车文明的发祥地，也是世界汽车工业的摇篮。

1.2.2　法国的单件小批量生产

图 1.50　P&L 公司生产的汽车

尽管 1886 年德国发明了汽车，但由于德国刚成为独立、统一的国家，其经济实力不如法国。法国政府因军事需要修建了公路网，为汽车工业的发展创造了良好的条件。戴姆勒发明汽车的第二年，法国潘哈德-拉瓦索(Panhard Levassor，P&L)公司就买下了他的许可证，并于 1887 年组织生产。在 19 世纪 90 年代，P&L 公司生产了几万辆汽车(见图 1.50)。这期间，法国人发明了诸多汽车新技术，促进了当时汽车工业的发展；另一方面，汽车商利用良好的公路网，举办汽车竞赛，宣传他们的产品。到 1904 年，法国有汽车厂 350 家，年产量达 17 000 辆。

但是，这些汽车都是单件小批量生产的，因为买汽车的都是有钱人，他们不在乎售价，而要求有自己独特的形象，并希望在订购汽车时能直接和制造厂联系，有时汽车的最高时速为多少都由买主来定。所以，当时按同一型号设计制造的汽车，最多不超过 50 辆。当时没有市场调查一说，都是按订单生产。

1.2.3　福特汽车公司的大批量生产

美国第一辆汽车比欧洲的第一辆汽车晚了 7 年。但和法国、德国相比，美国是个人口众多、土地辽阔、物产丰富的大国。独立战争结束了殖民统治，南北战争又扫除了奴隶制和庄园制，西部土地的开发,自由劳动力和国内市场的扩大,促进了先进技术的应用和欧洲资本的流入,所有这些都为美国的经济发展创造了良好条件。所以1889年美国的经济超过了英、法、德,成为世界上最大的工农业国。农业发展的结果是,农民埋怨缺乏从农场到市场、能代替自行车和马车的运输工具。因此汽车一出现,短短6年内,美国就有300家公司和个人在试验性地生产汽车。

进入20世纪,在奢侈品市场满足之后,制造商将目标转向中产阶级和农民阶层。特别是亨利·福特(Henry Ford,见图1.51)在1908年10月开始出售著名的T型车(见图1.52),售价适应了农民的购买力,功能适应了农村城镇的使用条件。因此,产量增长惊人,短短19年,就生产1 500万辆,福特也因此冠以"汽车大王"之名。福特的副手是一位卓越的推销员,他组织了8 000人的推销队伍,为T型车赢得了大量的订单。同时,福特还教会车主自己修车。这些都促进了福特公司的大规模生产。原来的单车生产方式已经无法适应市场需求。因此,福特先生先从军工系统引进零件通用制,加工标准化的零件;继而福特汽车公司还模仿屠宰场中的牛羊肉分块肢解的流水线,反其道而行,首次建成流水装配线的大量作业方式。这种方式提高了汽车的质量,降低了成本。T型车价格低廉,不再仅仅是贵族和有钱人的豪华奢侈品了,它开始逐渐成为大众化的商品,进入了寻常百姓家。

图1.51 亨利·福特

图1.52 福特T型车

所以人们说,汽车发明于欧洲,但获得大发展是在20世纪30年代的美国。在汽车工业的发展史上,福特的这种大规模流水装配线带来了工业生产方式的革命性转变。福特汽车公司首创的这种生产方法和管理方式,成为后来汽车工业发展的楷模,掀起了世界范围内具有历史性进步的"大批量生产"的产业革命。

1.2.4 通用汽车公司的现代化生产

福特汽车公司只解决了大规模生产的技术问题,而现代化汽车公司的组织管理体系的建立是由通用汽车公司完成的。

1908年,通用的创始人威廉·杜兰特(William Crapo Durant,见图1.53)将20多家产销汽车及汽车零件的公司合并为控股公司,自任总经理。在他的两界任期内,通用汽车公司扩大了8倍,但他两度都由于大量亏损被迫辞职,因而被称为"聚财高手,管理白痴"。1923年,通用汽车公司董事会任命阿尔弗雷德·斯隆(Alfred Sloan,见图1.54)为总裁。在以后的近40年里,斯隆一直担任通用汽车公司的总裁、董事长和名誉董事长。通用汽车公司在斯隆手中成为现代化的大公司,成为世界上最大的汽车公司(见图1.55)。他的经营方式曾是现代化大公司学习的榜样。

图 1.53　威廉・杜兰特

图 1.54　阿尔弗雷德・斯隆

图 1.55　通用汽车全球总部

通用汽车公司的管理方针是:政策的决定是集中的,而政策的执行是分散的。公司的每个经营部门都是基层的执行部门,是利润负责中心,有很强的独立性。

斯隆吸取了杜兰特只会花钱不会赚钱的教训,强调公司经营的中心是提高投资利用效率。汽车市场有兴衰波动,只要能赚钱的事业都可经营。因此,通用汽车公司既生产汽车,也生产航空发动机、集成电路。斯隆看到的买主是由各种层次购买力的买主组成的,所以生产各种类型的汽车,将汽车售价分成 6 个档次,让高低收入的家庭都来买车,以满足更多人的需求。

1.2.5　廉价汽车工业的发展

欧洲、日本轿车的普及是靠推广微型汽车实现的。二战结束后,英国、德国、法国、意大利在二战的废墟上重建汽车工业。那时轿车市场主要是公费购车市场,自费车主是一些法人代表和先富起来的人。虽然工薪阶层、农林业主、小业主都需要汽车,但他们买不起。汽车公司靠公费购车市场吃不饱,于是先后易弦改辙,开发廉价的微型汽车以适应工薪阶层、小业主的购买力。在 1947—1949 年间,雷诺公司开发了排量 747 mL 的 4CV 微型汽车,雪铁龙公司开发了排量 375 mL 的 2CV 微型汽车,其造型夸张,其貌不扬,俗称“丑小鸭”(见图 1.56),但仍曾风靡一时。菲亚特公司开发了排量 500 mL 的菲亚特 500(见图 1.57),大众公司生产了1 192 mL的甲壳虫,英国罗孚公司开发了迷你(Mini)汽车(见图 1.58)。欧洲除了奔驰以外的汽车公司都参加了微型汽车的生产。西欧各汽车公司都通过微型车这个消费热点,发展成世界级的大公司。大众汽车公司用甲壳虫微型轿车赚的钱买下奥迪公司,成为档次齐全的大公司。

图 1.56　雪铁龙 2CV 微型汽车

图 1.57　菲亚特 500

1959年面世的迷你(Mini)轿车引发了汽车技术的一场革命。这种小型车在取得观念上突破的同时,还屡次在汽车赛中取得冠军。几十年后的今天,这款车仍然流行,几乎所有公司都模仿了迷你车的设计,使之成为最家庭化的轿车。

图1.58 迷你(Mini)轿车

日本政府从西欧的实践中看到微型汽车市场对汽车工业的推动作用,于是将西欧公司的自发行为改为政府推动。1956年,日本政府颁布轻型《四轮车(微型汽车)法》和鼓励汽车零部件生产的《机械工业临时措施法》。

全球性的能源紧缺使经济发达国家也越来越重视和推崇小排量汽车。目前,美国市场上销售的经济型车占轿车总销量的60%左右;欧洲排量在1.0 L以下的小型车年销量达到450万辆;法国、韩国、日本都不同程度地对购买节能、环保型小排量汽车给予补贴、减免税费等政策的支持。

新政策的制定推动了各微车企业研发新产品的步伐。目前国内微型车领域,奇瑞、长安、哈飞、昌河、一汽佳宝等都在不断推出新产品,这必将进一步促进微型汽车之间的良性竞争,推动微型汽车的技术升级。微型车厂商的期待和国家对小排量车政策态度的不谋而合,可以令人清晰地看到,小排量车将日益受宠,微型车市场将不断壮大,在汽车业新的一轮增长到来之前,一个全新的微型车时代已触手可及。

汽车工业的发展,正所谓"诞生于德国、成长于法国、成熟于美国、兴旺于欧洲、挑战于亚洲"。

1.2.6 新能源汽车工业的发展

以石油为燃料的传统汽车工业,在为人们提供快捷、舒适的交通工具的同时,增加了国民经济对化石能源的依赖,加深了能源生产与消费之间的矛盾。随着资源与环境双重压力的持续增大,发展新能源汽车已成为未来汽车工业发展的方向,同时具有缓解石油短缺、降低环境污染、带动产业升级的重要意义。

新能源汽车包括混合动力汽车、纯电动汽车、燃料电池汽车、氢发动机汽车、其他新能源(如天然气、生物燃料、太阳能)汽车等,如表1.1所列。不同类型的新能源汽车在动力性能、燃烧效率等关键衡量指标上各有千秋。同时世界各国也根据自身的资源发展不同类型的新能源汽车,如美国粮食丰富,发展乙醇汽油车,日本发展混合动力车,欧洲发展清洁柴油车等。总体上,新能源汽车的发展将遵循节能和环保两大趋势,新能源将逐步替代化石类传统能源。目前新能源汽车的发展重点在混合动力、纯电动、燃料电池汽车上。

经过几十年的技术发展,丰田于1997年12月在日本市场推出了世界上第一款批量生产的混合动力汽车——普锐斯(PRIUS)(见图1.59),凭借优良的燃油经济性和较低的售价,普锐斯成为第一款被各国市场接受的混合动力汽车。

表1.1　新能源汽车类型

能源类型	新能源汽车类型
石油类燃料	清洁柴油车、混合动力车
燃气	CNG车、LPG车
替代燃料	二甲醚汽车、氢发动机汽车
生物质能源	乙醇汽油车、生物柴油车
电能	纯电动车、燃料电池车
太阳能	太阳能电动汽车

图1.59　普锐斯混合动力汽车

进入新世纪后，世界各国纷纷加大对新能源汽车的政策支持力度，使新能源汽车的发展迎来了一个快速发展的阶段，各大汽车厂商都推出了自己的新能源车型，并设法占领未来的技术制高点。2008年，特斯拉推出了全球首款量产版电动敞篷跑车 Tesla Roadster(见图1.60)，特斯拉也凭借这款车成为世界汽车品牌新秀。市场对于新能源汽车的认可度也来越高，2012年全球共销售电动汽车11.3万辆，与2011年总销量4.5万辆相比，增长率为151.1%，其中美国2012年销售量为52825辆，占整个乘用车市场的3.38%。2013年数据显示，全球混合动力汽车总销量已超570万辆，其中普锐斯系列车已经成了累计销量超过300万辆的“普及车”。

图1.60　Tesla Roadster 电动跑车

目前，新能源汽车的发展还存在核心部件和控制技术、电池的寿命与成本、基础设施与配套服务、法律法规等一些制约因素，但只要政府与企业同心协力，这些问题最终都会迎刃而解。预计在不久的将来，新能源汽车将会实现跨越式发展，为世界汽车工业带来一个新的时代。

1.3　中国汽车工业的发展

中国汽车工业与共和国共命运，经过六十多年的努力，发生了翻天覆地的变化。回顾中国汽车工业六十多年来走过的路程，一步一个脚印，处处印证着各个历史时期的时代特色，经历了从无到有、创建起步、合资合作、快速发展四个历史阶段。

1.3.1　无汽车工业时代(1953年前)

1901年，对了解汽车史的人来说是个值得关注的一年，一位叫李恩时(Leinz)的匈牙利人将两辆美国制造的“奥兹莫比尔(Oldsmobile)”牌汽车(见图1.61)自香港运到了上海，开中国汽车之先锋。这是两辆黑色木制车身的汽车，一辆是折叠式软篷车顶，一辆是凉篷式车顶，外表与当地的马车十分相似；车上有两排座位，前排为司机席，后排为乘客席；木制车轮辐条，实心轮胎；另装有煤油灯和手捏喇叭。1902年1月30日，上海公共租界工部局开会决定向李恩时的汽车颁发临时牌照，准许上街行驶，每月缴税金两银圆。

中国人拥有的第一辆汽车是1902年袁世凯从美国购买的，送给慈禧太后作为她67岁的生日礼物(见图1.62)。可是，后来慈禧却将它打入冷宫，现陈列在颐和园内。据传，在慈禧太后第一次乘坐汽车去颐和园游览时,汽车驶出紫禁城后她发现,司机孙富龄不仅坐着,还坐在自己前面。这还了得,有失自己尊严,慈禧太后立即责令他跪着开车。慈禧的话谁敢不从!司机只好跪着驾驶,但手不能代替脚踩油门和刹车,路上险些酿成惊天大祸。无奈,慈禧被人搀扶下车,中途又换上她的十六抬大轿。

图 1.61　中国最早出现的汽车

图 1.62　慈禧太后和她的御用车

严格地说,旧中国没有汽车工业,几次尝试建立汽车工业都以失败而告终。

历史上最先提出要建立民族汽车工业这一想法的是孙中山先生。1920 年,他把这一想法写进了《建国方略》中,他还邀请亨利·福特来华发展汽车工业。但因战乱、国难和民不聊生,"甫出娘胎,当即夭亡"。

旧中国有过几次生产汽车的尝试,如张学良试制的民生牌汽车、阎锡山仿制的山西牌货车等,最终均未能得到发展或落入敌寇之手。

1.3.2　创建起步阶段(1953—1984 年)

中国汽车工业的诞生开始于大规模工业建设的第一个五年计划时期。

1953 年 6 月,毛泽东主席亲自签发《中共中央关于力争三年内建设长春汽车厂的指示》。7 月,第一汽车制造厂(简称"一汽")隆重举行奠基典礼(见图 1.63),破土动工。毛泽东主席题词"第一汽车制造厂奠基纪念"的汉白玉基石由李岚清等六名共产党员抬着放置在一汽厂区中心广场。

在建设者的奋力拼搏下,中国汽车工业实现了党中央提出"力争三年建成长春汽车厂和出汽车、出人才、出经验"的目标。国产第一辆解放牌载货汽车于 1956 年 7 月 13 日驶下总装配生产线(见图 1.64),从此结束了中国自己不能制造汽车的历史,圆了中国人自己生产国产汽车之梦。

图 1.63　一汽奠基典礼大会

图 1.64　国产第一辆解放牌载货汽车下线

1957 年 5 月,一汽开始仿照国外样车自行设计轿车;1958 年先后试制成功 CA71 型东风牌小轿车(见图 1.65)和 CA72 型红旗牌高级轿车(见图 1.66)。

图 1.65　东风 CA71 轿车

图 1.66　CA72 红旗牌轿车

东风牌 CA71 型轿车是中国第一辆轿车样车,开创了中国轿车生产的先河,令国人兴奋不已。车标是一条腾飞的金龙,代表东方巨龙的发达和自强,与车头前毛主席手书的“东风”二字相互辉映。林伯渠等国家领导人亲自试乘了东风牌小轿车,十分高兴地称赞:“坐上自己制造的汽车了。”之后,红旗牌高级轿车被列为国家礼宾用车,并用作国家领导人乘坐的庆典检阅车。

20 世纪 60 年代,在国家和省市的支持下,建立了一批汽车制造厂、汽车制配厂和改装车厂,其中,南京、上海、北京和济南四个较有基础的汽车制配厂,经过技术改造成为继一汽之后第一批地方汽车制造厂,形成“一大四小”五个汽车制造厂,年生产能力近 6 万辆、9 个车型品种。

1966 年后,在中央精神的指引下,“一大四小”分别承担包建和支援三线汽车厂,包括第二汽车制造厂(简称“二汽”)、四川汽车制造厂和陕西汽车制造厂的建设任务,以生产中、重型载货汽车和越野汽车为主,同时发展矿用自卸车。

1953—1984 年,中国汽车工业基本上是卡车工业,这期间,中国轿车产量仅突破 5 000 辆,其中,1961 年全国轿车产量仅 5 辆。

1.3.3　合资合作阶段(1984—1994 年)

在改革开放方针的指引下,中国汽车工业迎来新一轮的发展契机。1984 年 1 月,中国汽车的第一个中外合资企业——北京吉普汽车公司诞生,拉开合资合作时代的序幕。此后的近20年里,这块中国汽车改革的试验田历经了兴衰与荣辱。

投了问路石的中国汽车很快掀起了第一轮合资浪潮。1985年,上海大众汽车公司成立,广州标致汽车有限公司成立。同年,南京汽车制造厂引入意大利菲亚特的依维柯汽车,广州汽车与法国标致的合资项目也获批准,被桎梏了30余年的轿车工业开始大步前进。

1986年,全国六届四次人大会议上,"把汽车制造业作为重要支柱产业"被写进了"七五"计划。这大大促进了我国轿车工业的发展。到1994年,轿车年产量已超过25万辆。良好的形势使国务院开始审慎研究轿车的发展。在1987年的北戴河会议上,确定了"三大(上海、一汽、二汽)三小(天津、北京、广州)"轿车生产基地的总体格局。1990年,轿车产业的三大基地进一步调整,上海汽车工业公司宣告成立。同年,投资上百亿、规划15万辆的一汽大众和二汽神龙项目签约。

在这10年间,中央对汽车行业实施的下放企业、政企分开、对外合作、引进技术等政策的成果开始显现,1990年速度开始加快。但由于政策上的约束和跨国公司的技术壁垒,中国汽车业发展缓慢。由此,中国人自主造车的梦想愈加强烈,但在没有技术背景和人才队伍的前提下,引进、消化、吸收外国产品及技术成为这一阶段的典型特征。

1.3.4 快速发展阶段(1994年至今)

1994年是中国汽车史上值得纪念的一年。在这一年,《汽车工业产业政策》颁布实施,这是中国汽车工业的第一部行业法规。这部法规阐明了政策目标和发展重点、产品认证和产业组织、产业技术、投资融资、利用外资、进出口管理、国产化等各项政策,以及产业规划与项目管理,对汽车行业发展起到了重要的指导作用。它解决了中国汽车发展中的许多问题,如技术、投资、产量、规模等,特别是将汽车和家庭联系到一起了。

1994年之后,汽车消费不再受限制。汽车产量逐年增加,到1998年全国汽车年产量为162.8万辆,全球排名第10位;就在这一年,中国汽车的第二轮合资热潮开始了,上海通用、广州本田破土动工,而后别克、雅阁在中国问世,使国产汽车的词典里又多了个"中高档轿车"的名词。此后,一汽大众、二汽神龙也站稳了脚跟,开始向连续多年位居国内汽车企业榜首的上海大众发出挑战。近年来,又成立了北京现代、华晨宝马、东风日产、东风本田、一汽丰田等一大批合资汽车公司,使中国的汽车产品水平和生产能力进一步提高。

2001年的"十五"计划中,汽车进入家庭已经被明确提出。同时,国家发展与改革委员会也将汽车价格放开,汽车终于从高高在上的生产资料,还原成走进平民百姓家庭的商品。在企业层面,新的合资项目越来越多,也促进了像吉利、奇瑞这样的民营企业得以迅猛发展。大量汽车涌入市场,形成了非常火爆的场面。截止到2008年10月底,我国私家车保有量超过了6000万辆。2008年的金融危机,给我国汽车产业又带来极大的发展机遇。

2009年3月,国务院办公厅公布了《汽车产业调整振兴规划》,提出未来三年我国汽车产业的目标和重点任务,以及实现这些目标和任务的一系列政策措施。《规划》中指出,我国要实施新能源汽车战略,推动汽车生产企业兼并重组,实施自主品牌战略,并首次由国家拿出50亿元开展汽车下乡活动。《规划》政策的实施为未来三年我国汽车产业健康发展提供了行动纲领和政策保证。《规划》政策措施中有关于解决当前拉动内需的政策措施,包括减征购置税、汽车下乡、加快老旧汽车报废更新、清理限购汽车的不合理规定;也有关于解决汽车产业发展的外部环境问题,包括政府公用车向自主品牌倾斜,促进和规范汽车消费信贷,规范和促进二手车市场发展，加快城市道路交通体系建设。政策中最后四项是解决汽车产业本身的问题，以结构调整为主，完善汽车产业重组政策，加大技术进步和投资力度，推广使用新能源。这又将推动我国汽车产业新一轮的健康快速发展。

近几年来，中国汽车产销量保持高速增长，年均增长率在 20%左右，2009 年中国汽车产销突破 1 364 万辆，同比增长创历年最高，赶超美国，成为世界第一汽车生产和消费国。随着中国汽车产销量的增长，中国汽车产业的国际地位也进一步提升。2009 年 10 月，一汽中心主任李骏当选为国际汽车工程学会联合会主席，这是中国工程师首次当选国际汽车组织主席，也是中国汽车业的历史性突破。2010 年 8 月 2 日，吉利收购沃尔沃，代表中国汽车企业在国际化的道路上迈出了重要一步，使中国汽车工业的地位进一步提升。2012 年，世界汽车工程大会在中国举行，这一高级别国际技术会议的成功举办，使中国汽车工业的国际地位升到一个新的高度。我国的自主品牌汽车在与国际汽车巨头的对抗中，也积累了经验，获得了成长。2001 年，我国仅有 4 个自主品牌生产轿车，市场占有率仅为 16.6%，而到 2010 年，我国生产自主品牌轿车的企业已达到 14 个，自主品牌乘用车销售 627.3 万辆，占乘用车销售市场的 45 %，在提高产量和市场占有率的同时，自主品牌汽车也不忘加大自主研发力度，打造核心技术，提高自身品牌形象。从加入 WTO 初期，自主品牌汽车主攻中低端市场，核心技术上依赖国外厂商，到现在在 SUV、MPV、新能源车等新兴的汽车领域能与国外品牌分庭抗礼，并诞生了诸如比亚迪秦、哈弗 H6、吉利博瑞等一批明星车型，自主品牌可谓经历了一次蜕变与飞跃。尽管在中高端汽车、核心技术领域与国外厂商仍有一定差距，但加入 WTO 后这十几年，自主品牌汽车的进步有目共睹，逐渐改变了消费者心中国产车“外形山寨、做工粗糙”的不良印象，转而成为价廉物美的代名词。

随着我国“十三五”规划的开始，工业 4.0 时代的到来，中国汽车工业也面临着新一轮的机遇与挑战，相信通过政府的政策引导和中国汽车人的不懈努力，中国将向着汽车强国的方向迈进。

1.4 未来汽车的发展

1.4.1 未来汽车

遵从事物的发展规律，未来汽车终究有别于今天的汽车，这是历史的必然。纵观最近几年全球各大车展，我们不难寻找出未来汽车的蛛丝马迹。随着造车工艺的进步，加之人类社会对汽车日益严格的要求，未来汽车将朝着节能环保、安全舒适、智能人性化方向发展。

1. 低风阻外形

目前汽车受限于配件与后视镜等基本设计，风阻仍较大。仔细看，你会发现车展舞台上的概念车，几乎清一色没有后视镜的设计，取而代之的是细细的支架上面有针孔镜头。没有后视镜除了让造型更加简洁外，同时也让风阻大幅降低，透过左右两侧镜头收集的画面，集中显示在驾驶员最容易看到的屏幕上，而且新一代镜头还有夜视功能，以后超车不用再左顾右盼，夜晚开车也更加安全。低风阻的外形不仅可以降低油耗，还让车辆高速行驶时更稳定、更安静。奔驰曾经发布一款灵感来自鱼的概念车，不用迁就又低又扁的狭小空间，同样拥有超低风阻。

2. 轻量化设计

图 1.67 GINA Light Visionary Model概念车

轻量化是未来汽车设计的另一个重要方向,现代汽车一些零部件已基本上采用铝合金代替传统的钢材,使其向轻量化方向发展。宝马公司在新一代车型上运用了高张力塑钢材质的钣件,质轻还可以重复回收利用。宝马公司试验性地做出一款名为 GINA Light Visionary Model 的概念车(见图 1.67),此车除了骨架与机械结构外,外观钣件与内装饰板全数用布料包覆,这个划时代的概念将轻量化发挥到极致,而且布置具备无限的可塑性,车身造型甚至可以任意变换不同的样貌。

3. LED 照明技术

新一代发光二极管(Light Emitting Diode,LED)技术正在改变照明的历史。气体放电式头灯虽然效能较传统卤素灯高出许多,但 LED 不仅拥有低电耗与超长寿命等特性,更集中的光束不会对对面车造成影响,相形之下又比气体放电头灯更吸引人。不久之后,汽车照明将是 LED 的天下。

4. 智能化操控

这是一个全面数字化的时代,汽车当然也不能排除在外。如今已有许多公司把各种先进技术和装备,如微型电子计算机、无线电通信、卫星导航等新技术、新设备和新方法广泛应用于汽车工业中,以往汽车内布满各式各样机械式的按钮与模拟式的指针,将被一个个数字界面所取代。汽车正在走向自动化和智能化。

在一些特殊场合(如高风险)或领域(如国防、公共交通),无人驾驶的智能汽车已成为发展的一种需要。

德国科学家目前正在开发一种新型汽车,它不仅可以自己停车,还能扫描街道,寻找合适的停车位。这一切源于汽车上安装了一套神奇的“停车伴侣 (Parkmate)”。它是世界著名汽车电子设备供应商西门子威迪欧公司正在开发的一系列辅助驾驶技术之一。

此外,还有各种辅助操控技术正在研发并不断取得突破,让操控更加轻松自如、充满智慧。

5. 人性化互动

人类驾驶汽车的同时,也占据着个人有限的时间。然而,未来驾乘人员有很多事情都可以搬到车上完成,如车内上网,收发邮件,甚至跟老板开视频会议,适时提供行程表、备忘录等生活信息,连接个人的数字播放器播放心爱的歌曲等。未来的汽车就像是个人的专属空间。

随着沟通科技的进步,路上所见的每部车将不再是一个独立的个体,通过具有社群功能的沟通系统(如蓝牙或其他无线传输协议),成为息息相关、相互联结的整体,可以随时接收有关交通、工作等方面的实时信息,实现人与车的互动。一切均以车主的需要和喜好为中心。

6. 零污染动力

汽车污染已成为全球性问题,而未来世界石油能源总有枯竭的一天,这些都促使各国政府和汽车企业不断寻求新能源,研究新的零污染动力。

未来汽车可能不再需要燃烧燃油,纯电动汽车、替代燃料汽车、混合动力汽车等将成为主流,汽车产业将进入零污染的新境界。

7. 会飞的车

随着人们生活水平的提高，汽车的普及率和保有量都不断增加。繁忙而拥堵的交通也成为摆在世人面前的现实问题。为缓解这一问题，未来的汽车可能会长上“翅膀”，飞离地面。

美国特拉弗吉亚公司最新推出世界上第一辆会飞行的汽车（见图 1.68），它可在 15 s 内从一辆有两个座位的公路汽车变身为一架飞机，既可以在陆地上行驶又可以在天上飞行，需要回到陆地行驶的时候，机翼可以自动折叠，它就摇身一变成为一辆汽车了。

图 1.68 世界上第一辆会飞行的汽车

荷兰在推出概念车、完成样车的基础上，将批量生产会飞的汽车（见图 1.69），路面车速可达 200 km/h，空中速度可达 190 km/h。

这种飞行汽车的秘密藏在它的顶部和尾端。顶部可折叠的叶轮可调整转速以控制飞行高度。尾部的推进器负责提供前行动力。自动平衡装置可保证飞行汽车转弯时自动倾斜。

以上这些听起来有点像神话，不过在未来的汽车蓝图中，并非遥不可及。

图 1.69 荷兰推出的会飞的汽车

1.4.2 未来汽车工业

随着汽车开发、采购、生产和销售的全球化，汽车新技术的不断突破，以及世界经济及其格局的发展变化，未来世界汽车工业将呈现新的变化。汽车厂商兼并、重组与联合的步伐进一步加快，技术的合作进一步加强。汽车制造中心将不断向汽车销售量逐渐增大的发展中国家转移。汽车的生产方式将进入大规模定制时代，为处于价值链最末端的每位顾客提供独一无二的定制产品；市场中车型将不断增多，而单一车型的产量逐步下降。汽车行业将呈现百家争鸣的局面。

中国是全球最大的汽车消费市场，在合作合资的基础上，在国家政策的指引下，中国将成为汽车生产大国。这也将大大促进中国自主品牌汽车的蓬勃发展。

1.4.3 互联网技术的应用

1. 车载网络技术

传统汽车电器系统采用点对点的单一通信方式，相互之间少有联系，一辆汽车全车导线长度可达2000 m以上,占据了车内有限的空间,且各子系统之间无法实时共享数据,无法满足现代汽车的发展要求。从20世纪80年代起,汽车上开始通过数据传输总线将各子系统组成局域网,一条数据总线上传输的信号可以通过局域网被各子系统共享,从而最大程度地简化布线,提高整体效率。现在几乎所有的汽车上都装有数个不同传输速度的局域网,例如传动系统和制动系统多数通过控制器局域网络(CAN)来连接,而通信不太密集的应用(如车窗升降电机和控制车镜的按键)可以使用局域互联网络(LIN)协议,多媒体娱乐系统则使用MOST总线技术,而拥有更高传输速率和准确性的FlexRay总线技术有望成为下一代汽车总线技术。

2. 自动驾驶汽车技术

自动驾驶汽车技术,是汽车依靠人工智能、视觉计算、雷达、监控装置和全球定位系统协同合作,让计算机可以在没有任何人主动操作下,自动安全地操作机动车辆。该项技术在20世纪也已经有数十年的历史,于21世纪初呈现出接近实用化的趋势。2009年,谷歌公司展出了自动驾驶汽车的原型,并于2011年开始测试,该车通过视频摄像头、雷达传感器以及激光测距器来了解周围的交通状况,并通过一个详尽的地图对前方的道路进行导航,而这一切都通过谷歌的数据中心来实现。截至2015年,该车已运行160万千米,相当于人75年的驾龄。在我国,百度也联合宝马公司于2014年宣布开发自动驾驶汽车;一年一度在江苏常熟举办的“中国智能车未来挑战赛”亦如火如荼,有力地推动了我国智能车的研发以及无人驾驶平台与真实道路环境的建设。

3. 动态交通信息系统

动态交通信息系统其本质是一个车联网系统,通过完善信息网络基础以及装备大量的传感器和传输设备,获得各类实时道路交通信息并进行综合处理,及时向社会提供全面、准确、实时的动态交通信息。交通出行者可根据这些信息确定出行路线,行车驾驶者还可通过自动定位和导航系统动态选择行驶路线,而交通管理部门可以通过实时数据掌握交通情况,及时疏导拥堵。

4. 集成式移动服务

近几年来,移动互联网的发展风起云涌,正以前所未有的速度改变着人们的生活。对于人们在智能手机上的使用习惯,传统的车载电器设备已不能满足需要,车联网因此应运而生,并迅速成为各大网络公司看好的大蛋糕。百度、阿里、腾讯等网络巨头纷纷联手汽车企业,推出行车记录仪、智能后视镜、车载通讯模块、手机APP等智能硬件与软件服务,以移动互联网思维运作,力争提升客户体验感,从而积累客户数量,抢占车联网入口,建立类似手机平台的车联网服务生态圈。很快,传统的社交网络、本地化的O2O生活服务等都会出现在汽车上,让用车生活变得更加方便快捷。

思考题

1. 现代汽车诞生日是什么时间?被称为“汽车之父”的是谁?
2. 从汽车的发明与发展,你可以得到什么启示?
3. 纵观世界汽车工业的发展,有什么值得我们借鉴的经验?
4. 从国家汽车产业政策着手,分析我国汽车工业的未来走向。

第 2 章　汽车基本知识

2.1　汽车的分类与编号

2.1.1　国内汽车的分类

1. 汽车的分类

汽车的类型纷繁复杂，分类方法各不相同。根据《汽车和挂车类型的术语和定义》(GB/T 3730.1—2001)规定，汽车类型分为乘用车和商用车两大类。

乘用车：在设计和技术特性上主要用于载运乘客及其随身行李和(或)临时物品的汽车，包括驾驶员座位在内最多不超过 9 个座位。它也可以牵引一辆挂车。

商用车：应用于公务及商业经营的运输车辆。

汽车的具体分类如表 2.1 所列。

表 2.1　汽车分类

<table>
<tr><th colspan="3">分 类</th><th>说 明</th></tr>
<tr><td rowspan="6">乘用车</td><td rowspan="6">轿车</td><td>普通乘用车</td><td>封闭式车身，侧窗中柱有或无，固定式硬车顶，有的顶盖一部分可开启。4 个或 4 个以上座位，至少两排，后座椅可折叠或移动，以形成装载空间。2 个或 4 个侧门，可有一后启门</td></tr>
<tr><td>活顶乘用车</td><td>具有固定侧围框架可开启式车身，车顶为硬顶或软顶，至少有两个位置：一个封闭，一个开启或拆除，可开启式车身可以通过使用一个或数个硬顶部件和(或)合拢软顶将开启的车身关闭。4 个或 4 个以上座位，至少两排。2 个或 4 个侧门。4 个或 4 个以上侧窗</td></tr>
<tr><td>高级乘用车</td><td>封闭式车身，前后座之间可以设有隔板，固定式硬车顶，有的顶盖一部分可开启。4 个或 4 个以上座位，至少两排，后排座椅前可安装折叠式座椅。4 个或 6 个侧门，也可有一个后开启门。6 个或 6 个以上侧窗</td></tr>
<tr><td>小型乘用车</td><td>封闭式车身，通常后部空间较小，固定式硬车顶。有的顶盖一部分可开启。2 个或 2 个以上的座位，至少一排。2 个侧门，也可有一个后开启门。2 个或 2 个以上侧窗</td></tr>
<tr><td>敞篷车</td><td>可开启式车身，车顶可为软顶或硬顶，至少有两个位置：第一个位置遮覆车身；第二个位置车顶卷收或可拆除。2 个或 2 个以上的座位，至少一排。2 个或 4 个侧门。2 个或 2 个以上侧窗</td></tr>
<tr><td>舱背乘用车</td><td>封闭式车身，侧窗中柱可有可无，固定式硬车顶，有的顶盖一部分可以开启。4 个或 4 个以上的座位，至少两排，后座椅可折叠或可移动，以形成一个装载空间。2 个或 4 个侧门，车身后部有一舱门</td></tr>
</table>

续表 2.1

分类			说明
乘用车	旅行车		封闭式车身,车尾外形可提供较大的内部空间,固定式硬车顶。有的顶盖一部分可以开启。4个或4个以上的座位,至少两排,座椅的一排或多排可拆除,或装有向前翻倒的座椅靠背,以提供装载平台。2个或4个侧门,并有一后开启门。4个或4个以上侧窗
乘用车	多用途乘用车		座位数超过7个,多用途
乘用车	短头乘用车		一半以上的发动机长度位于车辆前风窗玻璃最前点以后,并且方向盘的中心位于车辆总长的前四分之一部分内
乘用车	越野乘用车		在其设计上所有车轮同时驱动(包括一个驱动轴可以脱开的车辆),或其几何特性(接近角、离去角、纵向通过角、最小离地间隙)、技术特性(驱动轴数、差速锁止机构或其他形式机构)和它的性能(爬坡度)允许在非道路上行驶的一种乘用车
乘用车	专用乘用车		运载乘员或物品并完成特定功能的乘用车,它具备完成特定功能所需的特殊车身和(或)装备。例如:旅居车、防弹车、救护车、殡仪车等
商用车	客车	小型客车	用于载运乘客,除驾驶员座位外,座位数不超过16个的客车
商用车	客车	城市客车	一种为城市内运输而设计和装备的客车。这种车辆设有座椅及站立乘客的位置,并有足够的空间供频繁停站时乘客上下车走动用
商用车	客车	长途客车	一种为城市间运输而设计和装备的客车。这种车辆没有专供乘客站立的位置,但在其通道内可载运短途站立的乘客
商用车	客车	旅游客车	一种为旅游而设计和装备的客车。这种车辆的布置要确保乘客的舒适性,不载运站立的乘客
商用车	客车	铰接客车	一种由两节刚性车厢铰接组成的客车。在这种车辆上,两节车厢是相通的,乘客可通过铰接部分在两节车厢之间自由走动
商用车	客车	无轨电车	一种经架线由电力驱动的客车。这种电车可指定用作多种用途
商用车	客车	越野客车	在其设计上所有车轮同时驱动(包括一个驱动轴可以脱开的车辆)或其几何特性(接近角、离去角、纵向通过角、最小离地间隙)、技术特性(驱动轴数、差速锁止机构或其他形式机构)和它的性能(爬坡度)允许在非道路上行驶的一种载客车辆
商用车	客车	专用客车	在其设计和技术特性上只适用于须经特殊布置安排后才能载运人员的车辆
商用车	半挂牵引车		装备有特殊装置用于牵引半挂车的商用车辆
商用车	货车	普通货车	一种在敞开(平板式)或封闭(厢式)载货空间内载运货物的货车
商用车	货车	多用途货车	在其设计和结构上主要用于载运货物,但在驾驶员座椅后带有固定或折叠式座椅,可载运3个以上的乘客的货车
商用车	货车	全挂牵引车	一种牵引杆式挂车的货车。它本身可在附属的载运平台上载运货物
商用车	货车	越野货车	在其设计上所有车轮同时驱动(包括一个驱动轴可以脱开的车辆)或其几何特性(接近角、离去角、纵向通过角、最小离地间隙)、技术特性(驱动轴数、差速锁止机构或其他形式机构)和它的性能(爬坡度)允许在非道路上行驶的一种载货车辆
商用车	货车	专用作业车	在其设计和技术特性上用于特殊工作的货车。例如:消防车、救险车、垃圾车、应急车、街道清洗车、扫雪车、清洁车等
商用车	货车	专用货车	在其设计和技术特性上用于运输特殊物品的货车。例如:罐式车、乘用车运输车、集装箱运输车等

2. 国产汽车产品型号编制规则

为了在生产、贸易、使用和维修工作中便于区别不同的车型,1988 年国家颁布了国家标准 GB 9417—88《汽车产品型号编制规则》。汽车型号应能表明汽车的厂牌、类型和主要特征参数等。该项国家标准规定,国家汽车型号均应由汉语拼音字母和阿拉伯数字组成。

汽车型号包括以下三部分(见图 2.1):

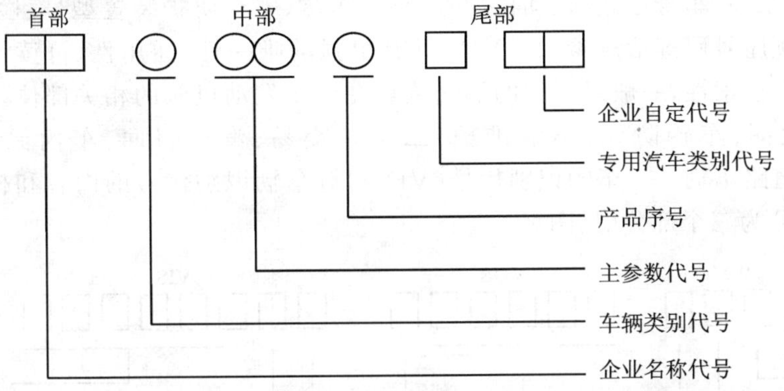

图 2.1　国产汽车产品型号编制规则

首部——企业名称的代号,一般由两个汉语拼音字母组成。例如,CA 代表第一汽车制造厂,EQ 代表第二汽车制造厂等。

中部——由 4 位阿拉伯数字组成。左起首位数字表示车辆类别代号,中间 2 位数字表示汽车的主要特征参数代号(见表 2.2),最末位是由企业自定的产品序号。

表 2.2　车辆类别代号与主要特征参数代号

车辆种类	车辆类别代号	主要特征参数代号
载货汽车	1	表示汽车总质量(t)数值(当汽车总质量大于 100 t 时,允许用 3 位数字)
越野汽车	2	
自卸汽车	3	
牵引汽车	4	
专用货车或特种作业汽车	5	
半挂车及专用半挂车	9	
客车	6	表示汽车的总长度×0.1(当汽车总长度大于 10 m 时,×1)
轿车	7	表示发动机的气缸工作容积(即排量)的 10 倍数值

尾部——分为两部分,前部由汉语拼音字母组成,表示专用汽车分类代号,例如 X 表示厢式汽车,G 表示罐式汽车等;后部是企业自定代号,可用汉语拼音字母或阿拉伯数字表示。

基本型汽车的编号一般没有尾部,其变型车(例如采用不同的发动机、加长轴距、双排座驾驶室等)为了与基本型区别,常在尾部加 A、B、C 等企业自定代号。

2.1.2　国外汽车的分类

目前,国际上并没有统一的汽车分类标准,各大汽车公司都是按照自己的一套分级体系对汽车进行分类的。如德国的大众汽车公司将乘用车分为 A_{00}、A_0、A、B、C、D 六级,等级依次升高;法国标致汽车公司开创了三位数命名法等。相关内容第6章有所介绍。

2.1.3 车辆识别代号编码

车辆识别代号编码(Vehicle Identification Number,VIN)又称"汽车身份证",它由一组字母和阿拉伯数字组成,共17位。从VIN中可以识别出该车的生产国家、制造厂家、汽车类型、品牌名称、车型系列、车身形式、发动机型号、车型车款、安全防护装置型号、检测数字、装配厂家名称和出厂顺序号码等信息参数。VIN具有很强的唯一性、通用性、可读性以及最大限度的信息载量和可检索性,一般以标牌的形式装贴在汽车发动机舱的相关部位。VIN可用于车辆管理、车辆检测、车辆防盗、车辆维护、二手车交易、汽车召回、车辆保险等方面。GB 16735—2004《道路车辆——车辆识别代号(VIN)》对车辆识别代号的内容和构成作了详细的规定。VIN共分为三个部分(见图2.2)。

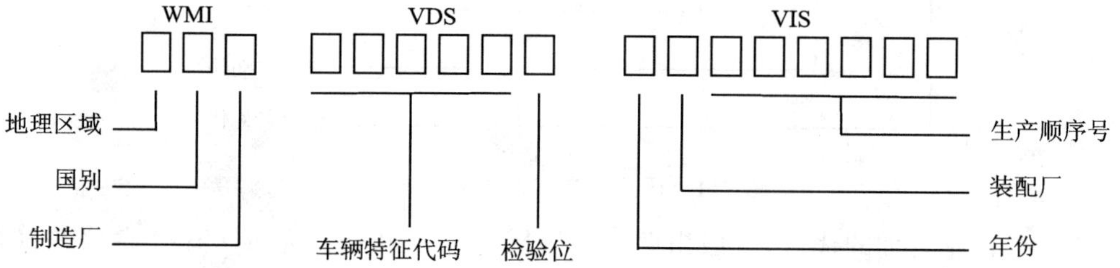

图2.2 车辆识别代号编码(VIN)

1. 世界制造厂识别代号

世界制造厂识别代号(Word Manufacturer Identifier,WMI)由VIN的前3位字码排列组合而成,可识别汽车原产地。WMI由国际标准化组织(ISO)按地理区域分配给各国,各国再分配给本国的制造厂。所有WMI代号由美国汽车工程师学会(SAE)保存并核对。中国由中国汽车技术研究中心标准所代理。WMI必须经过申请、批准和备案后方能使用。

WMI中的第1位字码是表示地理区域的字母或数字。如北美是1~5,欧洲是S~Z,非洲是A~H,亚洲是J~R(中国是L),大洋洲是6、7,南美是8、9、0等。

WMI中的第2位字码是表示一个特定地区内的一个国家的字母或数字。ISO分配给中国的代码为0~9和A~Z。第1、2位字码的组合将能保证国家识别标志的唯一性。

WMI中的第3位字码是表示由国家机构指定的某个特定制造厂。

对于年产量大于或等于500辆的汽车制造厂,WMI由VIN第1、2、3位字码组合,其组合能保证制造厂识别标志的唯一性。如郑州宇通为LZY,苏州金龙为LKL,二汽东风为LGC,广州本田为LHC,上海大众为LSV,神龙富康为LDC等。

对于年产量小于500辆的汽车制造厂,将第一部分WMI的3位字码和第三部分VIS的第3、4、5位(即VIN的第12、13、14位)字码一起作为世界制造厂识别代号。

2. 车辆说明部分

车辆说明部分(Vehicle Descriptor Section,VDS)用来表示车辆主要技术参数和性能特征,它提供说明车辆一般特性的资料。VDS由6位(即VIN的第4~9位)字码组成,由汽车制造厂自定。

VDS的第1~5位(即VIN的第4~8位)字码对车型特征进行描述,包括车辆类型、结构特征、装置特征、技术特性参数等方面的内容。VDS 最后 1 位为检验位，用以核对车辆识别代号的准确性，用 0～9 或 X 表示。

3. 车辆指示部分

车辆指示部分(Vehicle Indicator Section，VIS)是制造厂为了区别每一辆车而制定的一组字码。它表明车辆的车型年份、装配厂和生产序号，由 8 位(即 VIN 的第 10～17 位)字码组成。

第 1 位字码代表年份，年份代码按规定使用，2001—2030 年的年份代码依次分别为阿拉伯数字 1～9 和字母 A～Y(I、O、Q、U、Z 五个字母除外)，30 年循环一次。

第 2 位字码代表装配厂，若无装配厂，制造厂可规定其他的内容。

第 3～8 位字码，当制造厂生产的某种类型车辆年产量≥500 辆时，表示生产序号；当制造厂年产量＜500 辆时，此部分的第 3～5 位(即 VIN 的第 12～14 位)字码应与 WMI 的 3 位字码一起表示一个车辆制造厂，第 6～8 位字码表示生产序号。

如上海大众(POLO)车型代码：L S V H A 1 9 J 0 2 2 2 2 1 7 6 1。

LSV 代表上海大众汽车有限公司。

第 4 位为车身形式代码：A——4 门折背式车身；B——4 门直背式车身；C——4 门加长型折背式车身；E——4 门加长型直背式车身；F——4 门短背式车身；H——4 门加长型短背式车身；K——2 门短背式车身。

第 5 位 A 为发动机变速器代码。

第 6 位为乘员保护系统代码：0——安全带；1——安全气囊(驾驶人)；2——安全气囊(驾驶人和副驾驶人、前座侧面)；3——安全气囊(驾驶人和副驾驶人、前后座侧面)；4——安全气囊(驾驶人和副驾驶人)；5——安全气囊(驾驶人和副驾驶人、前后座侧面、头部)；6——安全气囊(驾驶人和副驾驶人、前座侧面、头部)。

第 7、8 位为车辆等级代码：33——上海桑塔纳轿车、上海桑塔纳旅行轿车、上海桑塔纳 2000 轿车；9F——上海帕萨特轿车；9J——上海 POLO 轿车；9X——上海高尔轿车。

第 9 位 0 为校验位。

第 10 位为年份代码：2——2002 年生产。

第 11 位为装配厂代码：2——上海大众汽车有限公司。

第 12～17 位为车辆制造顺序号：221761。

再如风神蓝鸟车型代码：L G B C 1 A E 0 6 3 R 0 0 0 8 1 4。

LGB 代表东风汽车公司。

C 表示品牌系列：C——风神“蓝鸟”EQ7200 系列；E——NISSAN SUNNY2.0 系列。

1 表示车身类型：1——四门三厢；2——四门二厢；3——五门二厢；4——三门二厢。

A 表示发动机特征：A——2.0 L；B——待定。

E 表示约束系统类型。

0 表示变速器形式：0——AT；2——MT。

6 为校验位。

3 表示年份：2003 年生产。

R 表示装配厂：R——风神一厂(襄樊)；Y——风神二厂(花都)。

000814 表示生产序号。

2.2 汽车的总体构造与行驶原理

2.2.1 汽车的总体构造

汽车是由动力驱动、具有四个或四个以上车轮的非轨道承载车辆,主要用于载运人员和(或)货物及一些特殊用途。尽管汽车种类繁多,用途各不相同,但从总体上看,汽车通常由发动机、底盘、车身和电气设备四个部分组成(见图2.3)。

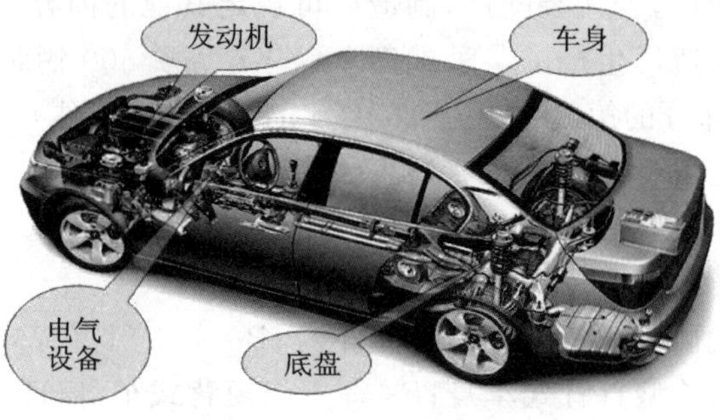

图2.3 汽车的总体构造

1. 发动机

发动机是汽车的动力源,也是汽车的"心脏"。现代汽车发动机主要采用的是往复活塞式内燃机,其功用是将燃料燃烧所产生的热能转化为机械能。它一般由曲柄连杆机构、配气机构、燃料供给系统、润滑系统、冷却系统、点火系统和启动系统组成,俗称"两大机构五大系统"(见图2.4)。

2. 底 盘

底盘负责将来自发动机的动力进行传递和分配,使汽车克服行驶阻力产生运动,并保证汽车按照驾驶员的操纵正常行驶(加速、减速、转向、制动等)。它一般由传动系、行驶系、转向系、制动系等组成,俗称"底盘四大系统"(见图2.5)。

图2.4 发动机

图2.5 底 盘

传动系——将发动机的动力传给驱动车轮。传动系包括离合器、变速器、传动轴、驱动桥等部件。

行驶系——将汽车各总成及部件连成一个整体并对全车起支承作用,以保证汽车正常行驶。行驶系包括车架、车轿、车轮(包括转向车轮和驱动车轮)、悬架(包括前悬架和后悬架)等部件。

转向系——保证汽车能按照驾驶员选择的方向行驶,由带转向盘的转向器及转向传动装置组成。

制动系——使汽车迅速减速或紧急停车,并保证驾驶员离去后汽车能可靠地停驻。每辆汽车的制动装备都包括若干个相互独立的制动系统,每个制动系统都由供能装置、控制装置、传动装置和制动器组成。

3. 车　身

车身是驾驶员工作的场所,也是装载乘客和货物的场所。车身应为驾驶员提供方便的操作条件,以及为乘客提供舒适安全的环境或保证货物完好无损。在考虑实用的同时,现代汽车越来越多地增加了空气动力学和美学的元素,看起来更美观、更时尚。

4. 电气设备

电气设备由电源组、启动系、点火系、汽车照明、音响、空调和信号装置等组成。此外,在现代汽车上愈来愈多地装用各种电子设备,如微处理机、中央计算机系统及各种人工智能装置等,显著地提高了汽车的性能。

2.2.2　汽车的整体布局

汽车整体布局是指如何安排一辆汽车的各个组成部分在整车中所处的相对位置。发动机、传动系统和座舱是决定汽车整体布局的三个要素。按这三个要素可将汽车整体布局方式分为以下几种(见图 2.6)。

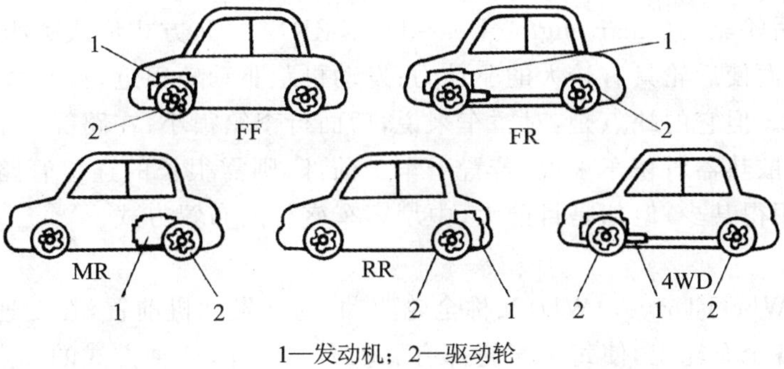

1—发动机; 2—驱动轮

图 2.6　汽车的整体布局

1. 发动机前置前轮驱动

发动机前置前轮驱动(Front-engine Front-drive,FF)是现代中小型轿车最流行的布置方式。它不需要在车身底板下穿一根长的传动轴,有利于减轻质量和车身内空间的有效利用,显得比较宽敞。由于前轮兼具驱动和转向功能,所以操纵稳定性良好(特别是在较滑路面上)。很多 FF 方式的车都是横置发动机,这就可有效地利用发动机舱内的空间,而且无须改变传动系统的传动方向;同时,因发动机距驱动轮很近,使传动系统更加紧凑,传动效率也有所提高。FF 方式的车也有其缺点:一是在需要靠驱动力进行加速或爬坡时,前后轴质量分配发生不利于前驱动轮的变化,所以在关键的加速时刻,其驱动性能下降;二是驱动机构和转向机构都处在发动机舱内,结构复杂拥挤。这两个问题都不如FR方式有利。但由于技术进步,缺点已逐步有所克服。

2. 发动机前置后轮驱动

发动机前置后轮驱动(Front-engine Rear-drive,FR)是传统的布置形式。国内外的大多数货车、部分轿车和部分客车都采用这种形式。但对于轿车来说,由于发动机是纵向安装,所以变速器伸入驾驶室内,再加上较长的一根传动轴,会在车底板上形成凸起的通道结构以容纳传动轴通过,这些对中小型轿车室内空间的利用是不利的;长的传动轴也会增加汽车的质量;此外,FR方式的车在冰雪路面或易滑路面上进行转弯、启动、加速时,由于是后轮推动车体前进,易产生侧滑或摆尾,操纵稳定性变差。但是这种车在正常路面上启动、加速或爬坡时,由于前后轴质量分配发生有利于后驱动轮的变化,其驱动性能表现较佳。与FF方式相比,FR方式不能说是合理的驱动方式,但尽管如此,至今仍在大、中型车上占有主要地位。

3. 发动机中置后轮驱动

发动机中置后轮驱动(Middle-engine Rear-drive,MR)是目前大多数运动型轿车和方程式赛车所用的布置方式。由于这些汽车多采用大功率发动机,将它布置在驾驶员座椅之后和后驱动轮之前,有利于获得最佳轴荷分配和提高汽车的性能。此外,某些大型客车也采用这种布置方式,把卧式发动机装在汽车的底板下面。虽然这种方式具有驾驶性能好的优点,但是普通型轿车则很少采用,这是因为发动机的这种布置难以保证有足够的车内空间和行李箱容积,只能安放两个座椅。此外,驾驶员离发动机很近,很难进行发动机的隔音和绝热。

4. 发动机后置后轮驱动

发动机后置后轮驱动(Rear-engine Rear-drive,RR)与FF方式形成鲜明的对比,整车质量偏于汽车后部,从而使后轮具有较大的驱动力;发动机距驱动轮很近,传动系统比较紧凑,室内宽敞,车质量较小。但它的缺点是:对轿车来说,后面行李箱很小;在路况差的道路上操控稳定性不好;发动机的散热器对轿车来说,若置于车身前部,则需很长的连接管路等。因此,RR方式在现代轿车中用得甚少,但却是目前大、中型客车盛行的布置方式。

5. 四轮驱动

四轮驱动(4-Wheel Drive,4WD)又称全轮驱动,通常发动机前置,在变速器后装有分动器以便将动力传到各个车轮上,使每个车轮都有驱动力。因此,这种方式的优点是具有很好的越野性能,爬坡性能也强。以前多应用于以吉普车为代表的军用汽车,但近年来也开始少量用于轿车和旅游车。4WD也有缺点,主要是传动系统较多,而且结构较复杂,传动效率较低,油耗较大。因此当行驶在路况好的路面上时,没有必要让四轮全部驱动,可以通过操作分动器使前两轮或后两轮从驱动系统中解脱出来,以降低油耗,避免浪费。

2.2.3 汽车的行驶原理

汽车能够在道路上行驶必须具备两个基本条件,即驱动条件和附着条件。

1. 汽车行驶的驱动条件

汽车行驶必须有足够的驱动力以克服各种阻力。汽车的驱动力由发动机产生。发动机输出的转矩经传动系传至驱动轮的转矩为 M_t，M_t 使车轮旋转。在 M_t 的作用下，驱动轮对地面产生一个切向作用力 F_0，同时，路面对车轮产生一个大小相等、方向相反的作用力 F_t，这就是汽车的驱动力（见图 2.7），其数值为 M_t 与车轮滚动半径 r 之比，即

$$F_t = F_0 = M_t / r$$

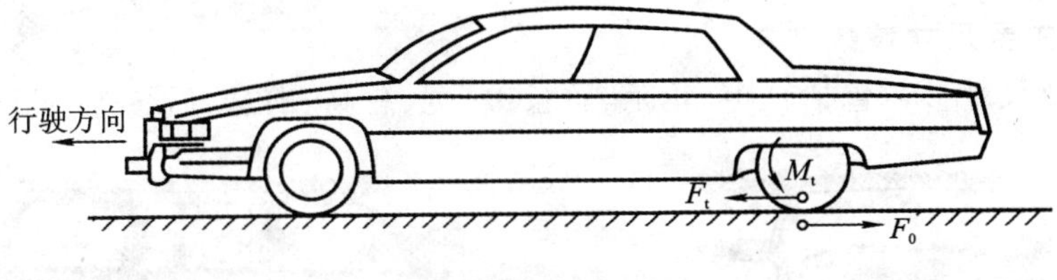

图 2.7　驱动力产生示意图

汽车在行驶过程中的总阻力包含滚动阻力（F_f）、空气阻力（F_w）、坡道阻力（F_i）和加速阻力（F_j），当然，在不同运动状态中所包含的阻力也不相同。

当 $F_t = F_f + F_w + F_i$ 时，汽车匀速行驶；

当 $F_t > F_f + F_w + F_i$ 时，汽车加速行驶；

当 $F_t < F_f + F_w + F_i$ 时，汽车减速直到停止。

由此可见，汽车行驶的驱动条件为

$$F_t \geqslant F_f + F_w + F_i$$

2. 汽车的附着条件

汽车的最大驱动力一方面取决于发动机可能发出的最大转矩和变速器换入最低挡位时的传动比，另一方面还受轮胎与地面的附着作用的限制。当汽车在平整、干硬质路面上行驶时，车轮的附着作用是由于轮胎与路面存在着摩擦力而产生的。这个摩擦力阻碍车轮的滑动，使车轮能够正常地向前滚动并承受路面的反作用力——驱动力。如果驱动力大于摩擦力，车轮与路面之间就会发生滑动。由附着作用决定的阻碍车轮滑动的力的最大值称为附着力，用 F_φ 表示。附着力与车轮所承受的垂直于地面的法向力 G 和附着系数 φ 成正比，即

$$F_\varphi = G \cdot \varphi$$

式中，法向力 G 也就是车轮的附着重力，即汽车总重力分配到驱动轮上的那部分力；附着系数 φ 与路面性质及轮胎类型有关，一般由试验确定。

由此可知，附着力是汽车所能发挥驱动力的极限，即

$$F_t \leqslant F_\varphi = G \cdot \varphi$$

此式就是汽车行驶的附着条件，表明汽车的驱动力必须小于或等于附着力，汽车才能正常行驶。

在冰雪或泥泞的地面上，由于附着力很小，汽车的驱动力受到附着力的限制而不能克服较大的阻力，导致汽车减速甚至不能前进，即使增加油门或换入低挡，车轮也只会滑转而驱动力不会增大。为了增大车轮在冰雪路面上的附着力，可采用特殊花纹的轮胎、镶钉轮胎或在普通轮胎上绕装防滑链，以提高对冰雪路面的附着作用。非四轮驱动汽车的附着重力仅为分配到驱动轮上的那一部分重力，而四轮驱动汽车的附着重力则为全车的总重力，因而其附着力较前者显著增大。

2.3 汽车的特征参数与性能指标

2.3.1 汽车的主要特征参数

1. 汽车的主要尺寸参数

汽车的主要尺寸参数包括轴距、轮距、总长、总宽、总高、前悬、后悬等(见图2.8)。

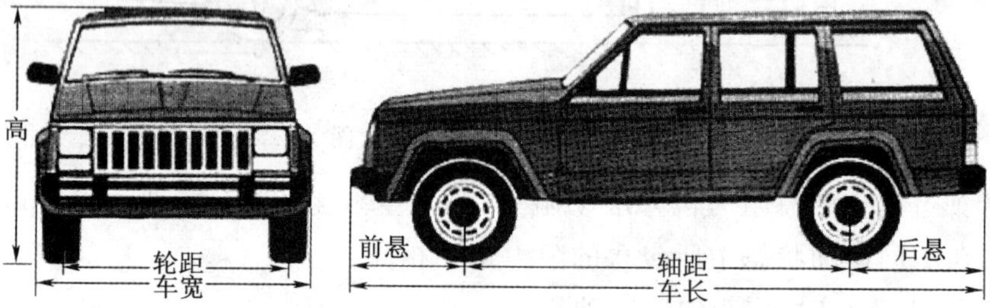

图2.8 汽车主要尺寸参数

(1) 轴 距

轴距指车轴之间的距离。对双轴汽车,轴距就是前、后轴之间的距离;对三轴汽车,轴距是指前轴与中轴之间的距离和前轴与后轴之间的距离的平均值。

(2) 前、后轮轮距

汽车轮距对总宽、总质量、横向稳定性和机动性都有较大影响。轮距愈大,则悬架的角度愈大,汽车的横向稳定性愈好。但轮距过大,会使汽车的总宽和总质量过大。

(3) 汽车的外廓尺寸

汽车的外廓尺寸包括总长、总宽和总高。我国对公路车辆的限制尺寸是:总高不大于4 m,总宽(不包括后视镜)不大于2.5 m,左、右后视镜等突出部分的侧向尺寸总共不大于250 mm;总长对于载货汽车及越野汽车不大于12 m,牵引汽车带半挂车不大于16 m,汽车拖带挂车不大于20 m,挂车不大于8 m,大客车不大于12 m,铰接式大客车不大于18 m。

(4) 汽车前悬与后悬

汽车前悬是指汽车前端至前轮中心之间的距离。前悬处要布置发动机、弹簧前支架、车身前部、保险杠和转向器等,要有足够的纵向布置空间。前悬也不宜过长,以免使汽车的接近角过小而影响通过性。

汽车后悬是指汽车后端至汽车后轮中心之间的距离。后悬长度主要与货厢长度、轴距及轴荷分配有关。后悬也不宜过长,以免使汽车的离去角过小而引起上、下坡时刮地,同时转弯也不灵活。

2. 汽车的质量参数

汽车的质量参数主要包括汽车的装载质量、整备质量、总质量、整备质量利用系数和轴荷分配等。

(1) 汽车的装载质量

乘用车以座位数计算,包括驾驶员座位在内最多不超过9个座位;

商用车中的客车以载客量计；

商用车中的载货汽车以其在良好的硬路面上行驶时所装载货物质量的最大限额(t)计；

超载将导致车辆早期损坏，制动距离变长，甚至造成交通事故。

(2) 汽车的整备质量

汽车的整备质量指汽车在加满燃料、润滑油、工作液(如制动液)及发动机冷却液并装备(随车工具及备胎等)齐全后但未载人、载货时的总质量。整备质量越小的汽车，燃油消耗越少，经济性越好。

(3) 汽车的总质量

汽车的总质量指已整备完好、装备齐全并按规定载满客、货时的汽车质量。

(4) 汽车的整备质量利用系数

汽车的整备质量利用系数指载货汽车的装载量与其整备质量之比。它表明单位汽车整备质量所承受的汽车装载质量。此系数愈大表明该车型的材料利用率及设计与工艺水平愈高。

(5) 汽车的轴荷分配

汽车的轴荷分配指汽车空载和满载时的整车质量分配到各个车轴上的百分比。它对汽车的牵引性、通过性、制动性、操纵性和稳定性等主要性能以及轮胎的寿命，都有很大的影响。

2.3.2　汽车的主要性能指标

汽车主要性能指标包含汽车的动力性能(最高车速、加速时间、爬坡性能)、经济性能(汽车的燃料消耗量)、制动性能(汽车的制动距离)、通过性能(最小转弯半径、汽车的最小离地间隙、接近角、离去角、纵向通过角)、运转性能和可靠性能与耐久性能。

1. 动力性能指标

(1) 汽车的最高车速

汽车的最高车速指在水平良好路面(混凝土或沥青)上和规定装载质量条件下汽车所能达到的最高车速(km/h)，它是汽车的一个重要动力指标。目前普通轿车最高车速一般为 150～200 km/h。

(2) 汽车的加速时间

汽车的加速时间指汽车加速到一定车速所需要的时间。常用原地起步加速时间与超车加速时间表示。它也是汽车动力性能的重要指标。轿车常用 0～100 km/h 的换挡加速时间来评价，如普通轿车为 10～15 s。

(3) 汽车的爬坡性能

汽车的爬坡性能指汽车满载在良好路面匀速行驶的最大爬坡度 i_{max}(如果汽车能爬上角度为 θ 的坡，则 $i_{max}=\tan\theta\times 100\%$)。一般要求在 30%(约 16.7°)左右。越野车要求更高，一般在 60%(约 31°)左右。

2. 经济性能指标

汽车的燃料经济性常用汽车的燃料消耗量作为评价指标。汽车的燃料消耗量通常以百千米油耗衡量，即汽车在良好的水平硬路面以一定载荷(轿车半载、货车满载)及最高挡匀速行驶 100 km的燃料消耗量，单位为 L/100 km。

3. 制动性能指标

汽车的制动距离指在良好的试验跑道上在规定的车速下紧急制动(紧急制动时踏板力对

货车要求不大于 700 N,轿车要求不大于 500 N)时,由踩制动踏板起到完全停车时的距离。我国通常以 30 km/h 和 50 km/h 车速下的最小制动距离来评价汽车的制动性能。如普通轿车在 30 km/h 车速下的最小制动距离为 5.5～6.5 m,中型载货车为 6.5～8.0 m。

4. 通过性能指标

(1) 最小转弯半径

最小转弯半径是指当转向盘转到极限位置、汽车以最低稳定车速转向行驶时,外侧转向轮的中心平面在支承平面上滚过的轨迹圆半径 R。它表征了汽车能够通过狭窄弯曲地面的能力。最小转弯半径越小,汽车的机动性越好。轿车的最小转弯半径一般约为轴距的 2～2.5倍。

(2) 汽车的最小离地间隙 C

汽车的最小离地间隙是指汽车满载、静止时,平直地面与汽车上的中间区域最低点之间的距离,用 C 表示(见图 2.9)。它反映了汽车无碰撞地通过地面凸起的能力。

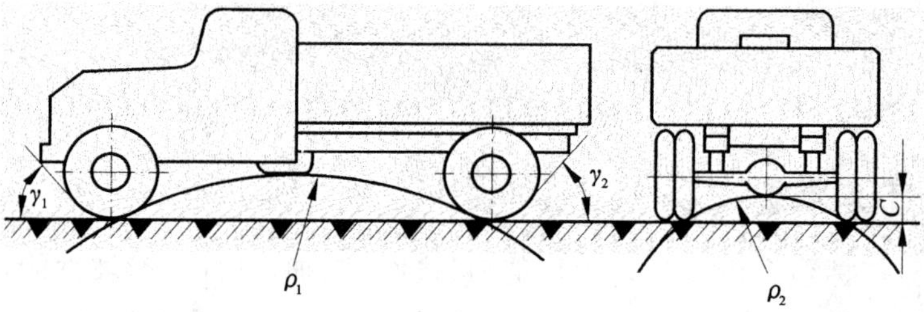

图 2.9 汽车通过性几何参数

(3) 接近角 γ_1 与离去角 γ_2

接近角是指汽车满载、静止时,前端突出点向前轮所引切线与地面间夹角,用 γ_1 表示;离去角是指汽车满载、静止时,后端突出点向后轮所引切线与地面间的夹角,用 γ_2 表示,如图 2.9 所示。接近角和离去角表示汽车接近和离开障碍物的能力,γ_1 和 γ_2 越大,通过性越好。

(4) 纵向通过半径 ρ_1 与横向通过半径 ρ_2

纵向通过半径是指在纵向平面内与前后车轮外圆和汽车中部最低点相切的圆弧半径,用 ρ_1 表示;横向通过半径指在横向平面内与左右车轮外圆和汽车中部最低点相切的圆弧半径,用 ρ_2 表示,如图 2.9 所示。它们表示通过陡坡的能力,ρ_1 和 ρ_2 越小,汽车通过性越好。

5. 运转性能指标

(1) 排放指标

发动机的排气中含有多种对人体有害的物质,主要有一氧化碳(CO)、碳氢化合物(HC)、氮氧化物(NO_x)、二氧化硫(SO_2)、醛类和微粒(含碳烟)等。各国均制定了相应的汽车排放标准,我国排放标准参照欧洲法规体系执行。汽车排放标准以汽车尾气中有害气体的含量来衡量。

(2) 噪 声

噪声是汽车运行时发出的一种声强和频率无一定规律的声音,主要有燃烧噪声和机械噪声。汽车是城市的主要噪声源之一,发动机又是汽车的主要噪声源,应该给予控制。我国的噪声标准中规定,小型水冷汽油机噪声不大于 110 dB,轿车的噪声不大于 82 dB。

（3）启动性能

启动性能是表征发动机启动难易的指标。发动机启动性能好，便于汽车起步行驶，同时减少了启动时的功率消耗和发动机的磨损。启动性能一般以一定条件下的启动时间长短来衡量。我国标准规定，不采用特殊的低温启动措施，汽油机在－10 ℃、柴油机在－5 ℃以下的气温条件下启动，能在 15 s 以内达到自行运转。

6. 可靠性能与耐久性能指标

可靠性能与耐久性能也是汽车发动机使用中的两个重要指标。

可靠性能是指发动机在规定的运转条件下，具有持续工作、不至因为故障而影响正常运转的能力。一般以保证期内的不停车故障数、停车故障数、更换主要零件和重要零件数等具体指标来衡量。按照汽车发动机可靠性能试验方法的规定，我国汽车发动机应能在标定工况下连续运行 300～1 000 h。

耐久性能是指发动机在规定的运转条件下，长期工作而不大修的性能。一般以发动机从开始使用到第一次大修前累计运转的时间表示。

思考题

1. 叙述国产汽车产品型号编制规则。
2. 汽车通常由哪四部分组成？
3. 现代汽车的整体布局方式有哪几种？
4. 汽车动力性能指标、经济性能指标各包括哪些？

第3章　汽车设计与制造

3.1　汽车设计

所谓汽车设计，简单的理解就是根据一款车型的多方面要求来设计汽车的外观、内饰及各总成布置与结构设计，使其在充分发挥性能的基础上艺术化。现代化生产中，设计是第一步，是决定产品开发成败的关键，在汽车开发过程中起着至关重要的作用。

3.1.1　汽车设计的发展与分类

1. 汽车设计的发展

国际上汽车产品设计可以大致分为以下四个阶段。

第一阶段是原始设计与经验设计相结合的阶段(1960年以前)，一般认为是原始的经验设计和传统的人工设计方法。

第二阶段是经验设计与试验试错(Trail-Error)相结合的设计阶段(1960—1979年)，经验设计与设计计算是以图板手工为主，并与少量计算机二维设计相结合的试验试错设计阶段。

第三阶段是先进设计与试验试错相结合的设计阶段(1980—1989年)，本阶段经验设计与分析优化紧密结合，全部采用了二维计算机设计，设计水平、设计速度和质量有了明显的提高，很多计算和仿真开始采用计算机，部分地代替了试验试错的模式，但不同程度地以试验试错为设计依据。

第四阶段是先进的设计阶段(1990年至今)，采用三维设计分析优化与仿真一体化技术，充分利用人类积累一百多年的知识和经验实现了高速度、高质量、低成本的产品开发，为了摆脱试验试错的模式，越来越多的试验只用于最终确认和检验。尤其在1995年后汽车开发全部采用了三维参数化相关实体建模技术和CAD/CAE/CAM一体化技术。

2. 汽车设计的分类

按设计任务的不同，汽车设计分为整车总体设计、总成设计和零件设计。

整车总体设计又称为汽车总布置设计，其任务是使所设计的产品达到设计任务书所规定的整车参数和性能指标的要求，并将这些参数和性能指标分解为有关总成的参数和功能。汽车是一种复杂的机电一体化产品，在整车总体设计工作中，既有汽车各总成间的联系问题，又有人(驾驶员和乘客)与汽车之间的联系问题，还要考虑汽车与道路之间的联系问题。因此整车总体设计既需要综合运用各学科的知识，又要从系统工程的角度研究汽车各总成、零部件之间的相互联系、相互制约和相互影响，解决设计中的问题。汽车总成设计的任务主要是满足整车设计对总成功能和布置的要求，也存在是否易于维修、保养的“人-机”关系问题。零件设计的任务主要是满足总成的设计要求并解决强度、寿命和生产技术问题，从而取得整车的有关性能之间、相关总成的参数之间的理想匹配。

3.1.2　汽车设计的要求

汽车是一种包罗了各种典型机械元件、零部件、各种金属与非金属材料及各种机械加工工艺的典型的现代化机械产品，涉及众多专业学科，不仅包括工程数学、工程力学、热力学与传热学、流体力学、空气动力学、振动理论、机械制图学、机械设计、工程材料学、机械强度、电工电子学、控制理论与技术、制造工艺学，而且还包括美学，乃至管理和市场营销等社会科学。其设计要求也是多方面、多层次、相互关联和相互制约的，大体可归纳为以下 7 个方面。

1. 功能性

功能性是为满足汽车用途而提出的性能要求，即汽车的动力性、燃料经济性、安全性、舒适性和通过性等。不同类型的车辆其性能设计目标是不同的。如轿车注重动力性、安全性和舒适性等，其他性能次之；轻型货车注重燃料经济性和通过性，其他性能次之；而越野车则侧重于通过性。因此，在确定汽车性能设计目标时，要根据具体的国情和相应的使用条件来权衡。另外，由于汽车的使用性能是多方面的，而且在某些性能之间有时是相互矛盾的，因此，要在给定的使用条件下，协调各种使用性能的要求，优选各使用性能指标，使汽车在该使用条件下的综合使用性能达到最优。

2. 适应性

为了使所设计的汽车产品在全国和全世界这样广阔的市场上具有竞争力，设计中就要充分考虑提高其适应性，以满足复杂多变的使用条件。特别应注意热带、寒带等不同的气候条件和高原、山区、丘陵、沼泽、沿海等不同的地理条件，以及燃料供应、维修能力等不同的使用环境条件对汽车结构、性能、材料、附件等的特殊要求。例如，在高原地区发动机应考虑增压；在热带地区要考虑车厢的隔热、空调或通风；在寒带地区要考虑发动机的冷启动；在山区则应提高汽车的爬坡能力等。

3. 工艺性

大多数汽车以大量生产或大批量生产为主，这就要求汽车产品在设计时考虑到生产工艺性的要求。一个好的设计不仅应使产品的性能优异，而且应使产品成本低，达到同类产品中最好的性价比。在结构设计时要考虑汽车产品制造、维修的可行性和经济性，尽可能采用部件专业化生产和实行"三化"（即产品系列化、零部件通用化、零件设计标准化），以达到简化生产、提高工效、改进产品质量和降低制造成本的目的。

4. 使用经济性

使用经济性不仅包括燃料、润滑油、轮胎、易损件等的消耗，还包括维修、保养等方面的费用开支。因此，要提高汽车的使用经济性，不仅需要在汽车设计中注意提高发动机的热效率、降低泵气和摩擦损失、减少附件的功率消耗、减少行驶阻力、降低机油消耗、减少轮胎磨损、注意汽车的轻量化等，而且需要减少维修和保养的工作量，提高汽车零部件的可靠性等。

5. 标准性

除设计图样的绘制与标注应按有关国家标准进行外，汽车设计还应遵守与汽车有关的各种标准与法规。中国汽车工业标准包括与国际基本通用的汽车标准和为宏观控制汽车产品性能和质量的标准，主要有国家标准、行业标准和企业标准。汽车标准又分为强制性和推荐性标准。强制性标准主要有整车尺寸限制标准、汽车安全性标准、油耗限制标准、汽车排放物限制标准及噪声标准。为使我国汽车产品进入世界市场，设计时也应考虑到国际标准化组织汽车专业委员会（ISO/TC22）制定的相关标准以及一些国家和国际组织所制定的标准或法规。

6. 可回收性

为了节省资源，减少给环境造成污染的各种废弃物，汽车部件所用材料的可回收性日益受到重视。一些对环境有害的材料已被限时停止使用，制动器摩擦片的石棉、汽油添加剂四乙铅等，都有了新的替代物。为电动汽车发展的高能镍镉电池，也因镉的毒性而从重点发展的项目中被剔除出来。对汽车用塑料件,优先考虑用那些可以回收后再生的材料品种。

7. 艺术性

汽车既是代步工具,又有实用价值,其外观造型和内饰布置等要求较高,是具有艺术观赏价值的人类宠物。在车身设计中,艺术家的作用与工程师的作用同等重要。造型艺术家要使车型具有时代感、创新风格以及与环境的适配性;而在色彩的设计上,要考虑到包括社会倾向、时尚、爱好、安全、合理等要素,尤其是大众的审美观;在车内装饰方面,车内的美术设计要求与汽车的等级和用户群特点相一致,例如,年轻人喜好的跑车需要轻快感的美术效果,而高级豪华车需要庄重感的美术效果。实际上,对于同一时期的汽车,其性能差异并不太大,而决定销售量的因素往往是其外形是否使人赏心悦目。从这一点看,艺术性对汽车特别是轿车来说至关重要。

3.1.3 现代汽车设计方法

随着现代科学技术的进步,特别是电子技术和计算机技术的发展,使汽车设计焕发出新的活力,增加了新的内涵。30多年来,一个个新概念不断涌现,一批批新技术被突破,一个个成果被引用,计算机辅助设计(CAD)、计算机辅助制造(CAM)、成组技术(GT)、计算机数字控制(CNC)、计算机直接控制和分布控制(DNC)、柔性制造系统(FMS)、工业机器人(ROBOT)、计算机集成制造系统(CIMS)等新技术已广泛地被人们了解和熟悉。

1. 计算机辅助设计

所谓计算机辅助设计,就是使计算机以某种模式和方法按照人的意图去进行科学分析和计算,并作出判断和选择,最后输出满意的设计结果和生产图纸。在现代汽车开发工作中,就计算机辅助设计而言,其核心是以产品设计和绘图为主体的计算机辅助设计(Compeuter Aided Design,CAD)系统、以汽车性能和结构分析为主体的计算机辅助工程分析(Computer Aided Engineering,CAE)系统、进行模型及模具制造的计算机辅助制造(Computer Aided Manufacturing,CAM)系统以及进行造型设计的计算机辅助造型(Computer Aided Styling,CAS)系统。在许多国内外的大公司中,从整车到各大总成的开发工作现全面使用了CAX技术,最具典型的是汽车车身的开发工作,从概念设计阶段到模具制造的全过程都采用了串行和并行的混合开发过程,较全面地实现了计算机辅助技术集成。在汽车规划和布置设计中,使用CAD及相关的性能和参数优化设计软件去预测新车型的性能和确定设计参数,进行法规校核,提出最佳的设计图和方案图,合理地进行汽车布置,方便有效地进行系列化车型设计。

2. 逆向工程

逆向工程(Reverse Engineering,RE)是20世纪90年代国际汽车界兴起的一种汽车产品开发新方式,如图3.1所示。从广义上讲,是主要依靠高度集成化、可视化、开放型的计算机技术和网络技术构筑汽车产品,从概念构思、产品设计、工程分析到工艺制造、应用工程、市场服务,全过程实现无纸化、高精度、系统化的操作平台。这是思维先于实体、再用实体反证思维的逆向逻辑形式。从狭义上讲,是指将已有产品模型或实物模型转化成工程设计模型或概念模型,并且在此基础上对已有产品进行解剖、深化和再创造,可以说逆向工程是设计中的设计。

图3.1 逆向工程

3. 快速原型制造技术

快速原型制造技术(Rapid Prototyping,RP)也称快速成型技术,它是先进制造技术的重要分支。它不仅在制造思想和实现方法上有了突破,更重要的是在制造零件的质量、性能、大小和制造速度方面也取得了很大的进展。快速原型制造技术集计算机辅助设计、数控技术、激光技术以及材料科学等领域的最新成就,能够对产品设计进行迅速评价、修改,并自动快速地将设计转化为具有相应结构和功能的原型产品或直接制造出零部件,从而快速响应市场需求,提高企业竞争力。

4. 并行工程

并行工程(Concurrent Engineering,CE)又称同步工程或周期工程,如图 3.2 所示。它是对产品及其相关过程(包括制造过程和支持过程)进行并行、集成设计的一种系统化工作方法。它要求产品开发人员在设计一开始就考虑产品的整个生命周期中从概念形成到产品报废处理的所有因素,包括质量、成本、进度计划和用户要求。并行工程强调多学科专家的协调工作和一体化、并行地进行产品和相关工程的设计,尤其注重早期概念设计阶段的并行与协调。并行工程是一种先进的企业管理机制,它充分重视和发挥人的作用,是实施先进制造技术的前提,是企业高效简洁的组织机构和科学的动态管理机制。它是相对于传统的串行工程而言的。

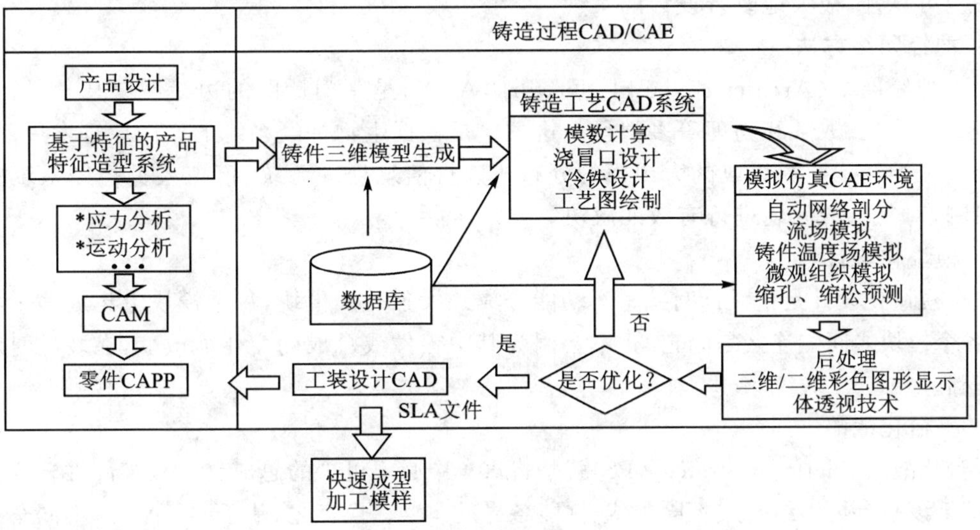

图 3.2　并行工程

5. 有限元技术

有限元法简称 FEM(Finite Element Method),它于 20 世纪 50 年代末 60 年代初引入飞机结构强度的分析计算,20 世纪 70 年代被引入到汽车结构设计中。有限元法是近 40 年来工程计算方法领域中的一项重大成就,是现今计算机辅助工程技术的核心部分,是一种数值离散化的方法。对复杂连续的结构进行分析时,有限元法的出发点是将被分析的结构划分为有限个小的单元,再用点将这些小单元连接在一起,以这些单元组成的几何体代替原先的连续体进行分析,从而使所有几何体具有有限个自由度,为解题提供了可能。这样就将复杂连续体上分析求解的问题转化为先研究每个单元中各个点的力学关系,找出描述这种关系的公式,然后将它们汇总起来,形成次数有限的线性方程,求解这个方程的解即可得到连续体的数值解。应用有限元技术分析悬架、控制臂、转向节的应力云图如图 3.3 所示。

(a) 悬架总成应力云图　　(b) 控制臂应力云图　　(c) 转向节应力云图

图 3.3　有限元技术

6. 参数化设计

参数化设计(Parametric Design,PD)一般是指设计对象的结构形状比较定型,可以用一组参数来约定尺寸、数量关系。参数的求解较简单,参数与设计对象的控制尺寸有显式的对应关系,设计结果的修改受尺寸驱动。参数化设计的实现方法有变动几何法、几何推理法、参数驱动法和基于特征的造型方法。参数化设计可以大大提高产品的设计效率,有效保证产品模型的安全可靠性,极大地改善设计的柔性。

7. 神经网络方法

人工神经网络(Artificial Neural Network,ANN)是一门活跃的边缘性交叉学科,涉及生物、电子、计算机、数学和物理等多学科。这主要是根据生物神经系统的作用原理发展起来的、由多个人工神经元互联组成的大规模的分布式并行信息处理系统,模拟人类神经系统的信息处理机制,对复杂的问题进行有效的解决。

8. 模块化设计

汽车模块化设计是指设计时按整车功能分成几大独立的模块,每个模块上集成多个零件或总成,各个模块之间的连接是固定的,不会因为其中零件或总成的变化而改变,在装配时以模块化为基础。

9. 平台化战略

平台化战略(Platform Strategy,PS)就是将汽车中必不可少的总成、模块、零部件整合为一个平台,基于该平台可以组合成不同款式、性能各异的车型。换言之,基于同一平台,不同车型外观(可视部件)可以千姿百态,以满足消费者个性化的需求,从而降低开发成本,缩短产品开发周期。

10. 虚拟现实技术

虚拟现实(Virtual Reality,VR)技术又称灵境技术,是以沉浸性、交互性和构想性为基本特征的计算机高级人机界面。它综合利用了计算机图形学、仿真技术、多媒体技术、人工智能技术、计算机网络技术、并行处理技术和多传感器技术,模拟人的视觉、听觉、触觉等感觉器官功能,使人能够沉浸在计算机生成的虚拟境界中,并能够通过语言、手势等自然的方式与之进行实时交互,创建了一种适人化的多维信息空间。使用者不仅能够通过虚拟现实系统感受到在客观物理世界中所经历的“身临其境”的逼真性,而且能够突破空间、时间以及其他客观的限制,感受到真实世界中无法亲身经历的体验。

11. 人机工程环境系统工程

人机工程环境系统工程是运用系统工程思想和方法,揭示人、机、环境之间相互关系的规律,确保系统最优化组合的一门综合性学科。其最大特点是把人、机、环境看作一个系统的三大要素，着重强调从全系统的总体性能出发，通过三者间的信息传递、加工和控制，形成一个相互关联的复杂的巨系统，并运用系统工程方法加以分析，使系统具有安全、高效、经济的综合效能。

12. 优化设计

优化设计(Optimal Design，OD)是20世纪60年代初发展起来的一门学科，它是根据最优化原理和方法，应用计算机技术，寻求最优化设计参数的一种新的设计方法。它是以计算机自动设计选优为其基本特征的，依据设计目标，建立数学模型，选择优化方法，得出最优设计方案。

3.2 汽车试验

在汽车的设计与制造过程中，都贯穿着试验这条线。首先，设计思想和理论计算都来源于试验所提供的依据和经验积累。在设计过程中，常需要对不同方案进行比较性试验、模型试验，对一些重要零部件要进行试验性研究等；在试制和制造过程中，也需要做一系列的性能测试、寿命试验、抽样试验、总成试验以及行车试验等。

3.2.1 汽车试验设施

按试验的场所不同，汽车试验设施一般可分为室内试验台架和汽车试验场两类。

1. 转鼓试验台

转鼓试验台又称底盘测功机，可使汽车在室内原地行驶，用转鼓模拟路面，汽车驱动轮放在鼓面上，再配以可调风速的供风系统提供汽车迎面行驶风，就可模拟道路试验。国际上已采用多功能、可任意组合的底盘测功系统，根据需要可逐级、逐块地组装和改装试验系统。转鼓试验台可用于动力性、燃料经济性等试验。

2. 汽车风洞

汽车风洞是能人工产生和控制气流，以模拟汽车周围气体的流动，并可量度气流对物体的作用以及观察物理现象的一种管道状试验设施。它是进行空气动力试验最常用、最有效的设施。

3. 电子液压振动试验台

电子液压振动试验台可在室内模拟汽车在道路上行驶时车轮在不平道路上的跳动情况，用于研究整车及其承载系统的零部件在行驶时的振动和寿命，而且便于进行强化试验。

4. 发动机性能试验台

发动机性能试验台把发动机与测功机相连接，测功机用作发动机的负载，并能测量发动机输出的转矩和转速，可进行发动机功率试验、部分负载特性试验、性能匹配试验、使用特性试验和各种专项试验及出厂试验等。

5. 传动系试验台

传动系试验台是在传动系部件的输入端连接电动机使部件转动，而在部件的输出端连接测功机，以吸收所传递的能量，在电动机和测功机之间可安装不同的传动系部件进行试验，可进行动力传递性能、变速性能、操纵性能、扭转强度、耐久性以及振动、噪声等安静性能的评价。

6. 汽车试验场

汽车试验场又称试车场，是进行整车道路试验的场所，它可重现汽车在使用过程中的各种各样的道路条件和使用条件。汽车试验场试验比室内试验和一般行驶条件下的试验更严格、更科学、更迅速、更实际。图3.4是我国湖北襄樊东风汽车试验场。汽车试验场占地面积很大,以构成各种室外道路,如高速环形跑道、高速直线跑道、耐久性试验路、搓板路、扭曲试验路、爬坡试验路、越野路、涉水路等,还有专用于操纵稳定性试验和撞车试验的场地等。

图3.4 襄樊东风汽车试验场

3.2.2 汽车主要性能试验

1. 动力性试验

动力性试验主要针对常用的最高车速、加速时间和爬坡度三个动力性能指标进行试验。最高车速试验在混凝土或沥青路面的直线路段上进行,测定汽车通过测试区间所能达到的最高车速。我国规定的测试区间是1.6 km试验路段的最后500 m。加速试验一般包括原地起步加速和超车加速两项试验,加速过程用五轮仪或非接触式汽车速度计来记录。爬坡度试验包括最大爬坡度和爬坡长度两项试验,试验时应有一系列不同坡度的人造坡道,试验中不仅要记录爬坡过程中的换挡次数、各挡使用时间和爬坡总时间,还要观察发动机冷却系统有无过热、供油系统有无气阻或渗漏等现象。

2. 燃料经济性试验

燃料经济性试验既可在室外道路上进行,也可在室内台架上进行。测量燃料经济性时,可模拟实际行驶工况,采用多种油耗测量方法,同时还可进行汽车排放试验。为模拟车辆实际行驶工况,各国都制定了多工况试验标准,如我国采用的是15工况。匀速行驶百千米燃油消耗量是常用的一种评价指标,它是指汽车在一定载荷(我国标准规定轿车为半载,货车为满载)下,以最高挡在水平良好路面上匀速行驶100 km的燃油消耗量。

3. 制动性能试验

制动性能试验主要在室外道路上进行,汽车的制动性优劣主要从汽车的制动效能、制动效能的恒定性和制动时汽车方向的稳定性三个方面来评价。一般要测定冷制动及高温下汽车的制动距离、制动减速度、制动时间等参数。另外,还要测定汽车在转弯与变换车道时制动的方向稳定性、热衰退和恢复试验、浸水后制动效能衰退和恢复试验等。

4. 操纵稳定性试验

操纵稳定性试验主要在汽车试验场地上进行,试验类型较多,主要有转向轻便性试验、蛇形行驶试验、稳态转向特性试验、转向盘转角阶跃输入试验、转向盘转角脉冲输入试验、转向回正性能试验、侧向风敏感性试验、直线行驶性能试验、抗侧翻能力试验等。

5. 空气动力性试验

空气动力性试验主要在汽车风洞内进行，通过人工产生和控制气流，模拟汽车周围气体的流动，来测试汽车行驶时空气阻力对汽车各项性能的影响情况。

6. 碰撞安全试验

碰撞安全试验耗资较大，除正面碰撞试验外，近年来还增加侧面碰撞试验。可以进行实车碰撞试验，也可进行计算机碰撞模拟试验；但不少国家和厂家规定新车型必须经过实车碰撞试验，以验证其安全性。实车碰撞试验是将装有假人（又称人体模型）的汽车以一定初速度撞击固定障壁（见图 3.5），通过假人身上装备的各种传感器和导线收集的试验数据，以及高速摄影胶片，对假人受伤情况、挡风玻璃破碎情况和燃油系统的完整性等车辆性能进行测试。

图 3.5　汽车正面碰撞试验

7. 通过性试验

通过性试验一般在汽车试验场和专用路段上进行，路段上包括凸起、弹坑、垂直障碍物、壕沟、涉水池、沙漠地和泥泞地等，主要包括通过性的几何参数和挂钩牵引性能测定。所测定的参数一般包括土壤阻力、汽车挂钩牵引力、汽车行驶滑转率以及轮胎在给定胎压下的接地面积、接地比压、驱动轮上的转矩等。

8. 平顺性试验

平顺性主要是根据乘坐者的舒适程度来评价的，所以又叫乘坐舒适性。典型的有汽车平顺性随机输入行驶试验和汽车平顺性单脉冲输入行驶试验。前者用以测定汽车在随机不平的路面上行驶时，其震动对乘员或货物的影响；后者用以评价汽车行驶中遇到大的凸起物或凹坑时在冲击震动下的平顺性。

3.3　汽车制造

3.3.1　汽车制造工艺

1. 铸　造

铸造是将熔化的金属浇灌入铸型空腔中，冷却凝固后而获得产品的生产方法。在汽车制造过程中，采用铸铁制成毛坯的零件很多，约占全车质量 10%左右，如气缸体、变速器箱体、转向器壳体、后桥壳体、制动鼓、各种支架等。

2. 锻　造

在汽车制造过程中，广泛地采用锻造的加工方法。锻造分为自由锻造和模型锻造。自由锻造是将金属坯料放在铁砧上承受冲击或压力而成形的加工方法（民间俗称"打铁"）。汽车的齿轮和轴等的毛坯就是用自由锻造的方法加工的。模型锻造是将金属坯料放在锻模的模膛内，承受冲击或压力而成形的加工方法。模型锻造有点像面团在模子内被压成饼干形状的过程。与自由锻造相比,模型锻造所制造的工件形状更复杂,尺寸更精确。汽车的模型锻造件的典型例子是:发动机连杆和曲轴、汽车前轴、转向节等。

3. 冲 压

冲压是使金属板料在冲模中承受压力而被切离或成形的加工方法。日常生活用品中的铝锅、饭盒、脸盆等就是采用冷冲压的加工方法制成的。采用冲压加工的汽车零件有发动机油底壳、制动器底板、汽车车架以及大多数车身零件。冲压加工的生产率很高,并可制造形状复杂而且精度较高的零件。

4. 焊 接

焊接是将两片金属局部加热或同时加热、加压而接合在一起的加工方法。我们常见工人一手拿着面罩,另一手拿着与电线相连的焊钳和焊条的焊接方法称为手工电弧焊,这是利用电弧放电产生的高温熔化焊条和焊件,使之接合。手工电弧焊在汽车制造中应用得不多。而现在汽车生产过程中,大部分采用自动化焊接生产线(见图3.6),由机械手自动完成各部分的焊接,大大提高了生产效率。

图3.6 汽车自动化焊接生产线

5. 金属切削加工

金属切削加工是用刀具将金属毛坯逐层切削,使工件得到所需要的形状、尺寸和表面粗糙度的加工方法。金属切削加工包括钳工和机械加工两种方法:钳工是工人用手工工具进行切削的加工方法,操作灵活方便,在装配和修理中广泛应用;机械加工是借助于机床来完成切削的,包括车、刨、铣、钻、镗、磨等方法。

6. 热处理

热处理是将固态的钢重新加热、保温或冷却而改变其组织结构,以满足零件的使用要求或工艺要求的方法。加热温度的高低、保温时间的长短、冷却速度的快慢,可使钢产生不同的组织变化。铁匠将加热的钢件浸入水中快速冷却(行家称为“淬火”),可提高钢件的硬度,这是热处理的实例。热处理工艺包括退火、正火、淬火和回火等。退火是将钢件加热,保温一定时间,随后连同炉子一起缓慢冷却,以获得较细而均匀的组织,降低硬度,以利于切削加工。正火是将钢件加热、保温后从炉中取出,随后在空气中冷却,适于对低碳钢进行细化处理。淬火是将钢件加热、保温后,在水中或在油中快速冷却,以提高硬度。回火通常是淬火的后续工序,将淬火后的钢件重新加热，保温后冷却，使组织稳定，消除脆性。有不少汽车零件，既要保留心部的韧性，又要改变表面的组织以提高硬度，就需要采用表面高频淬火或渗碳、氰化等热处理工艺。

7. 喷　漆

轿车、客车车身和货车驾驶室的喷漆不仅装饰性要求高，而且还要求具有较高的抗腐蚀性。装饰性要求包括涂层光亮、平滑、丰满、美感强；抗腐蚀性要求包括外观锈蚀、穿孔腐蚀和损坏结构腐蚀出现的使用时间。为保证喷漆质量，加快生产节奏，不仅车间厂房及其环境要求非常干净，而且喷漆生产较多地采用往复式喷涂机、喷漆机器人等装备，构成自动化程度较高的生产线。

8. 装　配

装配是按一定的要求，用连接零件（螺栓、螺母、销或卡扣等）把各种零件相互连接和组合成部件，再把各种部件相互连接和组合成整车。无论是把零件组合成部件，或是把部件组合成整车，都必须满足设计图纸规定的相互配合关系，以使部件或整车达到预定的性能。例如，将变速器装配到离合器壳体上时，必须使变速器输入轴的中心线与发动机曲轴的中心线对准。这种对中心的方式不是在装配时由装配工人（钳工）来调节，而是由设计和加工制造来保证的。如果到汽车制造厂参观，最引人入胜的是汽车总装配线。在这条总装配线上，每隔几分钟就驶下一辆汽车。以我国一汽的解放牌货车总装配线为例。这条装配线是一条 165 m 长的传送链，汽车随着传送链移动至各个工位并逐步装成，四周还有输送悬链把发动机总成、驾驶室总成、车轮总成等源源不断地从各个车间输送到总装配线上的相应工位。在传送链的起始位置首先放上车架（底朝天），然后将后桥总成（包括钢板弹簧和轮毂）和前桥总成（包括钢板弹簧、转向节和轮毂）安装到车架上，继而将车架翻过来以便安装转向器、储气筒和制动管路、油箱及油管、电线以及车轮等，最后安装发动机总成（包括离合器、变速器和中央制动器），接上传动轴，再安装驾驶室和车前板制件等。至此，汽车就可以驶下装配线了。

3.3.2　现代汽车制造技术

汽车制造已由过去传统的专机生产、流水线生产、自动化生产，发展到今天以柔性自动化技术为特点的现代汽车制造技术。这一汽车制造技术的进步过程，是汽车制造的高效率要求及需求的人性化要求引导的结果，使汽车制造技术向着高效、精密、柔性化、自动化的方向迅速发展，以适应快速变化和市场需求。

1. 现代制造工艺技术

现代制造工艺技术是指采用先进的加工工艺对工件表面材料进行处理，使工件的尺寸、表面性能达到产品的要求所采取的技术措施。包括精密、超精密和纳米加工技术，精密凝聚、精密塑性加工、精密焊接等精密成型技术，高能束流加工、电加工、超声波加工、高压水加工等特种加工技术，表面改进、制膜和涂层技术等。

2. 制造自动化技术

制造自动化是指用机电设备取代或放大人的体力，甚至取代和延伸人的部分智力，自动完成特定的作业，包括物料的存储、运输、加工、装配和检验等各个生产环节的自动化。制造自动化技术涉及数控技术、工业机器人技术和柔性制造技术，是汽车制造业最重要的基础技术之一。其目的在于减轻劳动强度、提高生产效率、节省能源消耗、降低生产成本。

3. 现代管理技术

现代管理技术是指企业在从事市场开发、产品设计、生产制造、质量控制到售后服务等一系列生产经营活动中,为了使制造资源(材料、设备、能源、技术、信息及人力)得到总体配置优化和充分利用,使企业的综合效益(质量、成本、交货期)得到提高而采取的各种计划、组织、控制及协调的方法和技术的总称。它是现代制造技术体系中的重要组成部分,对企业最终效益的提高起着重要的作用。

4. 现代生产制造系统

现代生产制造系统是面向企业生产过程,将现代信息技术与生产技术相结合的一种新思想、新哲理,其功能覆盖企业的预测、产品设计、加工制造、信息与资源直至销售和售后服务等各项活动,是制造业的综合自动化的新模式。它包括计算机集成制造系统(CIMS)、敏捷制造系统(AMS)、制造智能系统(IMS)以及精良生产(LP)、并行工程(CE)等先进的生产组织管理和控制方法。

思考题

1. 按设计任务的不同,汽车设计可分为哪三类?
2. 汽车设计有哪些具体要求?
3. 汽车有哪些现代设计方法?
4. 按试验场所的不同,汽车试验设施可分为哪两类?
5. 汽车制造工艺包括哪些内容?
6. 现代汽车制造技术有哪些?

第4章 汽车消费与服务

4.1 汽车选购

随着社会经济的发展,我国家用汽车逐渐普及,汽车行业各类品牌竞争日趋激烈,当前各式各样的车型层出不穷,更新的速度也很快。面对琳琅满目的汽车市场,购买到称心如意的汽车,是广大购车人的愿望。这里介绍一些选择家用轿车的基本方法供爱车和购车一族参考。

4.1.1 购车档次确定

1. 轿车档次

轿车的档次习惯上以发动机的排量来区分,实际价格也基本与之相对应。下面以国产车为例,大体上有如下的划分:

① 经济型轿车(又称为微型车)。发动机排量在1.0 L以下,价格不超过10万元,主要作为代步工具,适用于经济一般的家庭。

② 普及型轿车。发动机排量介于1.0~1.6 L之间,价格在15万元左右,主要用于代步和公务,适用于经济中等的家庭。

③ 中档车。发动机排量一般在1.6~2.5 L之间,价格在25万元左右,主要用于公务和代步,适用于经济较好的家庭。

④ 中高档车。发动机排量为2.5~4.0 L,价格在35万元左右,主要用于公务和代步,适用于经济好的家庭。

⑤ 高档车。发动机排量大于4.0 L,价格在50万元以上,主要用于公务和享乐,适用于经济很好的家庭。

当然,随着车型的增加以及价格、款式、配置选择越来越多样化,汽车档次的边缘交叉也会越来越多。例如,有些车型或轴距属于微型车范围,而排量与价格却与普及型车相差无几。因此,轿车分级不应过于僵化死板,须灵活处理。

2. 车系特点

我国的汽车产业除了少数自主品牌以外,其余大多是与国外汽车公司合资合作生产的,所以形成了国内自主品牌与国际汽车品牌相互交融的景象。社会上流传"日系车省油、德系车安全、法系车时尚、美系车大气"的说法,这种说法有一定的历史背景,可以参考。

自主品牌车系如吉利、奇瑞等,起步很晚,各方面技术都在不断创新、进步和超越中,目前主要通过降低利润空间占有市场,价格低廉,经济实惠。

日系车车体轻而紧凑,造型美观而新颖,油耗较低,使用效率高,装饰做工精细,灌注了东方人精致细腻的心理特征,无论是车门缝隙的大小、漆面的光滑平整度,还是车厢的焊接工艺,日本车都很出色。

韩系车起步较晚,基本上都是在20世纪60年代开始起步的。中规中矩是韩国车的设计思想,这也与以中国"中庸"儒家文化为基准的韩国文化一脉相承。韩国车的优缺点几乎都是从日本车那儿继承来的,只不过有所取舍。价格低廉,外形讨巧,较之日本车更显中庸,迎合消费者口味,这些都是最可取的地方。但车身轻,安全性稍差,高速性能不佳。

美系车给人的印象是大气蓬勃,外向感强烈。车身线条锋锐,车体重,内部空间宽敞,乘坐舒适,驾驶安全,很有派头,但较费油。这可能与美国人的消费习惯相一致,也适应美国人的消费心理特征。近年美国汽车公司也吸收了日系车的理念和技术,推出了一些针对中国人消费特点的经济实用车型。

德系车的特点就是德国人的性格体现。车身线条和曲面永远都是那么富于逻辑性,简洁而有内涵。正是这种严谨的作风诞生了世界上顶级的豪华车阵容,鲜明品牌设计语言成就了德国车的高品质感,刚劲沉稳。

法系车以浪漫著称,有着超凡的操控性。其实现在的法国车以标致为代表,正在走一条激进的造型设计路线。标致汽车的几款概念车和量产车让人知道了原来汽车可以如此设计:其个性化的车尾使得汽车更加富有艺术气息,而不完全臣服于传统汽车形式的束缚。

3. 档次选择

私人轿车体现了个人的价值取向与审美取向。首先应考虑购车目的和家庭经济条件,量力而行。在考虑汽车经费支出时,不仅要考虑汽车售价,还应综合考虑各种附加费(包括车辆购置税、牌证费、保险费、车船使用税和日常的使用费等)。汽车档次越高,所缴纳的各方面费用也越高。

其次把握各种典型车系的设计特色,结合自身的喜好,选择相应品牌。而且每种品牌往往有几种不同排量选择,一般还有标准型、舒适型和豪华型之分,买车时可根据需求进行性价比较,合理选择适合自己条件的汽车档次。

近年来我国出台的多项汽车政策,引导汽车消费者购买和使用低能耗、低污染、小排量、新能源和新动力的汽车,加强环境保护。

另外有些购车者面临着进口车和国产车的选择。部分进口车从质量上看可能优于国产车,但价格要高出许多,其中各种税费占了车价的很大比例,而且日后的配件及使用费、折旧费都较高,在购买进口车时应全面考虑。

4.1.2 个性化选择

在确定了自己的计划购车的价格范围与档次之后,对于购买什么样式的车,购车者可以根据自己的个性喜好和实际需求进行选择。现代汽车品种繁多,下面就汽车款式、颜色、性能、配置等分别进行介绍,以供选择参考。

1. 汽车款式确定

三厢汽车中间高两头低,前部的发动机舱、车身中部的乘员舱和后部的行李舱,从侧面看前后对称,造型美观大方,沉稳庄重,是中国人的传统选择(见图4.1)。三厢式小轿车的缺点是车身尺寸长,在交通拥挤的大城市里行驶及停泊不是很方便;扁平的行李箱放不下较大件行李。

两厢汽车车身较短,转向更灵活,占地面积小,停车较方便(见图4.2)。另外,掀开车尾后盖,折叠后排座椅就有了超大的后备厢。两厢车的车型设计更加富于变化,同时充分融合了乘坐空间最大化的人性化设计理念,所以很适合一般家庭使用。发达国家的两厢车比三厢车卖得多而且便宜,两厢车已经成为消费的趋势。在德国的马路上,触目而过的几乎都是两厢车。

图 4.1　三厢汽车

图 4.2　二厢汽车

MPV(Multi-purpose Vehicle)汽车就是“多用途汽车”,它集轿车、旅行车和厢式货车的功能于一身,车内每个座椅都可调整,并有多种组合的方式(见图 4.3)。近年来,MPV 趋向于小型化,并出现了所谓的 S-MPV,其车身紧凑,一般为 5～7 座。它兼具了轿车的舒适性和小型客车的较大空间,一般为单厢式结构,即俗称的“子弹头”,有“一辆车的长度,两辆车的功能,一辆半车的价格”之说。

SUV(Sports Utility Vehicle)汽车是指运动型多用途车,是为迎合年轻白领阶层的爱好而在中型汽车底盘上发展起来的一种厢式车(见图 4.4)。离地间隙较大,车身较高,视野较广,在一定的程度上除了具备中高档轿车的舒适性外,还要有更高的越野性和安全性,并有运动感,便于日常生活、外出旅行和野外休闲。

图 4.3　MPV 汽车

图 4.4　SUV 汽车

跑车属于轿车类,它的英文名是 sport car,其目的在于“把赛车运动带入普通人中”。它的问世给了很多痴迷于赛车运动的普通人体验赛车手的机会,所以跑车的定义也可以理解为“赛车的民用版本”。跑车车身一般为双门式,即只有左右两个车门,双座或 2＋2 座(两个后座特别狭窄),顶盖为可折叠的软质顶篷或硬顶(见图 4.5)。由于跑车一般只按两个驾乘设置座位,车身轻便,而其发动机一般又比普通轿车发动机的功率强大,

图 4.5　跑　车

所以比普通轿车的加速性好,其车速也较高,操控性好,而舒适性和通过性相对要差一些,越高级的跑车,此特点越明显。跑车的共同特点是动力强劲,外观新潮,造型优美。

目前市场上的跑车主要有三类:一种是价格昂贵且速度性能极佳的高档跑车,如法拉利、保时捷等;二是中高档的跑车,这类车在重视速度的同时并不忽视舒适性,以奔驰SEL、宝马Z系列等为代表;三是相对中低档的跑车,如标致206ccAT、现代coupe2.0等。

轿跑车,顾名思义是轿车加跑车(见图4.6)。在轿车基础上增添跑车元素(如丰田锐志、马6轿跑车、奔驰CLS),或在跑车上套上轿车的实用性元素(如四门跑车RX-8,玛莎拉蒂Quattroport等),将跑车的优雅、动感与轿车的舒适、实用相融合。

房车兼具"房"与"车"两大功能,但其属性还是车,是一种可移动、具有居家必备的基本设施的车种(见图4.7)。其车上的居家设施有:卧具、炉具、冰箱、橱柜、沙发、餐桌椅、盥洗设施、空调、电视、音响等家具和电器。旅居房车是集"衣、食、住、行"于一身、实现"生活中旅行,旅行中生活"的时尚产品。

图4.6 轿跑车

图4.7 房 车

2. 汽车颜色选择

作为汽车最重要的外部特征,色彩决定着汽车在消费者脑海中的去留命运。在各大汽车品牌的外观、性能、配置日趋于同质化的市场环境下,汽车色彩作为消费者选择、购买的因素之一,正日益凸显其重要性。汽车的颜色五花八门,不同颜色给人的感觉不同。

银灰色是最能反映汽车本质的颜色,代表着安全、可靠、永恒。看见银灰色就会想起金属材料,给人很强的整体感。在众多色彩中,它最具安全性。据调查显示,银灰色汽车发生撞车等交通事故的概率最低,它也最具人气与运动感。

白色给人以典雅、纯洁、神圣、明快、活泼的感觉,容易与外界相吻合。白色是膨胀色,容易使车显大。另外,白色车相对中性,对性别要求不高。

黑色是一种矛盾的颜色,既代表保守和自尊,又代表新潮与性感,给人以庄重、尊贵和严肃的感觉。黑色也容易与外界环境相吻合。它一直是公务车最受青睐的颜色,高档车选用黑色会更显气派,但低档车不宜选用黑色。但黑色不仅是后退色,即看起来比实际车距要远一点,车主察觉到危险情况要迟一些,而且它也是收缩色,即看起来使车显小。故黑色汽车发生交通事故的概率较其他颜色车辆高。

红色给人以跳跃、兴奋、欢乐、蓬勃向上的感觉,代表充沛火热的生命力,在欢喜间又蕴涵着一种唤醒人们的潜意识。红色是放大色,看起来使小车显大,较受年轻女性的欢迎。跑车和运动型车非常适合选用红色。

蓝色作为装点世界的通用颜色，给人以清爽、舒适、豪华感觉。在“劳斯莱斯”和“奔驰”车族中，您都会很随意地找到蓝色的身影，虽着一身蓝衫却身价万金，显示出博大、尊贵的气派与风度，正如出淤泥而不染的花中之莲，也似处于平凡而不俗的人中之君，总给人一种行走在高处的不同凡俗的感觉。

黄色给人以温和、欢快和活泼的感觉。黄色是扩大色，在环境视野中很显眼，跑车和小型车非常适合选用黄色。出租车和工程抢险车采用黄色，一是便于管理，二是便于人们早早发现，可与其他汽车区别。但私家车选黄色的不多。

绿色有种吹面不寒杨柳风的感觉，有较好的可视性，这是大自然的色彩，也是春天的色彩，是和谐、生机盎然的浓缩和升华。小车选择绿色很有个性，具有田园诗画般的旖旎风情。但豪华车型不宜选用绿色。

调查结果显示，银、黑、白为三大主流色彩。实际汽车生产企业一般都准备了很多种颜色可供选择，有的多达十几种，甚至几十种，可谓色彩斑斓，琳琅满目。你可以向销售商索取该车的色彩样本，选择所钟爱的颜色，据此向销售商订货。

3. 汽车性能比较

厂商提供的说明书，是我们了解车辆性能的主要资料，它往往包括了该车的“血统”以及技术含量。

在一大堆的术语参数里，考察发动机的性能最重要。从说明书中我们可以看到：发动机气缸数及其布置方式、排量、压缩比、每缸气门数、最大功率和最大扭矩以及它们对应的转速等。一般来说，从汽车的气缸数以及排量大小，大致就可以知道该车的动力是否强劲。发动机额定功率的大小，取决于其本身的结构，其中最关键的因素是它固有的压缩比。压缩比表示发动机对气体的压缩程度，所以对于相同排量的发动机来说，压缩比越大，功率就越大。在其他条件一定的情况下，功率越大，车速越高；扭矩越大，该车的牵引力越大。

发动机最大功率和最大扭矩一般不是在同一转速下发生的。如“赛欧”发动机当转速为 5 600 r/min，输出最大功率为 66 kW；当转速为 2 800 r/min 时，输出最大扭矩为 128 N · m。因为发动机启动后，有一个最小稳定的工作转速，随着发动机转速不断增加，发动机的输出功率和扭矩也都随之增加，当达到 2 800 r/min 时，扭矩达到最大值，但此时的发动机功率并未达到最大值；再增加发动机转速，则扭矩减小，功率则继续增加，直至最大功率。如果购车时，发现两辆车的最大功率接近，最大扭矩也一样，但相应的转速不一样，这在一定程度上表示：这两辆车的爬坡和加速特性是不一样的。当一辆车的最大扭矩表现在较低转速时，表明这辆车在低转速时牵引力较大，起步和爬坡性能好；当一辆车的最大功率表现在较低转速时，稍提转速，功率会迅速增大，说明该车加速性好，很容易超车；而当一辆车的最大扭矩出现在较高转速时，则表明这辆车的后备功率大，在高速行驶中负荷率低，燃油经济性要差些。

每缸气门数超过 2，说明采用了先进的多气门技术；如没有注明每个气缸气门的数量或注明每个气缸有两个气门，说明它没有采用先进的多气门技术。

汽车底盘直接影响到车辆的行驶安全性、稳定性、舒适性和操控性，也影响到汽车的动力性和经济性。盘式制动器一般比鼓式制动器性能要好一些；自动挡比手动挡轻松方便，行车事故相对较少，但油耗和价格都稍高，驾驶经验不足者、女性和老年人等，适宜购买自动变速器的汽车，熟练的驾驶员多选用手动变速器的汽车，较能体验驾驶乐趣；汽车总质量大会导致油耗高，但相对较安全。

车身总体尺寸在说明书上也会标出。相同外形尺寸的车辆,轴距和轮距越大,稳定性越好,车内空间越大。但占地面积大,转弯半径大。女性比较喜欢小巧玲珑的"迷你"型靓车。

车身的设计还与油耗有很大关系,线条越流畅的车空气阻力越小,越省油。

4. 汽车配置考虑

一般说来,轿车都有一个基本型,称为"标配";在此基础上,会根据市场要求增加许多功能,在销售中称为"选配",即应客户要求才安装的配置;所有功能全部安装的车称为"全配"。

目前在国产轿车的选购中,可供挑选的车型尽管外形相似,但往往在配置上有很大区别,价格也不尽相同。

配置按功能可以分为两部分。一部分与车辆的基本性能关系密切,可称为主要配置,包括:发动机的排量不同,如羚羊7101和7130外形一样,但分别配置了1.0 L和1.3 L发动机;发动机功能不同,如捷达CI和捷达CT,排量一样,但一个是每气缸2气门,另一个是每气缸5气门;变速箱不同,可分为自动挡和手动挡,其中手动挡可分为4速和5速,即4个还是5个前进挡,自动挡可分为无级变速和自动变速等。此外还包括是否有空调装置、防抱死装置(ABS)、安全气囊(SRS)等。

另一部分配置是指与车辆基本性能无关,但涉及车辆舒适、豪华、便利的配置,可称为次要配置,包括真皮座椅、CD或DVD音响、MP3接口、全球定位系统(GPS)、倒车雷达、铝合金轮毂、雨眉、挡泥板、玻璃贴膜、贵宾踏板、LED转向灯、金属漆、防撞侧杆、电动倒车镜、电动门窗、顶窗、防盗设施以及水杯托架、储物箱等。

弄清各种配置的功能与价格,根据自己的需要和条件选择。配置越高,价格越高。

5. 外界评价比较

集思广益,多征求意见。一是聆听专家的意见。有经验的司机、熟练的汽车修理技师、汽车销售人员、专业老师和管理人员等,他们常年与汽车打交道,所以最有发言权。二是向身边有车一族请教。您的同学、同事、亲戚、朋友购买了汽车,您就可以向他们咨询,他们的意见往往没有倾向性。但是,应该注意,这种咨询并不是简单的问答,您应该尽可能地深入探讨。例如:有没有跑长途?路上时速多少?起步加速性能如何?油耗多少?操控性怎样?空调效果如何?4S店的维护保养服务如何?等等。三是查询网上车友论坛。信息时代,我们最便捷的方式就是上网了。在互联网里,形形色色的有车族(包括无车的网虫)在上边发布无数的帖子,语言生动,口无遮拦,信息量之大,任何媒体无可比拟,可以作为很好的参照。当然,对于网上的信息必须注意筛选。四是留意新闻媒体的报道。近年来,新闻媒体对于汽车的报道越来越多,大到电视台,小到摊头小报,"汽车专版"比比皆是。通常,新闻媒体的报道正面为多,注意将不同媒体不同来源的消息放在一起分析,得出结论。另外可以注意股市和股价的变化,由于我国主要的汽车制造企业都是上市公司,它们的业绩会比较准确地反映到年报中,从而影响股价的变化。

4.1.3 新车检查验收

选定品牌、车型后,面临的是如何检查与验收新车,可参照以下步骤。

1. 核对车型

核对发动机号码、车身(架)号码与说明书、发票上的是否一致,若不一致,车管所不给办理上牌手续。由于不少汽车是用多个英文字母代表其结构特点及有关参数,型号代码比较长,核对时一定要细心。

2. 查看汽车出厂日期

出厂日期是标志该车从生产线上完成装配的日期。它往往被注明在引擎盖下面的一块小铝牌上。如果您看到这个日期与您买车的日期十分接近,说明该车较新。如果这个日期与您买车的日期相差很远,就可能有问题。

3. 查看里程表

由于厂家在发运过程可能会行驶一段路程,因此新车的里程表上显示行驶了 10～20 km 属正常,可以认定为"0 公里"的新车。

4. 查看轮胎

"0 公里"新车的轮胎是完全没有磨损的,包括轮胎制造过程中产生的细小痕迹以及刺状的凸起。只要发现哪怕是最细小的轮胎磨损,而里程表却显示为"0 公里",就很有可能隐藏问题。

5. 检查"三漏"

所谓"三漏",是指车子行驶了一段里程,出现的漏油、漏水、漏气等现象。打开引擎盖,观察发动机气缸体和气缸盖、油底壳之间有无机油渗漏;用手摸摸散热器底部,检查散热器是否有水滴在地面或者散热器下部是否有明显的水滴凝集;电瓶桩头附近有无污染和锈蚀;空调管路的接口处有无尘土沾粘;检查燃油供给系统,特别是燃油滤清器、各燃油管路是否漏油等;低身观察底盘,检查驱动桥壳是否有润滑油渗出;检查转向器(动力转向)是否渗油;驱动轴的防尘套是否完好;减震器周围有无尘土黏附等。

6. 检查车内设施

打开车门,检查车内座椅能否前后调整,乘坐是否舒适,安全带伸缩是否自如;检查车门与侧窗开关是否灵活、安全、可靠,手动或电动车窗操纵是否正常,听听关门的声音,如发出沉闷的砰砰声音,说明车门工艺精湛,密封良好;用手晃动方向盘,上下不能有窜动现象,左右转动不能有超过 15°的自由行程;试试置物箱、烟灰缸以及车内其他小装置的开合是否顺畅等。

7. 检查电气系统

检查蓄电池各接线是否牢固可靠;检查蓄电池电解液液面高度是否符合要求;检查雨刮、喷水器是否工作正常;检查各车灯,如前大灯、小灯、制动灯、转向灯、防雾灯、牌照灯、车厢灯等是否工作正常;按一按喇叭按钮开关,检查喇叭是否响亮而柔和;打开收音机或 CD,听听音响效果;拉紧手刹,挂上空挡,启动发动机,检查发动机启动是否容易,并观察各仪表及电气报警装置是否正常等。

8. 其他静止检查

检查轮胎规格,四个轮胎与备胎是否相同,轮胎气压是否合适;发动机盖与后备厢盖开启是否正常;边角有无漆溜或鼓包;观察车身弧线是否圆滑,棱线是否笔直;玻璃是否存在裂纹;检查随车工具是否齐全等。

9. 路试检查

俗话说,"是骡子是马,拉出来遛遛"。通过上述一系列检查后,最后一关就是试车检查了。启动发动机,聆听发动机声音,检查发动机运转是否轻快、连续、平稳而无杂音、异响,轻踩油门,发动机转速应连续、平稳地提升,加速踏板反应是否灵敏;车辆起步前行,离合器踏板是否过硬过沉,换挡时应平顺,不应出现换挡困难及出现齿轮异响的现象;轻踩刹车，检查制动踏板是否有一定的自由行程，制动系统的刹车力度，以及刹车时的方向稳定性是否良好；检查滑行性能，在20 km/h的速度下挂空挡滑行，应可滑行50～80 m；多绕些弯路，检查转向系统，看汽车是否有良好的操控性；在不平路面上加速行驶，感受汽车的减震性能是否令人满意；检查胎噪；检查汽车运行中门窗全关闭时的密封性；高速行驶，检查汽车的高速行驶性能等。

4.2 汽车保险

汽车保险又称机动车辆保险，是重要保险业务之一。汽车保险是以汽车本身及其第三者责任为保险标的的一种不定值财产保险。汽车保险是现代社会处理风险的一种非常重要的手段，是风险转嫁的一种最重要、最有效的方法，是不可缺少的经济补偿制度。

4.2.1 汽车保险的功能与作用

1. 汽车保险的功能

生产力水平的提高、科学技术的发展使人类社会走向文明，汽车在给人类生活以交通便利的同时，也给人类带来了因汽车运输中的碰撞、倾覆等意外事故造成的财产损失和人身伤亡。不仅如此，随着生产力水平的提高，科学技术的进步，风险事故所造成的损失也越来越大，对人类社会的危害也越来越严重。汽车在使用过程中遭受自然灾害风险和发生意外事故的概率较大，特别是在发生第三者责任的事故中，其损失赔偿是难以由自身进行赔偿的。

汽车使用过程中的各种风险及风险损失是难以通过对风险的避免、预防、分散、抑制以及风险自留就能解决的，必须或最好通过保险转嫁方式将其中的风险及风险损失在全社会范围内分散和转移，以最大限度地抵御风险。汽车用户以缴纳保险费为条件，将自己可能遭受的风险成本全部或部分转嫁给保险人。汽车保险是一种重要的风险转嫁方式，在大量的风险单位集合的基础上，将少数被保险人可能遭受的损失后果转嫁到全体被保险人身上，而保险人作为被保险人之间的中介对其实行经济补偿。

2. 汽车保险的作用

我国自1980年国内保险业务恢复以来，汽车保险业务已经取得了长足的进步，尤其是伴随着汽车进入百姓的日常生活，汽车保险正逐步成为与人们生活密切相关的经济活动，其重要性和社会性也正逐步突现，作用愈加明显：一是促进汽车工业的发展，扩大了对汽车的需求；二是稳定了社会公共秩序；三是促进了汽车安全性能的提高；四是促进国家财产保险业的发展。

4.2.2 汽车保险的主要险种

除国家要求强制投保的交强险外，汽车保险根据保障的责任范围，可分为基本险和附加险。基本险包括车辆损失险和第三者责任险，它们各自均有相应的附加险(见表4.1)。其中附加险不能独立投保，必须先投保基本险后才能投保相应的附加险。随着保险业务的不断拓展，汽车保险的险种越来越多，下面就通常投保的主要险种进行介绍。

表 4.1　汽车保险险种

<table>
<tr><td>基本险</td><td>车辆损失险</td><td>第三者责任险</td></tr>
<tr><td rowspan="2">附加险</td><td>全车盗抢险、玻璃单独破碎险、车身划痕损失险、自燃损失险、涉水行驶损失险、车辆停驶损失险、新增加设备损失险</td><td>车上责任险、无过失责任险、车载货物掉落责任险、交通事故精神损害赔偿险、系安全带补偿特约险</td></tr>
<tr><td colspan="2">不计免赔特约险</td></tr>
<tr><td colspan="3">交强险</td></tr>
</table>

1. 基本险

车辆损失险，负责赔偿由于自然灾害和意外事故造成车辆自身的损失。这是车险中最主要的险种。花钱不多，却能获得很大的保障。一般说来，对于进口车、国产轿车，如果年份不是太久，或驾驶者技术、驾驶习惯不能对车辆安全提供较高的保障，最好买此险种。若不保，车辆碰撞后的修理费用得全部由自己承担。车辆损失险的保险金额可以按投保时的保险价值或实际价值确定，也可由投保人与保险公司协商确定，但保险金额不能超出保险价值。

第三者责任险，是指被保险人允许的合格驾驶员在使用保险车辆过程中发生意外事故，致使第三方遭受人身伤亡或财产的直接损毁，保险公司依照《道路交通事故处理办法》和保险合同的规定给予赔偿。汽车交强险出台后，第三者责任险已成为非强制性的保险，投保人可以自愿选择投保。事故最高赔偿限额，由投保人和保险人在签订保险合同时按保险单规定的档次协商确定。

2. 附加险

全车盗抢险，是指保险车辆全车被盗窃、被抢夺，经公安刑侦部门立案证实，满三个月未查明下落，或保险车辆在被盗窃、被抢劫、被抢夺期间受到损坏，或车上零部件及附属设备丢失需要修复的合理费用，保险公司负责赔偿。

玻璃单独破碎险，是指投保了本项保险的机动车辆在停放或使用过程中，其他部分没有损坏，仅挡风玻璃单独破碎，挡风玻璃的损失由保险公司按实际损失进行赔偿。

车身划痕损失险，是指在保险期间内，保险车辆发生无明显碰撞痕迹的车身表面油漆单独划伤，保险公司根据合同的规定按实际损失负责赔偿。

自燃损失险，是指投保了本项保险的机动车辆在使用过程中，因本车电路、线路、供油系统发生故障及运载货物自身起火燃烧，造成保险车辆的损失，保险公司负责赔偿。

车辆涉水行驶损失险，简称涉水险，是专门针对保险车辆在积水路面涉水行驶或被水淹导致的发动机损失进行赔偿的一个险种。

车辆停驶损失险，是指保险车辆发生车辆损失险范围内的保险事故，造成车身损毁，致使车辆停驶而产生的损失，保险公司按规定进行赔偿。

新增加设备损失险，是指投保车辆除在出厂时的原有各项设备以外，被保险人对另外加装设备进行的保险，保险人将在保险单中该项目所载明的保险金额内，按实际损失计算赔偿。

车上责任险，是指投保了本项保险的机动车辆在使用过程中，发生意外事故，致使保险车辆上所载货物遭受直接损毁和车上人员的人身伤亡，依法应由被保险人承担的经济赔偿责任，保险公司在保险单所载明的该保险赔偿限额内计算赔偿。

无过失责任险。投保车辆在使用过程中，因与非机动车辆、行人发生交通事故，造成对方人员伤亡和直接财产损毁,保险车辆一方不承担赔偿责任。如被保险人拒绝赔偿未果,对被保险人已经支付给对方而无法追回的费用,保险公司按《道路交通事故处理办法》和出险当地的道路交通事故处理规定标准在保险单所载明的本保险赔偿限额内计算赔偿。每次赔偿均实行20%的绝对免赔率。

车载货物掉落责任险,是指投保车辆在使用过程中,所载货物从车上掉下来造成第三者遭受人身伤亡或财产的直接损毁而产生的经济赔偿责任。赔偿责任在保险单所载明的保险赔偿限额内计算。每次赔偿均实行20%的绝对免赔率。

交通事故精神损害赔偿险,是指投保了本保险的机动车辆在使用过程中,因发生意外事故,致使第三者或本车上人员的伤残、死亡或怀孕妇女意外流产,受害方据此提出精神损害赔偿请求,依照法院判决应由被保险人承担的精神损害赔偿责任,保险公司在扣除交强险应赔偿部分后,按合同约定在赔偿限额内负责赔偿。

系安全带补偿特约险,是车上人员责任险的附加险,已投保车上人员责任险的车辆方可投保该特约险。在保险期间内,保险车辆发生车上人员责任险责任范围内的事故时,车上人员若在事故中系有安全带,对于本车上人员的死亡或根据《道路交通事故受伤人员伤残评定》评定为一级伤残的经济赔偿,保险公司按合同约定的标准增加赔偿限额。

不计免赔特约险。只有在同时投保了车辆损失险和第三者责任险的基础上方可投保本险种。办理了本项特约保险的机动车辆发生事故造成赔偿,对其在符合赔偿规定的金额内按基本险条款规定计算的免赔金额,保险人负责赔偿。也就是说,办了本保险后,车辆发生车辆损失险及第三者责任险方面的损失,全部由保险公司赔偿。这是1997年才有的一个非常好的险种。它的价值体现在,不保这个险种,保险公司在赔偿车损险和第三者责任险范围内的损失时是要区分责任的:若被保险人负全部责任,赔偿80%;负主要责任赔85%;负同等责任赔90%;负次要责任赔95%;事故损失的另外20%、15%、10%、5%需要由被保险人自己承担。不计免赔特约险仅针对车辆损失险和第三者责任险范围内的损失,其他附加险的免赔规定不能取消。

3. 交强险

我们通常所说的交强险(即机动车交通事故责任强制保险)也属于广义的第三者责任险,是我国首个由国家法律规定实行的强制性险种,是由保险公司对被保险机动车发生道路交通事故造成受害人(不包括本车人员和被保险人)的人身伤亡、财产损失,在责任限额内予以赔偿的强制性责任保险。

机动车必须购买交强险才能够上路行驶、年检、上户,且在发生第三者损失需要理赔时,必须先赔付交强险再赔付其他险种。

交强险(2008版)在对第三者的医疗费用和财产损失上赔偿较低,在购买了交强险后仍可考虑购买第三者责任险作为补充。交强险和第三者责任险是各自独立的两种法律关系的产物,但存在着赔付顺位问题。

交强险是每一机动车必投的法定险种,机动车车主没有投与不投的自主权,具有合法资格的保险人也没有是否承保的自主权。第三者险是商业保险,双方均有签订合同的自由权。在同一起事故中,如同时存在该两险种,其有关合同的效力、责任范围等应按照各自所属法律关系分别进行独立审查。但在具体赔付时,二者之间存在着顺位关系,即应当先由交强险按照分项责任范围先行赔付,不足时再由第三者责任险理赔,直至各种责任限额用尽为止。交强险具有法定性和强制性，其功能在于对不特定的第三者受害人的损害给以基本的保障，具有明显的公益性，《机动车交通事故责任强制保险条例》要求保险公司不得拒绝承保，是企业应承担社会公益责任的体现。第三者责任险是投保人为获得更多的抗风险能力而自愿投保的险种，对其利益保障具有独立性和延伸性。二者的区别在于赔偿责任限额的分配使用方式完全不同。该两险种的共同点是，车辆所有人或管理人是投保人，保险公司是保险人，而不特定的第三者受害人为法定受益人。

4.2.3　汽车投保

汽车投保，是指经主管部门检验合格并领有牌照的机动车辆，其所有人或管理人向保险公司办理汽车保险手续。投保是被保险人与保险公司签订保险契约的过程。保险契约是具有法律效力的经济合同，涉及双方的权利与义务，一经签订，双方均必须执行。

1. 合理选择保险公司

投保人应选择具有合法资格的保险公司营业机构购买汽车保险。汽车保险的售后服务与产品本身一样重要，投保人在选择保险公司时，要了解各公司提供服务的内容及信誉度，以充分保障自己的利益。

2. 了解汽车保险内容

投保人应当询问所购买的汽车保险条款是否经过保监会批准，认真了解条款内容，重点条款的保险责任、除外责任和特别约定，被保险人权利和义务，免赔额或免赔率的计算，申请赔偿的手续、退保和折旧等规定。此外还应当注意汽车保险的费率是否与保监会批准的费率一致，了解保险公司的费率优惠规定和无赔款优待的规定。

3. 根据实际需要购买险种

投保人选择汽车保险时，应了解自身的风险和特征，根据实际情况选择个人所需的风险保障。对于汽车保险市场现有产品应进行充分了解，以便购买适合自身需要的汽车保险险种。

4. 办理投保手续

个人车辆办理投保时，应携带驾驶员本人的身份证、驾驶证、车辆行驶证以及有关投保车辆相关的证件。若是从事个体营运的车辆还应携带营业执照、准运证等证件，到保险公司办理。经保险公司工作人员验明证件后填写车辆投保单，并将投保车辆开到指定地点进行必要的检查，符合保险条件后，由投保人确定起保时间，保险单生效时间从起保日的当天 0 时起，到约定期满日的 24 时止。保险有效期以一年为限，也可以少于一年，但不能超过一年。期满后可以续保，并重新办理手续。

单位车辆投保，除携带必要的证件外，还须开列出投保车辆的型号、牌号、行驶证号等清单。保险公司将视情况对车辆进行检查，然后办理投保手续。

核收保险费。车辆的保险费是根据投保人所投保车辆的种类、使用性质及需要投保的险种等，按照险别分别计算相应的数额。

车辆损失险保险费的构成为

$$\text{车辆损失险保险费}=\text{基本保险费}+\text{保险金额}\times\text{费率}(\%)$$

第三者责任险则按照车辆种类及使用性质选择不同的赔偿限额档次收取固定保险费。

5. 汽车投保的其他注意事项

投保者在购买汽车保险时，应如实填写投保单上规定的各项内容，取得保险单后应核对其内容是否与投保单上的有关内容完全一致。对所有的保险单、保险卡、批单、保费发票等有关重要凭证应妥善保管,以便在保险期间出险时能及时提供理赔依据。

如实告知义务。投保者在购买汽车保险时应履行如实告知义务,对与保险风险有直接关系的情况应当如实告知保险公司。

汽车保险到期后,应及时续保并交纳保险费,避免“脱保”,尤其是交强险,以降低汽车运行风险。

购买交强险后,应将“强制保险标志”贴于车上醒目位置,以便交管部门检查。

4.2.4 汽车保险索赔与理赔

汽车投保的目的是在汽车发生意外事故造成经济损失时,能够得到保险公司的经济补偿。因此参保车辆发生事故造成损失后,被保险人向保险公司索取保险责任范围内的赔款,即所谓的“索赔”。保险公司接到被保险车辆事故通知(俗称“报案”)后,根据双方的合同约定和规定的程序对受损车辆或相关人员进行一定经济赔付,即所谓的“理赔”。

1. 索赔与理赔的一般程序

第一步:报案。发生交通事故后,应妥善保护好现场,并及时向保险公司报案,路面事故同时还要报请交通部门处理。

第二步:查勘现场。保险公司接到报案后,会派人到现场查勘或到交通部门了解出险情况;非路面事故(如车辆因驾驶原因撞在树上或墙上),可由当事人受保险公司委托进行现场拍照。

第三步:定损理赔。保险公司定损员根据现场情况或当事人携带的现场照片,对车辆进行损失核定,确定修理项目、估算修理费用并开具定损单。车主出示保险单或保险卡、被保险人身份证、行驶证、驾驶证,填写车辆出险登记表及出险经过,并签字确认。对第三者责任的理赔,由保险公司对赔偿金额依法确定,并依据投保金额予以赔付,对于投保人与第三者私下谈定的赔偿金额,保险公司可拒绝赔付。

第四步:修理。车主带上定损单到保险公司指定修理厂修理事故车辆。如车主要求自行修理,应办理自修手续,修理费如超出定损费用,将由车主自行支付超出部分费用。

第五步:提车。车主在事故车修复后提回自己的车。修理费用由保险公司与修理厂直接结算,或由车主支付后再到保险公司领取赔款。

2. 保险赔偿额确定

(1) 车辆损失险的赔偿

车辆损失可分为全部损失和部分损失,其损失赔偿均以实际损失与保险金额来计算。保险金额简称保额,是指保险合同当事人双方确定并在保险单上载明的保险标的的最高赔偿金额。

① 车辆全部损失的赔款计算

车辆全部损失是指保险标的因碰撞、倾覆或火灾事故造成车辆无法修复即整车损毁;或保险标的受损严重,车辆修复费用极高,基本上接近于保险车辆的保险金额,已失去修复价值;或按国家有关汽车报废条件,达到报废程度,由保险公司的查勘定损人员推定全损。

若保险金额等于或低于出险时的实际价值,则以保险金额计算赔款,即

$$保险赔款=(保险金额-残值)\times 事故责任比例\times(1-免赔率)$$

若保险金额高于出险时的实际价值，则以不超过出险当时的实际价值进行赔款计算，即

保险赔款=(实际价值−残值)×事故责任比例×(1−免赔率)

上式中，残值是指车辆发生保险事故遭受全损或部分损失后的残体，由保险双方协商，作价折归被保险人，并在赔款中扣除。事故责任比例根据《道路交通事故处理办法》第 35 条规定划定：交通事故责任者应当按照所负交通事故责任承担相应的损害赔偿责任。交通事故责任认定划分为：全部责任，主、次责任，同等责任。全部责任(含单方事故)承担事故所造成的全部损失；主、次责任通常情况下按 7∶3 比例分担事故所造成的全部损失，也有按 9∶1、8∶2 或 6∶4比例分担损失的；同等责任按 5∶5 分担事故所造成的全部损失。免赔率是指汽车保险每次赔款计算中，应按规定扣除的按责免赔比例。免赔率的高低与被保险人承担的事故责任成正比。负全部或单方事故责任的免赔 20%，负主要责任的免赔 15%，负同等责任的免赔 10%，负次要责任的免赔 5%。

② 车辆部分损失的赔款计算

车辆部分损失是指保险车辆出险受损后，尚未达到"整体损毁"或"推定全损"的程度，仅发生局部损失，通过修复，车辆还可继续使用。

若投保车辆以新车购置价确定为保险金额，发生部分损失后，则按实际修理费用计算赔偿。但每次以不超过保额或出险当时的实际价值为限，如果有残值应在赔款中扣除。其计算公式为

保险赔款=(实际修复费用−残值)×事故责任比例×(1−免赔率)

若投保车辆保险金额低于新车购置价时，则按照保险金额与新车购置价的比例计算赔偿修理费用。但每次以不超过保额为限，如有残值应在赔款中扣除。其计算公式为

保险金额赔款=(修理费用−残值)×事故责任比例×(保险金额/新车购置价)×(1−免赔率)

上式中，修复费用的确定以保险公司查勘定损人员出具的事故车辆估价单估损金额为准。残值是指部分损失车辆更换下来的零部件的残余价值，通常情况下按所更换配件价值的 2% 计算，但所更换的配件无残余价值(如挡风玻璃、灯具、橡胶塑料件等)则考虑不予扣除残值。

保险车辆损失赔偿及施救费用以不超过保险金额为限。如果保险车辆按全损计算赔偿或部分损失的一次赔款金额与免赔金额之和等于保险金额时，车辆损失险的保险责任即行终止。但保险车辆在保险期限内，不论发生一次或多次保险责任范围内的损失或费用支出，只要每次的赔款加免赔金额之和未达到保险金额，其保险责任仍然有效，保险人应按原保险金额继续负责。

(2) 第三者责任险的赔偿

保险车辆发生第三者责任事故时，应按《道路交通事故处理办法》及有关法规、条例规定的赔偿范围、项目和标准以及保险合同的规定进行处理，在保险单载明的赔偿限额内核定、计算赔偿金额，对被保险人自行承诺或支付的赔偿金额，保险人有权重新核定或拒绝赔偿。

当被保险人应负赔偿金额超过保险赔偿限额时：

保险赔款=赔偿限额×(1−免赔率)

当被保险人应负赔偿金额等于或低于赔偿限额时：

保险赔款=应负赔偿金额×(1—免赔率)

第三者责任险的保险责任为连续责任,即保险车辆发生第三者责任事故,保险人赔偿后,每次事故无论赔款是否达到保险赔偿限额,在保险期限内,第三者责任险的保险责任仍然有效,直至保险期满。

第三者责任事故赔偿后,对受害第三者的任何赔偿费用的增加,保险人不再负责。

3. 保险赔偿注意事项

第一,保险卡一定要随车携带,以便及时向保险公司报案,这样不仅可以得到保险公司的及时救援,还可以得到正确的指导意见。目前,保险公司在各地都开设了24小时报案电话,为用户提供了方便。

第二,保险公司仅承担善后补偿责任,受损车辆修复应尊重被保险人或车主的选择。如果保险公司指定修理厂,被保险人或车主可以不接收,必要时可以投诉。

第三,车辆修理完毕后,投保人在提车时一定要进行验车。

第四,被保险人自保险车辆修复或事故处理结案之日起,3个月内不向保险公司提出索赔申请,或自保险公司通知被保险人领取保险赔款之日起1年内不领取应得的赔款,即视为自动放弃权益。

第五,要切记及时报案,不能私下了结,保险公司将不承认私下了结行为。

4.3 新车入户

选定好车型,交纳购车款后,车主在新车投入使用之前,必须到当地车辆管理机关进行注册登记、检验审核,即所谓的“新车入户”。

4.3.1 新车入户基本流程

汽车从选购到投入使用需要办理很多手续,大致要经过验证、办理移动证、办理占地证、投保、验车等多项程序(见图4.8),要通过工商、税务、交通、车管所等多个单位。目前,一些汽车交易市场都设立了现场办事机构,许多手续在交易市场内即可办理。而一些销售商为了促销,推出了“一条龙”服务,相关的手续均可由其代办。

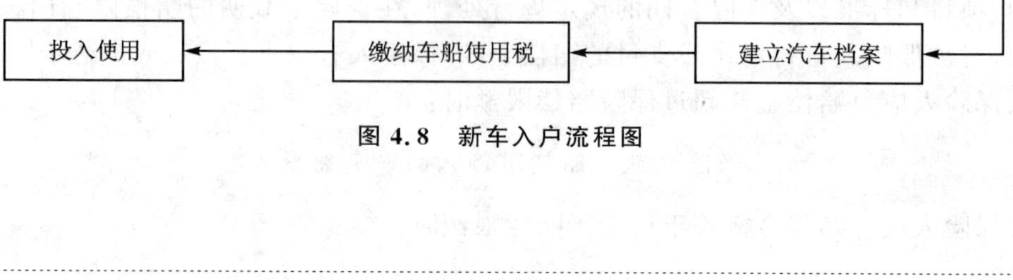

图4.8 新车入户流程图

4.3.2　新车入户具体操作方法

1. 验　证

购车后带着经销商开具的发票，到所在地工商局所属的机动车市场管理所办理验证手续，并加盖验证章。如果是进口车还须交验由经销商提供的海关货物进口证明或罚没证明书、商检证明书及相关的申领牌照手续。

2. 办理车辆移动证或临时牌照

购车交款后，在提车前须办理车辆移动证或临时牌照，否则不允许汽车上路行驶。在本地购车，持本人身份证或单位证明、汽车来历证明，到所在地交警队申办移动证，并按移动证上规定的日期、时间和路线行驶。须跨地区、市行驶的，要持本人证明或单位证明、汽车来历证明到出发地车辆管理所申领临时牌照，并按指定路线和规定的有效时间内驶回车主所在地。如新购置的汽车用火车或汽车载运，不在路上行驶，则无须办理移动证或临时牌照。

3. 办理保险

汽车保险一定要在领取牌照之前办理，汽车交易市场都有保险公司代办机构，为省事在购车时可一起完成保险手续。具体程序和方法在 4.2 节已做详细介绍。

4. 缴纳各种税费

汽车作为高档消费品，需要通过税收进行调节，同时作为陆上运输工具，必然涉及道路使用、能源消耗和环境保护等问题。因此，车辆所有和使用者必须按国家和有关部门规定缴纳税费。

购买新车必须到交通部门指定的车辆购置附加费征稽管理处缴纳购置附加费。缴费比例为车款(除去增值税部分)的 10%(进口车为进口环节各项税费组成的计税价格的 10%)。车辆购置附加费计算公式为

$$收费额=(购车价款/1.17)\times 10\%$$

或按当地当时相关政策法规缴纳。

还须去当地税务部门缴纳车船使用税，领取“税”字牌。

5. 验　车

新车要领取正式牌照，须到当地车辆管理所指定的检测站，对车辆的性能进行检测；检测合格后，由驻站民警在检测站填发的机动车登记表上签字。这是一道必不可少的程序。作为车主，验车时须带齐的证件有车主身份证、购车发票和车辆合格证及汽车照片等。如同新员工入职前要进行体检一样，在领牌照之前新车也需要过验车关。

6. 申领汽车牌照和行驶证

车主到当地车辆管理部门填写《机动车登记申请表》，带上购车发票、车辆合格证、身份证及以上三项复印件、保险单、购置附加费讫证、验车合格证等申领汽车牌照。如果是单位购车还须提供单位代码证书原件及复印件，私人购车则须提供车主身份证。在完成选号后等待领取车牌和行驶证。

7. 建档备案

领取汽车牌照后，再到交通管理部门登记备案。

至此,汽车可以正式上路运行了。

4.4 汽车检验

为确保汽车运行安全和技术状况良好,必须对在用汽车进行技术检测。《中华人民共和国道路交通管理条例》规定:“机动车必须按车辆管理机关规定的期限接受检验,未按规定检验或检验不合格的,不准继续行驶”。因此,汽车必须按规定定期或不定期进行检验,其中运营车辆还必须根据交通运输管理部门制定的车辆检测制度,对车辆的技术状况进行检测诊断。

4.4.1 汽车检验的种类

根据参加检验的时间和要求,汽车检验一般可分为初次检验、临时性检验、特殊检验和年度检验四种。

初次检验。有机动车的部门或个人,申领机动车车牌和行驶证时,车辆管理机关对申领牌证的机动车的检验,称为初次检验。其目的是检验申请牌证车辆的技术状况是否符合国家标准,并对原车况进行记录。检验合格后,核发准予上路行驶的牌证。

临时性检验。车辆在使用期间,必须经常保持合乎规定的安全技术要求,车辆管理机关可以酌情对车辆进行临时性检验。如抽查以及季节性检验都属于临时性检验。

特殊检验。包括对改装车辆的检验、对事故车辆的技术鉴定检验和对外事车辆的检验,以及接受公安、商检、计量、保险等部门委托进行的有关项目的检测。

年度检验也称总检验、年检,它是对已领牌证、已在运行的车辆每几年进行的常规性安全检验。年检的目的是检验车辆的主要技术性能是否满足GB 7258—1997《机动车运行安全技术条件》的规定,督促车属单位或个人对车辆进行维修或更新,确保车辆具有良好的技术状况,消除事故隐患,确保行车安全;同时,使车辆管理部门全面掌握车辆分类和技术状况的变化情况,以便加强管理。

4.4.2 汽车检验项目

根据检测项目和检测目的,汽车检验分为安全检测、综合性能检测、维修检测。汽车检验的类型和目的不同,其检测项目也不同。

1. 汽车安全检测

汽车安全检测以涉及汽车行驶安全及环保的项目为主要检测内容,其目的是确定汽车性能是否满足有关汽车运行安全和公害等法规的规定,是对全社会民用汽车的安全性检查。根据检测手段不同,一般分为外检和有关性能的检测。

外检通过目检和实际操作来完成,其主要内容有:检查车辆牌照、行驶证有无损坏、涂改、字迹不清等情况,核对行驶证与车辆的各种数据是否一致;检查车辆是否有过改装、改型、更换总成,其更改是否通过审批及办理过有关手续;检查车辆外观是否完好,连接件是否坚固,是否有漏水、漏油、漏气、漏电等现象;检查车辆整车及各系统是否满足GB 7258—1997《机动车运行安全技术条件》所规定的基本要求。

对汽车有关性能的检测,是指利用专用汽车检测设备对汽车进行规定项目的检测。根据中华人民共和国公安部《机动车安全技术检测站管理办法》对检测设备配备的要求,可分为以下 6 项：转向轮侧滑、制动性能、车速表误差、前照灯性能、废气排放、喇叭声级和噪声。

2. 汽车综合性能检测

根据中华人民共和国公安部《汽车运输业车辆技术管理规定》，对汽车综合性能进行全面检测，以确保运输车辆安全运行，提高运输效率和降低运行消耗。主要包括汽车安全性、动力性（车速、加速能力、发动机功率、转矩、供给系统、点火系统状况等）、经济性（燃油消耗）、可靠性（异响、磨损、变形、裂纹等）、噪声和废气排放状况等。

3. 汽车维修检测

维修检测以汽车性能检测和故障诊断为主要内容，其目的是对汽车维修前进行技术状况检测和故障诊断，据此确定附加作业和小修项目以及是否需要大修，同时对汽车维修后的质量进行检测。

4.4.3　汽车年检规程

1. 年检期限

根据《中华人民共和国道路交通安全法实施条例》第二章第十六条，机动车应当从注册登记之日起，按照下列期限进行安全技术检验：

小型、微型非营运载客汽车 6 年以内每 2 年检验 1 次；超过 6 年的，每年检验 1 次；超过 15 年的，每年检验 2 次。

营运载客汽车 5 年以内每年检验 1 次；超过 5 年的，每 6 个月检验 1 次。

载货汽车和大型、中型非营运载客汽车 10 年以内每年检验 1 次；超过 10 年的，每 6 个月检验 1 次。

摩托车 4 年以内每 2 年检验 1 次；超过 4 年的，每年检验 1 次。

拖拉机和其他机动车每年检验 1 次。

每辆机动车的具体检验时间，标注在行驶证副页的检验记录栏中，供车主或车辆使用者查询。

2. 年检流程

第一步：准备。将车清洗干净；做好一些基本检查，如照明信号灯、随车安全设备（灭火器、三角警示牌等）；带好行驶证正副页、有效期内的机动车交强险保险单副本、身份证原件及复印件；登录交警网查询有无“违章”记录，如有应尽快处理。

第二步：登记交费。将车辆开至检测站，到受理大厅填写好年检登记表，并附上车架号拓印，连同车辆行驶证、交强险（副本）一起交给工作人员查验，并交付相关检测费用。

第三步：外观检验。检测人员查看车辆外观，主要包括：灯光有无破损，车身外观是否符合原样，悬架有无变动，天窗、轮胎是否正常等。

第四步：上线检测。带上相关表格及票据，等待检测员开车上线，通过检测设备对车辆各项安全性能进行检测。

第五步：完成。检测合格后，打印行驶证副页，领取机动车检验合格“检”字绿标，该标上和行驶证副页上均打印有效期。“检”字标贴于车上醒目处，标上有效期就是下一次检验的年份，标上圆孔对应的日期就是下次检验的月份。

4.5 汽车油料

汽车常用油料有汽油、柴油、内燃机油、齿轮油、润滑脂、制动液、变速器油等,错误地选用油料或选用劣质油料,会极大地影响汽车的动力性能、经济性能、排放性能、可靠性和使用寿命。

4.5.1 汽 油

汽油是应用于点燃式发动机(即汽油发动机)的专用燃料。汽油的外观一般为水白色透明液体,密度一般在0.71~0.75 g/cm^3,有特殊的汽油芳香味。汽油按用途分航空汽油与车用汽油,在加油站销售的汽油一般为车用汽油。

1. 汽油的主要使用性能

(1) 抗爆性

汽油的抗爆性是指汽油在内燃机中燃烧时,不产生爆震燃烧的能力。爆震燃烧简称爆燃,是一种内燃机的不正常燃烧现象,即在混合所被点燃的火焰传播过程中,位于火焰前锋未燃烧的混合气发生自燃,形成压力冲击波,产生金属敲击声并消耗有效能量。爆燃的产生受多种因素影响,其中汽油抗爆性影响最大。高压缩比内燃机的经济性好,但产生爆燃的倾向性大。因此,爆燃限制了内燃机压缩比的提高,使内燃机经济性的提高受到限制。长时间爆燃还会使内燃机过热,甚至使零部件损坏。由此可见,汽油的抗爆性越好,内燃机的动力性和经济性就越能得以体现。

汽油的抗爆性可用汽油的辛烷值来评价。辛烷值是代表点燃式内燃机抗爆性的一个约定数值,在规定条件下的标准内燃机试验中,通常采用与标准燃料进行比较的方法测定。测定的方法有马达法和研究法两种。马达法辛烷值(Motor Octane Number,MON)可较好地反映出发动机高转速或重负荷下运转时汽油的抗爆性能。而研究法辛烷值(Research Octane Number,RON)可较好地反映汽车在和缓条件及发动机低转速时汽油的抗爆性能。试验方法不同,测得的辛烷值也不同。汽油的辛烷值越高,其抗爆性越好。汽油的抗爆性差,发动机则易产生爆震燃烧,不仅会使耗油率增加,功率下降,甚至还会损坏机件,缩短使用寿命。

(2) 蒸发性

汽油的蒸发性是指汽油由液态转化为气态的性能。汽油的蒸发性好容易汽化,与空气混合均匀,燃烧速度快,燃烧完全,可保证内燃机在各种使用条件下(特别是寒冷冬季)易于启动、加速及正常运转;蒸发性差,则汽油难以完全汽化,在气缸内难以形成足够浓度的均匀混合气,不但启动、加速性能变差,而且油耗增多,磨损加重;但蒸发性过强,也会增加汽油在储运过程中的损耗,还会在温度较高的条件下使用时,在供油管路中产生气泡而发生气阻。

汽油的蒸发性常用馏程表示,即用汽油的10%(体积分数)、50%、90%馏分的馏出温度来评定。10%的馏出温度标志着汽油对发动机的启动性能的影响程度,此温度低,汽车启动容易,但也容易在油路中产生“气阻”,使内燃机断火;50%的馏出温度标志汽油的平均蒸发性能,它影响着内燃机的暖车时间、加速性和工作稳定性;90%的馏出温度标志着燃料中含有的难于挥发的重质成分的数量,此温度过高,则汽油中的重质成分较多而汽化不良,使燃烧不完全,造成排气冒烟和积炭。

2. 汽油的牌号

我国车用汽油的牌号是以研究法辛烷值(RON)的大小为划分依据的。现在市面销售的汽油牌号主要有 90、93、97,有些沿海地区还有 98 号甚至 100 号(如上海、港澳地区)。

目前世界各国汽油划分等级的指标各不相同,所以不同国家相同牌号的汽油等级也不尽相同。欧洲汽车一般采用小排量,其功率的提高主要靠发动机的转速(一般为 5 000～6 000 r/min),此时,马达法辛烷值便显现出更突出的作用;日本汽车时速一般较慢,发动机在低转速和低负荷下运行,所以只限制研究法辛烷值指标;美国汽车发动机转速较低(一般不大于 4 000 r/min),主要通过大排量来提高扭矩和功率,所以美国认为抗爆指数(Anti-Knock Index,AKI)更能反映汽油抗爆性能。抗爆指数是研究法辛烷值与马达法辛烷值的平均值,即

$$AKI=\frac{RON+MON}{2}$$

3. 汽油的选用

要选择合适的汽油牌号,使汽油的牌号与内燃机的压缩比相匹配,压缩比大,则选择高牌号汽油。若高压缩比的发动机选择低标号的汽油,汽油发动机容易产生爆燃,内燃机长时间爆燃,容易造成活塞烧结、活塞环断裂等故障,加速内燃机部件的损坏;若低压缩比的发动机选用高牌号汽油,虽能避免发动机爆燃,但高牌号汽油配低压缩比的发动机会改变点火时间,造成气缸内积炭增加,长期使用会降低发动机的使用寿命。实际汽车按使用说明书的要求选择即可。

4.5.2 柴 油

柴油是应用于压燃式发动机(即柴油发动机)的专用燃料。柴油为浅黄色或棕褐色的液体,密度一般为 0.81～0.86 g/cm^3。柴油又可以分为轻柴油和重柴油两种。轻柴油是用于 1 000 r/min以上的高速柴油机的燃料,重柴油是用于 1 000 r/min 以下的中低速柴油机的燃料。一般加油站所销售的柴油为轻柴油。

1. 柴油的主要使用性能

(1) 燃烧性

柴油的发火性是评价其燃烧性能的重要指标。柴油的发火性是指柴油自燃的能力。发火性好的柴油,着火延迟期短,着火燃烧后气缸内压力上升平缓,柴油机工作柔和;反之,工作粗暴。十六烷($C_{16}H_{34}$)值是代表柴油在柴油机中发火性能的一个约定量值。十六烷值是在规定条件下的标准内燃机试验中,通过与标准燃料比较来测定,用与被测燃料具有相同着火延迟期的标准燃料中十六烷的体积百分数来表示。柴油的十六烷值高,其燃烧性能就好,适合在高转速柴油机上使用,在较低气温条件下易于启动;但十六烷值不宜太高,因为过高对着火延迟期的作用不明显,柴油的分子量较大,其低温流动性、雾化和蒸发性能均会受到不良影响,会使燃烧不完全,内燃机功率下降,油耗增加,排气管冒黑烟。

(2) 蒸发性

柴油的蒸发性决定混合气形成的速度和质量,高速柴油机混合气形成时间短,因此对柴油的蒸发性有较高的要求。

柴油的蒸发性主要用馏程和闪点评价。柴油馏程测定项目有 50%、90%、95%馏出温度。50%馏出温度低,则轻质馏分多,易于启动,但过低时,柴油蒸发太快,易引起全部柴油迅速燃

烧,缸内压力升高剧烈,内燃机工作粗暴;90%与95%馏出温度低,柴油中重质馏分含量低,柴油燃烧更加充分,可提高柴油机的动力性,降低油耗,减少机械磨损。闪点指柴油在一定试验条件下加热时,当油料蒸气与周围空气形成的混合气接近火焰时,开始发出闪火时的温度。闪点低的柴油机蒸发性好,但闪点过低会使柴油机工作粗暴,同时储运及使用中的安全性下降。

(3)低温流动性

柴油在冷却过程中因逐渐变稠而丧失流动性,柴油的低温流动性决定了其能否可靠地喷入气缸。低温地区使用的车辆,若柴油的低温流动性差,则会因失去流动性而不能可靠地供油,甚至车辆无法行驶。

评价柴油低温流动性的指标主要有凝固点和冷滤点。冷滤点指在规定条件下,20 mL 柴油开始不能通过过滤器时的最高温度,它是衡量轻柴油低温性能的重要指标,能够反映柴油低温实际使用性能。凝固点是指柴油失去流动性开始凝固时的温度。我国的轻柴油是按凝固点划分牌号的。柴油凝固点越高,低温流动性越差。当油温低于凝固点时,就无法在管道中输送。为确保柴油机燃油系统在寒冷季节能正常工作,必须选用凝固点较低的柴油,或采取加热保温等措施。

2. 柴油的牌号与选用

柴油汽车使用的是轻柴油,我国按其质量可分为优等品、一等品、合格品三个等级,每个等级按柴油的凝固点分为10、5、0、-10、-20、-35、-50共七个牌号。

用户在选用柴油时,应同时兼顾当地当时气温和不同牌号柴油对应的冷滤点。一般要求柴油的凝固点应低于5 ℃,且柴油的冷滤点最接近柴油的实际最低使用温度。具体选用可参照:10号轻柴油适用于有供油系加热设备的高速柴油机使用;5号轻柴油适用于月风险率为10%的最低气温在8 ℃以上的地区使用;0号轻柴油适用于月风险率为10%的最低气温在4 ℃以上的地区使用;-10号轻柴油适用于月风险率为10%的最低气温在-5 ℃以上的地区使用;-20号轻柴油适用于月风险率为10%的最低气温在-5~-14 ℃的地区使用;-35号柴油适用于月风险率为10%的最低气温在-29 ℃以上的地区使用;-50号柴油适用于月风险率为10%的最低气温在-44 ℃以上的地区使用(月风险率为10%表示该月中最低气温低于该值的概率为0.1)。

4.5.3 内燃机油

内燃机油是内燃机的"血液",在内燃机各摩擦表面中担负着润滑、清洁、冷却、密封和防腐蚀等重要作用。正确选用内燃机油能保证汽车正常可靠行驶、减少零件磨损、节省燃油消耗和延长使用寿命。

1. 内燃机油的主要使用性能

(1) 润滑性

内燃机油的润滑性是指在各种条件下,内燃机油降低摩擦、减缓磨损和防止金属烧结的能力。

内燃机油的黏度和化学性质对内燃机零件在不同润滑状态的润滑作用有重要影响。在液体润滑状态,润滑油具有一定的黏度是形成液体润滑的基本条件之一。而黏度是液体流动时摩擦力的量度,在液体润滑状态,摩擦系数随润滑油黏度降低而减小。当润滑油的黏度低到一定程度时,油膜厚度降低到近似等于运动副的粗糙度,该区域为混合润滑状态,润滑油的黏度和化学性质对摩擦系数都有影响。当润滑油膜的厚度小于运动副表面粗糙度时，便成为边界润滑状态，此时起润滑作用的不再是润滑油的黏度，而完全是润滑油的化学性质，即润滑油的油性和极压性。油性是润滑油在摩擦金属表面上的吸附性。润滑油中极性分子定向排列吸附在金属表面上形成吸附膜，这种吸附膜只能在中温、中速、中负荷情况下，才能保持边界润滑。当高温、高速、高压时，吸附膜脱落，油性失效。极压性是润滑油在摩擦表面的化学反应性质。当润滑油中加入含硫、磷等化合物添加剂时，高温下这些化合物分解生成的活性元素与金属形成化学反应膜，能降低摩擦和磨损。

内燃机油黏度是评定润滑性的重要指标。但对于边界润滑，主要是油性和极压性起作用，所以内燃机油的润滑性还要通过相应的内燃机试验来评定。

(2) 低温操作性

内燃机油的低温操作性是指从内燃机油方面保证内燃机在低温条件下容易启动和可靠供油的性能。内燃机油黏度随着气温降低而增加，因此，内燃机低温启动时转动曲轴的阻力矩增加，曲轴转速下降，从而造成内燃机启动困难；同时内燃机油流动困难，供油不足，造成磨损严重。

低温动力黏度和边界泵送温度是衡量内燃机油低温操作性的主要指标。低温动力黏度是指润滑剂在低温状态下流动时内部阻力特性的量度。它是划分冬用内燃机油黏度级别的依据之一。边界泵送温度是指能将内燃机油连续、充分地供给内燃机机油泵入口的最低温度。它是衡量内燃机在启动阶段内燃机油是否易于流到机油泵入口并提供足够压力的性能，也是划分冬用内燃机油黏度级别的依据之一。

(3) 黏温性

内燃机油的黏温性是指内燃机油黏度随温度升降而变化的特性。良好的黏温性是指油品的黏度随温度的变化程度小。内燃机油所接触到的各润滑部位的工作温度差别甚大。因此，就要求内燃机在高温工作时，能保持一定的黏度，以形成足够厚度的油膜，确保润滑效果；而在低温工作时，黏度又不至变得太大，以维持一定的流动性，使内燃机低温时容易启动和减小零件的磨损。

内燃机油黏温性的评定指标是黏度指数。润滑油黏度随温度变化程度与标准黏度随温度变化程度比较所得的相对值称作黏度指数。黏度指数越高，表示内燃机油黏温性越好。

(4) 清净分散性

内燃机油的清净分散性是指内燃机油能抑制积炭、漆膜和油泥生成或将这种沉积物清除的性能。它一般用硫酸盐灰分和残炭来评定。硫酸盐灰分是指试样炭化后的残留物用硫酸处理，加热至质量恒定时的残留物。残炭是指油品在规定条件下受热蒸发后剩下的黑色残留物。

2. 内燃机油的分类

内燃机油按使用场合不同可分为汽油机油、柴油机油和二冲程汽油机油三种，而每一种内燃机油根据其使用性能又可分若干等级。我国早在 20 世纪就制定了详细的相关标准，随着国际交流和合作，我国相继废除了一些等级分类。目前世界上许多国家均参照美国材料试验协会(ASTM)、美国石油学会(API)和美国汽车工程学会(SAE)共同提出的新的 API 内燃机油使用性能分类法。该分类法将汽油机油定为 S 系列(Service Station Classification)，将柴油机油定为 C 系列(Commercial Classification)，它是按照内燃机性能的强化程度和工作条件的苛刻程度来划分的。API 使用性能分类法是一种开端分类法，随着内燃机和内燃机油生产技术的发展,将不断增加内燃机油的新级别。

按现行API使用性能分类,汽油机油有SA、SB、SC、SD、SE、SF、SG、SH、SJ、SL、SM等级别(其中SA、SB、SC、SD四个级别已被淘汰);柴油机油有CA、CB、CC、CD、CD-Ⅱ、CE、CF-4、CG-4、CH-4等级别(其中CA、CB在我国已被淘汰);二冲程汽油机油有TSC-1、TSC-2、TSC-3、TSC-4(基本上与GB 7631.3—1989标准中的ERA、ERB、ERC、ERD相当)。不同的质量等级中,排序越靠后的质量等级越高,主要是抗氧化性、清净分散性和抗腐蚀性好,SG级以后的汽油机油要求具有节油效果,SJ级以后的汽油机油要求对尾气转化器影响小。

3. 内燃机油的牌号

内燃机油每一个等级还有多种牌号,其牌号是依据内燃机油的黏度等级划分的。世界上广泛采用美国汽车工程学会(SAE)的内燃机油黏度分类法。目前执行的是SAEJ 300—1987《发动机油黏度分类》,本分类标准采用含字母W和不含字母W两组黏度系列黏度等级号的划分,前者以最大低温黏度、最高边界泵送温度以及100 ℃运动黏度划分,后者仅以100 ℃运动黏度划分。黏度等级以6个含W的低温黏度级号(0W、5W、10W、15W、20W、25W)和5个不含W的100 ℃运动黏度的级号(20、30、40、50、60)表示。

按SAE黏度分类的内燃机油,还有单黏度级和多黏度级之分。只能满足低温或高温一种黏度级要求的润滑油为单黏度润滑油;既能满足低温时的黏度级要求,又能满足高温时的黏度级要求的润滑油称多黏度级润滑油。多黏度级润滑油由低温黏度级号与高温黏度级号组合来表示,如5W-30、5W-40、10W-30、10W-40、15W-40、20W-40等。以5W-30为例,这是一种多黏度级内燃机油,在低温使用时符合SAE 5W黏度级;在高温使用时符合100 ℃运动黏度SAE 30黏度级。单黏度级的润滑油黏温性较差,只适应某温度范围使用;多黏度级的润滑油黏温性好,适应温度范围宽。

另外,还有一种汽柴通用油(如SL/CF 10W-30),这种内燃机油既适用于汽油机也适用于柴油机(见图4.9)。

图4.9 汽柴通用油

4. 内燃机油的选用

(1) 内燃机油质量等级的选择

内燃机油质量等级的选择主要根据发动机的热负荷和机械负荷,即发动机的工作压力(功率大小)和工作温度来确定。发动机的热负荷和机械负荷越大,对润滑油的抗氧化安定性、清净分散性、抗磨性和抗腐蚀性等的要求越高,因此要使用质量等级高的润滑油。发动机的热负荷、机械负荷的大小和发动机的压缩比、转速、增压比、冲程系数等有关。其中汽油机主要考虑压缩比,压缩比越高,热负荷和机械负荷越大,要求润滑油的抗氧化性、清净分散性和抗磨性越好,应选用质量等级高的汽油机油;柴油机主要考虑强化系数,强化系数越大,要求使用柴油机油的质量等级越高。柴油机的强化系数按下式计算:

$$K_{\varphi} = P_{e} \cdot C_{m} \cdot Z$$

式中:K_{φ}——柴油发动机的强化系数;P_{e}——气缸平均有效压力(MPa);C_{m}——活塞平均线速度(m/s);Z——冲程系数(四冲程$Z=0.5$,二冲程$Z=1$)。

通常,用户并不需要亲自去为自己的汽车确定使用润滑油的质量等级。这项工作由生产厂家来进行,用户只须查阅一下汽车说明书中的用油表就知道自己的汽车应该使用哪个质量等级的润滑油。

(2) 内燃机油黏度等级的选择

发动机究竟选择什么黏度等级的润滑油主要根据使用地区的地理和气候条件以及季节温度的变化来确定。一般北方应选用黏度低一些的油品，南方应选用黏度高一些的油品；冬季选用黏度低一些的油品，夏季选用黏度高一些的油品。多级油可以四季通用。不同黏度等级的润滑油所适用的环境温度范围如表 4.2 所列。在选择内燃机油黏度时，除了要考虑温度条件外，还应考虑发动机的负荷、转速和磨损情况。载荷高、转速低的车辆(如大型推土机、起重机、钻井机等)，一般选用黏度高的机油，而载荷低、转速高的车辆(如乘用车及小型动力装备等)，一般选用低黏度油；新发动机应选用黏度较低的机油，而磨损大(摩擦面间隙增大)的发动机则应选用黏度较高的机油。

表 4.2　不同黏度等级内燃机油的适用范围(参考)

黏度级号	适用环境温度/℃	适用季节	适用地域
0W	−35～−15	冬季	极严寒地区
5W	−30～−10	冬季	东北、西北
10W	−25～−5	冬季	华北、中西部
15W	−20～0	冬季	华北、中西部
20W	−15～5	冬季	淮河流域
25W	−10～10	冬季	长江流域
20	0～30	春季、秋季	淮河、长江流域
30	5～40	夏季	全国范围
40	10～50	夏季	特别是长江以南
50	20～50	夏季	特别是长江以南
60	30～55	夏季	特别是长江以南
5W-30	−30～30	四季通用	东北、华北、西北
10W-30	−25～30	四季通用	华北、中西部
10W-40	−25～40	四季通用	华北、中西部
15W-40	−20～40	四季通用	华北、中西部
15W-50	−20～45	四季通用	黄河以南

二冲程汽油机油专用于二冲程汽油机。二冲程汽油机主要用于摩托车和一些小型机具上(如园艺园林机具)，二冲程机油的选用主要依据二冲程汽油机的排量或功率。ERA 主要用于排量小于 50 mL 的小型风冷二冲程汽油机；ERB 用于排量在 50～200 mL 的风冷二冲程汽油机；ERC 用于 300 mL 左右的风冷二冲程汽油机；ERD 主要用于水冷舷外汽油机(如摩托艇)。

4.5.4　汽车齿轮油

汽车齿轮油用于汽车机械式变速器、驱动桥和转向器等齿轮传动机构的润滑，其作用与内燃机油基本相同，起润滑、冷却、抗磨、防蚀和缓冲作用。

1. 汽车齿轮油主要使用性能

汽车齿轮油使用中应满足多种性能：一是良好的油性，即能有效地使润滑油膜吸附于运动零件表面的性能;二是抗磨性,是指齿轮油在运动件间抵抗摩擦保持油膜的能力;三是极压性,是指齿轮油抗摩擦、磨损、烧结和耐冲击负荷的性能;四是热氧化安定性,是指齿轮油抵抗热和氧化作用的能力;五是抗泡性,是指迅速消除齿轮油泡沫的能力,因为齿轮转动时会产生泡沫,影响油膜生成,加速齿轮磨损,必须迅速予以消除。

2. 汽车齿轮油的分类与牌号

美国石油学会(API)根据使用性能,将汽车齿轮油划分为 GL-1、GL-2、GL-3、GL-4、GL-5、GL-6 等规格(质量等级依次递增,其中前两种已被强制淘汰)。近年来 API 还提出了两种新使用性能分类规格,一种适用于重载、高温(可达 150 ℃)手动传动箱(卡车与公共汽车用),另一种适用于有高偏置的重载轴齿轮传动(重型卡车最后一级传动用)。这两种新规格还要求能满足对清净分散性、密封寿命与同步啮合腐蚀极限的更高要求,将出现一些新规格。我国参照 API 制定了 GB 7631.7—89 标准,规定我国汽车齿轮油根据其组成、特性和使用要求分为普通车用齿轮油(L-CLC)、中负荷车用齿轮油(L-CLD)、重负荷车用齿轮油(L-CLE)三类,分别相当于 API 中的 GL-3、GL-4、GL-5。

参照 SAE 黏度分类,我国汽车齿轮油分为七个黏度牌号,其中包括 70W、75W、80W、85W 四个低温黏度牌号(冬季用油)和 90、140、250 三个高温黏度牌号(春、夏、秋季用油),黏度值随牌号递增而增大。还有一些四季通用的多黏度级油,如 80W/90、85W/90、85W/140 等。

3. 汽车齿轮油的选用

普通车用齿轮油(L-CLC)适用于中等速度和负荷比较苛刻的齿轮的变速器和螺旋锥齿轮驱动桥;中负荷车用齿轮油(L-CLD)适用于低速高转矩和高速低转矩的各种齿轮变速器、螺旋锥齿轮,以及使用条件不太苛刻的双曲线齿轮驱动桥;重负荷车用齿轮油(L-CLE)适用高速冲击载荷、高速低转矩和低速高转矩的各种齿轮,以及工作条件苛刻的双曲线齿轮传动。

对黏度牌号的选用,一般情况下,各种汽车按使用说明书要求进行选用。若无说明书,原则上,在气温低、负荷小的条件下,可选用黏度较小的车辆齿轮油;在气温较高、负荷较重的条件下,可选用黏度较大的油品。环境温度不低于 0 ℃地区,可选 90,85W/140;环境温度不低于−20 ℃地区,可选用 85W/90,85W/140;环境温度不低于−35 ℃,可选用 80W/90;环境温度达到−45 ℃地区,须选用 75W。对于重载或道路条件恶劣的车辆,应选用高一黏度牌号的汽车齿轮油。

4.5.5 汽车润滑脂

润滑脂俗称黄油,是将稠化剂分散于液体润滑剂中所形成的一种稳定的固体或半固体润滑材料。汽车上不宜施加液体润滑油的部位,如轮毂轴承,各拉杆球节,发电机、水泵、离合器轴承和传动轴花键等,均使用润滑脂。

1. 润滑脂的主要使用性能

汽车润滑脂的基本性能指标有稠度、高温和低温性能、抗水性、防锈性、防腐性和安定性。稠度指润滑脂的稀稠程度,可用锥入度表示,适当的稠度可使润滑脂易于加注并保持在摩擦表面,以保持持久的润滑作用;高温性能指润滑脂的耐热性能,耐热性好可使其在较高温度下不变软、不失去润滑作用,高温性能可用滴点、蒸发损失和漏失量等指标评定;低温性能指润滑脂在低温条件下仍保持其良好润滑性的能力,取决于在低温条件下的相似黏度及黏温性;抗水性指润滑脂在大气温度条件下的吸水性能，抗水性差的润滑脂遇水后稠度会下降，甚至乳化而流失；防锈性、防腐性指润滑脂阻止与其相接触的金属被腐蚀和生锈的能力；胶体安定性指润滑脂在储存和使用中避免胶体分解，防止液体润滑油析出的能力。

2. 汽车润滑脂的分类代号

根据 GB/T 7631.8—1990 的规定，我国润滑脂采用国际标准(ISO)分类方法，按照润滑脂使用时的操作条件进行分类。润滑脂属于润滑剂中 L 类的 X 组，每种润滑脂用一组五个大写字母和稠度等级组成的代号表示(见表 4.3)。根据 GB/T 7631.1—1987 的规定，润滑脂的稠度(用锥入度表示)分为 9 个等级，数字越大，则表示稠度等级越高。

表 4.3　润滑脂分类与代号

L	字母 1	字母 2	字母 3	字母 4	字母 5	稠度等级
润滑剂	润滑剂级别	最低操作温度/℃	最高操作温度/℃	水污染	极压性	锥入度
	X(润滑脂)	A:0 B:－20 C:－30 D:－40 E:＜－40	A:60 B:90 C:120 D:140 E:160 F:180 G:＞180	表示在水污染的情况下润滑脂的润滑性能和防锈性能的符号，分 A、B、C、D、E、F、G、H、I 多种	在高负荷和低负荷下，表示润滑与极压性能的符号。A：非极压润滑脂。B：极压润滑脂	000:445～475 00:400～430 0:355～385 1:310～340 2:265～295 3:220～250 4:175～205 5:130～160 6:85～115

润滑脂代号标记实例：

L-XCCHA2

其中，L——类别(润滑剂)；
　X——级别(润滑脂)；
　C——最低温度(－30 ℃)；
　C——最高温度(120 ℃)；
　H——水污染(经受水洗、淡水能防锈)；
　A——极压性(非极压型脂)；
　2——稠度等级(2 号锥入度)。

3. 汽车润滑脂的选用

润滑脂的选用就是根据汽车使用说明书的规定，选择与润滑部位的操作条件相适应的润滑脂品种和牌号。

4.5.6　汽车自动变速器油

汽车自动变速器的应用越来越多，我国一些进口汽车和近年来生产的新型乘用车很多采用了自动变速器。由于汽车自动变速器的工作原理以液力和液压为基础，因此，汽车自动变速器油(Automatic Transmission Fluid，ATF)是一种多功能的工作液，它对自动变速器的正常工作和使用寿命影响很大。从油品分类的角度看，ATF 属于液力传动油的一种。ATF 既是自动变速器的润滑剂，又是自动变速器的工作介质。作为润滑剂，ATF 具有润滑、清洁和冷却的作用；作为工作介质,ATF具有传递扭矩和通过液压控制自动变速器的离合器和制动器的作用。

1. 自动变速器油的主要使用性能

由于ATF特定的作用和工作条件,对其性能也有相应的特殊要求,其中氧化安定性、抗泡沫性和剪切安定性对自动变速器系统的正常工作起到至关重要的作用。一是较高的氧化安定性。自动变速器在工作的时候,离合器等零件的温度可高达300℃。如果氧化安定性较差,在高温下油液与空气发生氧化作用,会生成一种胶质物质附着在阀体及各运动零件上,影响自动变速器系统的正常工作。二是良好的抗泡沫性。自动变速箱体内各种运动部件高速旋转,剧烈搅动ATF,如果ATF不具备良好的抗泡沫性能,在箱体内产生泡沫,将影响ATF作为液压油的刚性,致使油压降低,阀体控制不准确,有可能导致各挡离合器处于不能彻底分离或不能完全结合的状态,使自动变速器无法工作而损坏。三是良好的剪切安定性。自动变速器系统中的液力变矩器是靠ATF作为动力传递介质的,ATF作为传动油承受着很大的剪切力,如ATF的剪切安定性不高,变矩器则会出现打滑现象,降低了变矩器的传递效率,还会出现换挡不平稳、脱挡等故障。

2. 自动变速器油的分类

目前,自动变速器油尚没有统一的国际标准,具有代表性的规格是美国通用汽车公司的Dexron和福特汽车公司的Mercon规格标准。美国材料试验协会(ASTM)和美国石油协会(API)共同提出来的液力传动油(Power Transmission Fluid,PTF)使用分类标准,将PTF分为三类:PTF-1,PTF-2,PTF-3。目前市面上的ATF无论是哪家制造商的产品,基本上是用通用汽车公司的Dexron和福特汽车公司的Mercon规格标准来标称的。我国自动变速器油按100℃时运动黏度分为6号、8号两个牌号。它们的使用分类如表4.4所列。欧洲的个别汽车制造商也有自己的特殊规格的专用自动变速器油,如宝马等,是由汽车制造商指定的油品商贴牌生产的。

表4.4 液力传动油使用分类

分类		应用范围
国外	PTF-1	乘用车、轻型载货汽车自动变速器
	PTF-2	重型载货汽车和越野汽车等自动变速器
	PTF-3	农业和建筑机械等用液力传动油
国内	6号	内燃机车、载重汽车及工程机械
	8号	轿车

3. 自动变速器油的选用

自动变速器油应严格按照汽车制造商或自动变速器制造商的规定规格选用,其规格也基本上是按照通用汽车公司的Dexron和福特汽车公司的Mercon规格标准执行的,维修技师要确定某一款车的自动变速器油型号,最稳妥的途径是查阅汽车制造厂编制的维修手册提供的技术规格,其次是按照大品牌油品供应商推荐的适用车型选用。

ATF与内燃机油的选用原则有所不同。内燃机油可以选用高级别的产品,因为高质量等级的油品是向下兼容的。ATF的选用原则就是严格遵循规定的型号。不同车型与不同规格的ATF的对应关系是非常严格的,不同牌号、不同品种的液力传动油不能混用,同牌号不同厂家生产的也不宜混用。

4.5.7　汽车制动液

1. 制动液的功用与性能

制动液是汽车液压制动系统中传递制动压力的工作介质。制动液的性能对汽车行驶的安全性有很大影响。

由于汽车制动液的工作温度范围很宽，制动系统采用的材料种类多，因此汽车制动液应具备高沸点、低蒸发性，以防产生气阻影响制动效果；优良的低温流动性，以利于正常使用；良好的金属适应性与橡胶配伍性，以使制动管路中的金属、橡胶密封圈不易被腐蚀、老化；还要有良好的润滑性、适宜的黏度和稳定性等。表征了汽车制动液不同等级的参数主要有三个：一是平衡回流沸点，是指在规定试验条件下测得的制动液的沸腾温度，平衡回流沸点越高，制动液的高温抗气阻性能才有可能越好；二是湿平衡回流沸点，是指在规定的试验条件下，加入一定量水分后测得的平衡回流沸点，它是衡量制动液吸收一定水分情况下的耐高温性能指标，更能反映制动液在实际使用过程中的耐高温性；三是－40 ℃运动黏度，是汽车制动液的重要低温性能指标，该指标直接关系到车辆在低温条件下的制动性能。低温黏度越低，制动愈灵敏；低温黏度越高，制动就愈迟缓，甚至导致制动失灵。

2. 制动液的分类与标准

就原料来源而言，汽车制动液分醇型制动液、矿物油型制动液和合成型制动液三类。醇型制动液是由低碳醇类和蓖麻油配制而成，其价格虽低廉，但由于其高低温性能均差，容易引发交通事故，我国自 1990 年 5 月起就已淘汰。矿物油型制动液是以深度脱蜡的精制柴油馏分作为基础油，加入增黏剂、抗氧化剂、防锈剂等调和而成。此类制动液温度适应性较醇型好，可在－50～150 ℃的温度范围内使用，但由于其对天然橡胶有溶胀作用，故在使用本制动液以前应将制动系统的所有皮碗、软管更换成耐油橡胶制品，以免受到腐蚀而使制动失灵。

合成型制动液通常是以乙二醇醚、二乙二醇醚、三乙二醇醚、水溶性聚酯、聚醚、硅油等为溶剂又加入润滑剂和添加剂组成的，其工作温度范围宽，黏温性好，对橡胶和金属的腐蚀作用均很小，故适合于高速、大功率、重负荷和制动频繁的汽车使用，是目前使用最多最广的一种制动液。

美国汽车制动液标准是世界上制定最早的制动液标准，包括美国汽车工程师协会制定的 SAEJ 1703、1704 和 1705 系列标准，美国联邦运输部制定的 FMVSS No. 116 标准 DOT3、DOT4、DOT5 和 DOT5. 1 系列以及美国军用标准 MIL－B－46176，其中 DOT 系列制动液标准被世界公认为汽车制动液的通用标准。

日本工业标准 JISK 2233《非石油基机动车辆制动液》是日本的汽车制动液标准。

汽车制动液的国际标准是 ISO 4925—2005《道路车辆非石油基制动液》。

我国参照国外相关标准，对以往 JG 等系列的等级标准进行了修改，制订了 GB 12981—2003，并规定我国制动液分 HZY3、HZY4 和 HZY5 三个质量等级，序号越大，平衡回流沸点越高，高温抗气阻性能越好，行车制动安全性越好。其技术要求基本上与国际通用的 DOT3、DOT4 和 DOT5 产品相对应。

20 世纪 90 年代末，由于我国引进的一些欧洲车型对制动液技术指标的要求已经超出了我国相关标准中相应等级的技术水平，为了使我国汽车制动液质量水平能更好地与汽车技术发展水平相适应，2000 年由国家机械工业局提出，汽车行业有关单位参照 FMVSS No. 116、大众公司TL-VW766、依维柯公司IVECO 18-1820等标准内容，制订了我国汽车行业标准——QC/T 670—2000《汽车合成制动液》。该标准将汽车制动液分为两个等级V-3、V-4，分别相当于或高于国外DOT3和DOT4两个等级的制动液技术要求，也分别高于我国HZY3、HZY4级制动液技术要求。

3. 制动液的选用

制动液的选用应根据汽车使用说明书的要求进行。一般车速高或负荷大、经常跑山区的汽车应选用高质量等级的制动液，汽车档次越高，使用的等级也越高。汽车制动液要定期更换，不同规格的不能混用。

4.6 汽车维护

汽车在使用中，必然会造成零件磨损、运行材料消耗、技术参数变化、零件松脱等问题，如不及时维护，可能造成不应有的经济损失和安全事故。定期维护可保持车容整洁，及时发现和消除故障、隐患，降低维修费用，使汽车经常处于完好状态。俗话说“三分修、七分养”，正说明了汽车平时维护的重要性。

4.6.1 汽车磨合

1. 汽车磨合的概念与意义

汽车磨合是指新车或大修后的汽车在投入全负荷工作前，按一定的规程所进行的轻载限速运行。这个运行阶段称之为汽车磨合期(又称走合期)。新车或大修后的汽车，尽管经过了生产磨合，零件的加工表面看似光滑，但从微观上看仍存在不同程度的凹凸不平的加工痕迹。如不经磨合直接投入全负荷运行，相互配合并有相对运动的零件表面将会加剧磨损甚至损坏。因此，新车或大修后的汽车必须经过磨合运行，以减小汽车磨损、延长使用寿命、提高运行可靠性、降低运行成本。

2. 汽车磨合的方法与注意事项

汽车磨合总的原则是当发动机转速及车速由慢到快，负荷由小到大、逐渐增加时，驾驶员应随时观察汽车工作状态，注意发现和排除异常现象，并及时更换润滑油。具体磨合时间(里程)按各车型使用说明书的要求执行。例如轿车一般在1 000～3 000 km。

汽车在磨合期内运行，应注意以下一些问题：

(1) 冷启动时要预热汽车。尤其气温较低时，最好应使水温表指针预热到刻度线中间，或水温警示灯熄灭，再缓缓起步上路。

(2) 行驶操作要轻而缓。起步时要慢松离合器，做到平稳、无冲击；加速时，要缓踩加速踏板，不可急加速；加减挡不宜越级；在行驶中尽量避免紧急制动，以减少对发动机和底盘的冲击损伤。

(3) 限速行驶。行驶过程中，避免高速运转发动机，并限制车速，一般车辆各挡行驶速度不得超过发动机最高转速的80%，宜慢不宜快，如轿车磨合期车速不宜超过80 km/h。

(4) 小负荷运行。新车开始使用的1 000 km内，不能超过汽车额定载重量的70%。当行驶阻力增大时，应及时换入低速挡，不能勉强用高速挡行驶，以免发动机负荷过大。

(5) 选择良好道路。车辆在磨合期间，应尽量选择平坦良好的道路行驶，避免在崎岖、陡坡和泥泞等路况不良的道路上行驶，以减小行驶阻力，减小冲击。

(6) 细心察看，及时检查。行驶中应注意聆听发动机声音，观察各仪表的工作状态及轮胎气压等，注意连接件的紧固情况，如有异常，应停车检查或报修，及时排除故障。

(7) 定时保养。新车在磨合期内，各摩擦副之间配合粗糙，磨损较大，润滑油中金属磨屑较多，因此在新车磨合期内，应及时更换发动机机油和变速器齿轮油，并清洁或更换滤清器，做好相关维护保养。

4.6.2　汽车维护时间和内容

汽车维护的时间和内容随车型的不同而各异，应按照汽车保养手册定期维护。依据国家标准 GB/T 18344—2001《汽车维护、检测、诊断技术规范》，我国汽车维护分日常维护、一级维护、二级维护三个等级。

1. 日常维护

汽车日常维护是由驾驶员每日出车前、行车中和收车后负责执行的车辆维护作业，其中心内容是清洁、补给和安全检视。其主要内容有：

(1) 对汽车外观、发动机外表进行清洁，保持车容整洁；

(2) 对汽车各部润滑油(脂)、燃油、冷却液、制动液、各种工作介质、轮胎气压进行检视补给；

(3) 对汽车制动、转向、传动、悬挂、灯光、信号等安全部位和位置以及发动机运转状态进行检视、校紧，确保行程安全。

2. 一级维护

汽车一级维护的时间应以汽车行驶里程为基本依据，可按保养手册要求进行，如轿车一般在行驶 5 000～7 500 km 后进行，同时还应该根据汽车使用条件的不同而有所区别，如汽车经常在较差路面行驶，或经常大负荷工作时，则应提前进行维护。除日常维护作业外，还应以清洁、润滑、紧固为作业中心内容，并检查有关制动、操纵等安全部件，由维修企业负责执行。具体内容如表 4.5 所列。

表 4.5　汽车一级维护作业内容

序　号	作　业　内　容
1	检查、调整点火系
2	清洁或更换发动机空气滤清器、空压机空气滤清器、曲轴箱通风系空气滤清器、机油滤清器和燃油滤清器
3	检查曲轴箱油面、冷却液液面、制动液液面高度
4	检查曲轴箱通风装置、三效催化转化装置
5	检查并校紧散热器、油底壳、发动机前后支垫、水泵、空压机、进排气歧管、输油泵、喷油泵连接螺栓
6	检查空压机、发电机、空调机等皮带磨损、老化程度，调整皮带松紧度
7	检查转向器液面及密封状况，润滑万向节十字轴、横直拉杆、球头销、转向节等部位
8	检查调整离合器
9	检查变速器、差速器液面及密封状况，润滑传动轴万向节十字轴、中间轴承，校紧各部件连接螺栓，清洁各通气塞
10	检查紧固各制动管路，检查调整制动踏板自由行程
11	检查紧固车架、车身及各附件

续表 4.5

序 号	作 业 内 容
12	检查轮辋及压条挡圈;检查轮胎气压(包括备胎),并视情况补气;检查轮毂轴承间隙
13	检查悬架机构
14	检查蓄电池
15	检查灯光、仪表、信号装置
16	检查全车各润滑嘴是否安装正确、齐全有效
17	检查全车是否漏油、漏水、漏气、漏电,各种防尘罩是否齐全有效

3. 二级维护

汽车二级维护的时间也是以汽车行驶里程为基本依据的。可按汽车保养手册要求进行,如轿车一般在行驶10 000～15 000 km后进行。其维护内容除一级维护作业外,以检查、调整转向节、转向摇臂、制动蹄片、悬架等安全部件为主,并拆检轮胎,进行轮胎换位,检查调整发动机工作状况和排气污染控制装置等,由维修企业负责执行。汽车二级维护具体内容较多,应采用专用检测仪器进行检查,主要维护检测项目如表4.6所列。根据检测结果及车辆实际技术状况进行故障诊断,确定附加作业内容,以消除故障,恢复汽车正常技术状态。

表4.6 汽车二级维护检测项目

序 号	检 测 项 目
1	发动机功率,气缸压力
2	汽车排气污染物,三效催化转化装置的性能
3	电控燃油喷射系统
4	柴油车检查供油提前角、供油间隔角和喷油泵供油压力
5	制动性能、制动力
6	转向轮定位,主要检查前轮定位角和转向盘自由转动量
7	车轮动平衡
8	前照灯
9	操纵稳定性,有无跑偏、发抖、摆头
10	变速器,有无泄漏、异响、松脱、裂纹等现象,换挡是否轻便灵活
11	离合器,有无打滑、发抖现象,分离是否彻底,接合是否平稳
12	传动轴,有无泄漏、异响、松脱、裂纹等现象
13	后桥,主减速器有无泄漏、异响、松动、过热等现象

4.7 汽车贸易

4.7.1 汽车产品营销服务

汽车产品在国内的营销服务业务,称为汽车国内贸易。汽车营销服务在汽车产业链中具有重要作用，一个现代化的汽车工业必须有一套完善的现代化营销服务体系。随着汽车市场的发展，我国汽车的营销观念已经树立：1993 年前，我国汽车工业的经营重点都是围绕生产建设开展，1993—1996 年主要的销售方式是大批量生产后进行推销；1997 年开始，各企业逐渐重视运用市场营销手段，对各种竞争要素进行组合，我国的汽车工业从单纯的生产经营走向市场经营。1998 年，根据国家相关政策及宏观环境的变化，各汽车生产、流通企业迅速树立起营销的观念，推出汽车品牌专卖店、“4S”店、“5S”店、汽车交易市场、汽车销售连锁店等多种销售方式，形成了具有中国特色的汽车流通市场模式。它是随着市场经济的发展而产生的，有别于流通主渠道体制和生产制造企业经销网络的一种新型的交易方式，彻底改变了人们的消费观念和习惯。

1. 汽车品牌专卖店

汽车品牌专卖店，现在更时尚、新颖的叫法称作“4S”店，是一种以“四位一体”为核心的汽车特许经营模式，包括整车销售（sale）、配件供应（sparepart）、售后服务（service）、信息反馈（survey），目前一些企业增加了旧车置换（second-hand）业务，称为“5S”店。其销售模式通常被认为是一种在“卖方市场”中形成的销售模式，是国外汽车制造商引进中国汽车市场的一种汽车销售模式，如图 4.10 所示。自 1998 年第一家广州本田专卖店开张以来，现在北京有 150 多家汽车专卖店，广州有 200 多家；就某一个厂家而言，在全国范围内，广州本田拥有 150～200 家，上海通用有 150 家左右，而上海大众则以庞大的经销网络与维修网络重新整合成 4S 店，其数量不低于 300 家；伴随着新品牌的推出，专卖店也会不断增加。

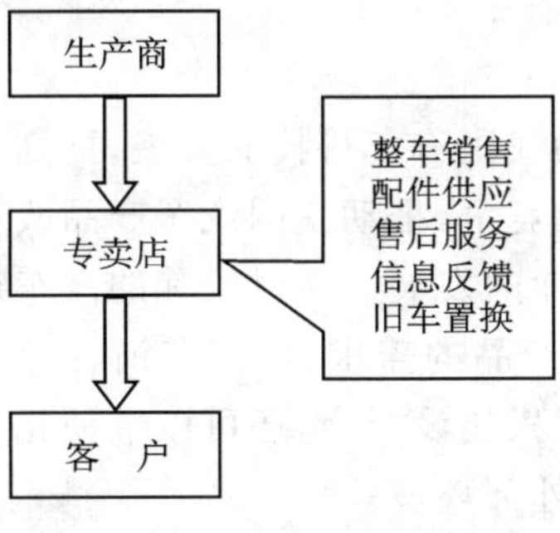

图 4.10　汽车专卖销售渠道

汽车专卖店也具有劣势：对客户来说，车型品种相对单一，不符合中国消费者比价的消费习惯，而且通常不能提供购车一条龙服务；对汽车经销商来说，汽车专卖店的投资大，收回投资的周期长；对汽车制造商来说，不容易找到合适的汽车经销商，同时管理的难度较大。

2. 汽车超市

2002 年 4 月，东风环宇公司首创推出的集咨询、选车、贷款、保险、上牌、售后服务于一体的汽车营销新业态“汽车超市”在武汉正式登场。汽车超市主要是指那些特许经销模式之外、多品牌经营的汽车零售市场。它可以代理多种品牌的汽车，提供这些代理品牌汽车的销售与服务。汽车超市的优势在于：对消费者来说，方便了对车型的挑选，很容易货比三家，符合中国消费者的消费习惯。随着经济的发展、生活水平的提高和汽车售后服务与维修业的社会化发展，汽车超市必将得到迅猛发展。

然而，对于生产制造商来说，它们通常会担心在同一个店里展示的其他品牌会影响到自己品牌产品的销售。因此，通常生产制造商都不会直接将代理权交给汽车超市，一些汽车超市只能从 4S 专卖店进货，增加了汽车超市的进货成本。

3. 汽车交易市场

这种方式出现在 20 世纪 90 年代，是将许多 4S、5S 汽车专卖店集中在一起。目前好多地区就相继建立了这样的汽车交易市场，有些地区还不止一个。它的特点是车辆品种繁多，选择余地较大，有些还有工商、交管、银行、保险公司以及部分维修保养商家进驻，提供了多种品牌汽车的销售和服务,同时还提供汽车销售的其他延伸服务,如贷款、保险、上牌等。其主要优势在于多样化的品种选择和完善的配套服务。

就目前来讲,汽车交易市场的模式相对更适合我国国情。在我国,由于占市场主体的个体消费者大都是第一次购买而且非常注重价格,因此,货比三家是他们的必然选择。而交易市场可以最大限度地满足他们的这种需求;与此同时,交易市场可以集中办理横跨十几个部门的各种繁杂手续,这对于那些抱怨办证手续复杂、希望提高办证效率的潜在客户具有不可替代的吸引力。可以说,这种"一站式"服务将在今后很长一段时间内成为支撑汽车营销服务发展的主要动力。

4.7.2 汽车对外贸易

汽车产品对外贸易包括汽车产品的进口和出口贸易。进口贸易是指将国外汽车产品输入本国市场销售,也就是将国外商品输入本国市场,通过本国商品存量的增加,支出一定的外汇,实现由外汇向商品的转化。出口贸易是指将本国生产加工的汽车产品运往国外市场销售,也就是将本国商品输送到国外,通过商品数量或存量的减少,使外汇增加,从而实现由出口商品向外汇的转型。

1. 汽车产品对外贸易的作用

通过进出口贸易可以从国外引进一些新技术和新设备,推动我国汽车科技的发展,提高生产能力。通过进出口贸易,使我国的汽车产品能参加国际市场的竞争,推动我国汽车产品改进生产工艺,提高产品质量,增加花色品种,创造品牌,促进汽车工业的发展。通过国际的汽车产品交换,可以调节国内汽车市场的供需平衡,满足用户对各档次产品的需求,使汽车消费更加丰富多彩。通过进出口贸易可以增加国家的税收和外汇收入,积累建设资金,还可以带动相关产业的发展,提供劳动就业机会,为我国现代化建设创造良好的外部环境。

2. 汽车产品对外贸易的政策

国家采取扶植政策促进汽车出口。我国对外贸易的基本政策是:在改革开放总方针指引下,对外贸易实行全方位协调发展。其原则是:增强自力更生能力;坚持平等互利原则;发挥优势,讲求经济效益;量力而行,力求做到进出口平衡;进口要力求实现多元化,打破外国的垄断;加强合作,促进彼此经济的共同发展。

3. 汽车产品对外贸易的特点

对外贸易是国家之间进行的商品交换,它与国内贸易不同,具有自身的特点:一是国际汽车产品贸易的困难大。贸易障碍多,各国为争夺市场、保护本国利益,往往采取关税壁垒外汇管制政策和措施来限制进口;语言、风俗习惯以及法律不同,使汽车产品国际贸易的难度增大;对国外的汽车产品市场及交易对手的资信情况难以调查,给决策者增加了难度;交易的技术条件困难较多,交易接洽不便,一旦出现纠纷,解决有一定难度。二是复杂程度高。在贸易中所使用的货币与度量衡标准比较复杂,各国不一样,换算麻烦;贸易中所遇到的商业习惯和贸易法则情况复杂;货款支付较复杂;运输和保险情况比较复杂;双方相距较远,运距长,情况复杂多变。三是贸易风险大。从订立合同到合同的履行须经过较长时间,此间买卖双方经营、财务、政治经济形势等均会发生变化,会影响合同的履行;对于出口商,存在进口商拒收货物的商业风险;海上运输货物会遇到意外事故或其他危险;国际贸易价格变化无常,买卖双方都面临着价格风险;汇率的变动会给买卖双方造成损失;某些国家政策变化或国内政局变化,影响合同的履行，存在一定的风险。

4. 世界汽车市场的特点

世界汽车市场是指各国或各地区之间汽车产品交换的场所，并且通过国际贸易可以把各国国内市场联合起来。和其他产品的国际市场一样，世界汽车市场也有其自身的特点：一是轿车占据国际市场的主导地位。二是国际汽车市场在多个层次上表现出“三足鼎立”之势。从地区来看，国际汽车市场主要集中在西欧、北美、亚洲（日本、韩国）三个地区。从各国产销情况来看，世界汽车市场一直表现为美国、日本、德国三国平分天下之势。三是世界汽车进出口格局复杂多变。四是竞争、兼并、联合的局面日趋明显。五是传统汽车生产大国在国际汽车市场上的地位缓慢下降，而一些发展中国家的地位正稳步提高。

5. 我国汽车进出口简况与趋势

我国汽车工业产业政策中明确提出，国家鼓励汽车工业企业努力扩大出口，参与国际竞争。自 1994 年《汽车工业产业政策》颁布后，我国进口汽车产品表现出一些新的特征：一般贸易进口扩大，易货贸易进口量的幅度下降；进口汽车的品种明显向高档化发展；汽车进口贸易的多元化；进口汽车的价格波动较大。

汽车进出口贸易发展趋势是：我国汽车市场逐渐走向成熟，产品更新换代速度加快，国内市场将进一步走向开放，进口汽车关税逐步下降，各种车辆进入我国市场的步伐加快，对我国汽车工业将会产生强大的推动作用。随着发达国家的汽车制造公司在我国投资的增加，必将为我国汽车工业的发展注入新的活力，促使我国汽车工业的发展出现质的飞跃，提高我国汽车工业在国际市场的竞争力。

思考题

1. 谈谈你目前最喜欢的一款汽车，并讲讲理由。
2. 汽车保险主要有哪些险种？
3. 新车入户主要办理哪些手续？
4. 汽车检验一般有哪几种？
5. 购车后，交车验收时应注意什么？
6. 简述汽车各种油料的牌号含义、性能及其选用方法。
7. 调研一辆汽车，看看它使用的燃料、润滑油、齿轮油、润滑脂、变速器油以及制动液各是什么牌号？是否符合要求？
8. 调研一辆汽车，了解车主刚买车时是否进行了磨合？如何磨合？
9. 调研一家汽车维修厂或 4S 店，了解其如何进行汽车维护和保养？
10. 目前汽车的销售方式有哪些？

第5章　汽车与社会

汽车的诞生和发展给人类社会带来了很多便利，历经百年的汽车已经深入到人类的方方面面，成为现代文明的象征。当然，汽车犹如双刃剑也给社会造成麻烦，如环境污染、交通安全、能源消耗等。汽车发展的过程也是人类社会不断认识和解决这些问题的过程。

5.1　汽车与环境保护

5.1.1　汽车与环境

汽车将人们带进现代生活，但随着汽车数量的增多，它对社会环境的危害已越来越为各国政府和人民普遍关注。汽车的公害包括三方面：排气对大气的污染、噪声对环境的危害、电气设备对无线电广播及电视电波的干扰。排气污染的影响最大，噪声次之，而电波的干扰只是局部性的问题。

在汽车数量多、行驶密度大的城市和地区，汽车排气中有害成分所造成的危害是十分严重的。我国城市街道和公路上各种车辆以及行人混杂，车速较低，致使发动机经常处于停车、起步等不利的燃烧状态，排放问题严重。加上国产汽车技术落后，大多数没有控制排放的措施，尤其是超龄的在用汽车，污染更加严重。

1. 汽车尾气污染

作为一种无以替代的现代交通工具，汽车同时也是一个流动的污染源。在大气污染中，一些有害成分主要来自汽车排放的尾气。汽车尾气是燃油在发动机气缸内燃烧做功后从排气管排放出的废气。根据有关分析，汽车尾气中各种气体成分约有1 000多种。其中，对人体危害最大的有一氧化碳（CO）、碳氢化合物（HC）、氮氧化物（NO_x）和二氧化硫（SO_2）以及微粒等。这些有害排放物的生成直接与发动机的燃烧过程有关。它们不断威胁着人类的健康。

CO是一种无色无味的气体，是汽车排放物中有害性最大的成分。CO主要是由于混合气过浓或局部混合气过浓、燃烧温度过低或过高、燃烧室容积过小而使燃烧滞留时间不充分、空气与燃料混合不充分等导致燃料的不完全燃烧而产生的。因此，提高混合气的形成质量，控制燃烧温度，可有效地降低CO的生成。

NO_x是被高温燃气氧化成的NO、NO_2等氮氧化合物的总称。一般不超过内燃机总排放量的0.5%，其中绝大部分是NO（约占95%），NO_2次之，其余的含量很少。在燃烧后期或排气过程中，部分NO氧化成NO_2。氮氧化合物由于氧化程度的不同呈白色、黄色到暗褐色。NO_x的生成主要取决于燃烧温度。降低混合气中氧的浓度，降低燃烧温度，缩短在高温燃烧带内的滞留时间，以及改善混合气的形成等可控制NO_x产生。

HC是指发动机废气中的未燃烧的部分，HC排放物一般也不超过内燃机总排放量的0.5%，大体上可分为不含氧的HC和醛类等含氧的HC两大类，约占有害污染物的55%。研究表明，汽车排气中的高分子重芳香烃可使人致癌。HC在阳光照射下引起光化学反应，产生臭氧(O_3)、多环芳香族碳氢化合物(PAH)等具有强氧化特性的物质,形成光化学烟雾。它不仅降低大气能见度,使橡胶开裂,植物受害,刺激人的眼睛和咽喉,而且 HC 中的 PAH 是致癌物质,是导致碳烟的副产物。HC 的产生主要是由燃烧室内的氧气量不足、燃烧室壁面温度过低、混合气形成不充分或燃烧室内局部混合气过浓等原因引起的,可采用碳含量少的代用燃料,或改善燃烧、保证混合气的浓度和燃烧温度最佳等方法来控制。

微粒(又称碳烟)是指存在于接近大气条件的,除掉未化合的水以外的任何分散物质。这些分散物质可能是固态的,也可能是液态的,包括原始的和二次的微粒。原始微粒直接来自内燃机燃烧的产物;二次微粒是在大气条件下,因气态、液态和固态的化学成分之间发生的化学或物理变化所产生的微粒,如经催化反应、光化学反应的微粒。1998 年,广州等大城市已经出现了光化学烟雾的前兆。光化学烟雾容易刺激人的眼睛和喉头,导致咳嗽、哮喘等疾病。汽油机和柴油机所排放的微粒是不同的。汽油机主要是铅化物、硫酸、硫酸盐和低分子物质;柴油机的微粒数量远远多于汽油机,一般要高出 30～60 倍,其成分也很复杂,是一种类似石墨形式的含碳物质(碳烟),并凝聚和吸附了相当数量的高分子可溶性有机物和硅酸盐等。这些有机物包括未燃的燃油、润滑油以及不同程度的氧化和裂解产物。

2. 汽车噪声污染

人们生活在声音的世界里,有各种各样的声音,既有动听、悦耳的,也有使人烦恼的。所谓"噪声",是指人们不需要的、使人讨厌的干扰声。噪声的种类很多,包括交通噪声、工业噪声和生活噪声。交通噪声是城市噪声的主要来源,约占 75%的比例,城市街道和公路干线两侧汽车噪声污染最为严重。汽车噪声是汽车的第二公害,噪声影响着人们的神经系统,使人急躁、易怒,也影响着人们的睡眠,让人疲劳无力。噪声用分贝来表示,人耳在 60 dB 以下感觉舒服,从 60 至 110 dB 越来越难受。

汽车噪声一般为 80～100 dB。汽车的噪声不仅跟车辆和发动机类型有关,而且与使用过程的车速、发动机的转速、载荷及道路条件有关。汽车的噪声包括:汽车发动机燃烧噪声和排气噪声、组成车辆各机械部件运动产生的噪声、车辆在运行时产生的风噪、轮胎与地面摩擦产生的胎噪、汽车喇叭噪声、制动噪声等。

3. 其他污染

汽车从生产、使用到废弃的全过程中还会对人和环境造成其他一些危害。如摩擦衬片中的石棉、汽油中具有较强挥发性的苯和芳香烃、空调器中的氟利昂、铅蓄电池中的铅(仅汽车蓄电池用铅就占世界铅需求量的 54.8%)等。

5.1.2　环保技术

1. 汽车尾气的控制措施

汽车尾气对大气的污染,使人们越来越认识到需要对汽车尾气排放有害物质加以限制。因此,世界各国已相应地制定了汽车尾气污染控制的法规标准,限制汽车排放物。而且,随着节能和环保意识的增强,对汽车排放控制的法规标准日趋严格。为了适应这些变化,研制出许多汽车排放控制新技术和新装置,已成为现代汽车不可缺少的部分。

排放控制与汽车的其他各个系统相互依赖,主要有机内控制法和机外控制法。机内控制法是根据有害排放物的生成机理,对发动机及控制系统的原理、结构、材料、工艺、技术进行改造创新,提高燃烧效率,减少有害气体的排放。机外控制法是将汽车有害排放物进行过滤,使其重新进入气缸燃烧或在排放过程中被氧化、还原,变成无害物质排出,减少排放污染物。以下介绍几种汽车排放控制新技术和新装置。

(1) 稀燃技术

稀燃技术就是通过改进燃烧室结构或采用燃料喷射技术与混合气浓度传感技术来稀释混合燃料,从而减少有害物质的排放。

(2) 废气再循环装置

废气再循环装置就是根据发动机的不同工况,将废气中的一部分(3%~5%)引入燃烧室,用以降低气缸的燃烧速度和温度,从而进一步减少 NO_x 的排放量。

(3) 二次空气供给装置

二次空气供给装置是在排气管的上段设置一个反应器,通过空气泵、控制阀、单向阀和喷射管等引入适量的新鲜空气(见图5.1)。在高温下,使CO和HC在热反应器内继续燃烧(生成 H_2O 和 CO_2),从而进一步减少了CO和HC的排放量。有些发动机则向三元催化器提供二次新鲜空气,以使CO和HC在催化器内获得更充分的氧化反应。

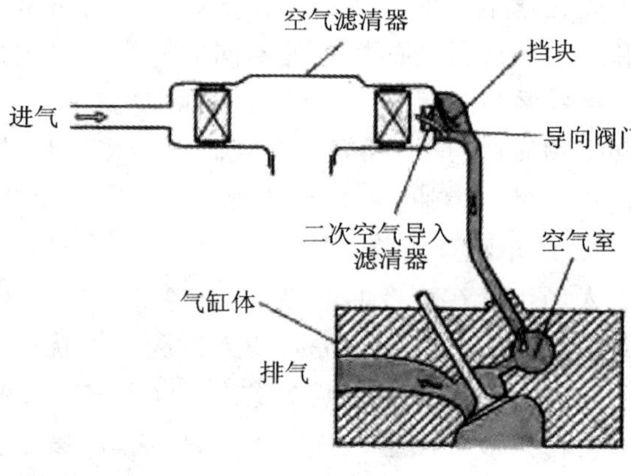

图5.1　二次空气供给装置

(4) 三元催化器转换装置

三元催化器转换装置通过三元催化净化器中的铂、钯等氧化剂,使CO和HC发生氧化反应,生成 CO_2 和 H_2O;通过铑等还原剂,使 NO_x 脱氧,还原成 N_2 并释放出 O_2(见图5.2)。

(5) 燃料蒸发排除控制系统

燃料蒸发排除控制系统主要由活性炭罐储存装置、燃油蒸发净化控制装置和燃油箱燃油蒸发控制装置组成(见图5.3)。

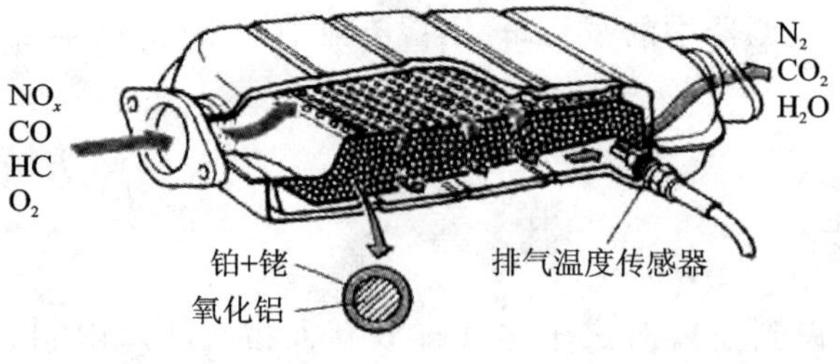

图5.2　三元催化净化器

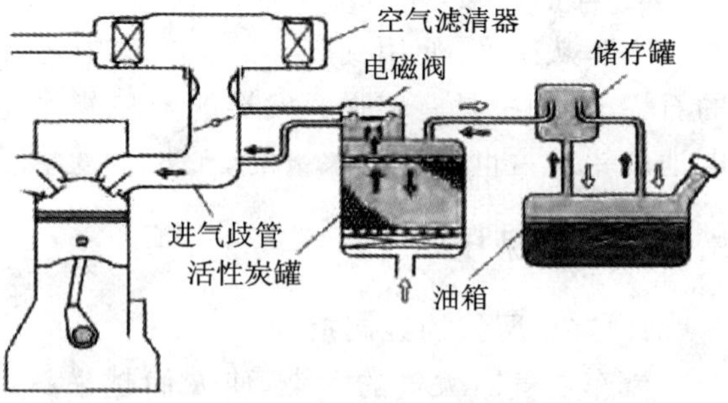

图5.3　燃料蒸发排除控制系统

汽油是一种易挥发的液体,在常温下燃油箱经常充满蒸气,燃料蒸发排除控制系统的作用是将蒸气引入燃烧室并防止其挥发到大气中。当汽车运行或熄火时,燃油箱的汽油蒸气通过管路进入活性炭罐的上部,新鲜空气则从活性炭罐下部进入活性炭罐。发动机熄火后,因为活性炭有吸附功能,汽油蒸气与新鲜空气在罐内混合并储存在活性炭罐中,当发动机启动后,装在活性炭罐与进气歧管之间的燃油蒸发净化装置的电磁阀门打开,活性炭罐内的汽油蒸气被吸入进气歧管参加燃烧。

此外,柴油机上还采用涡轮增压中冷技术、炭粒净化装置等净化排放物。

2. 汽车噪声的控制技术

目前汽车上主要通过排气消声器来降低噪音。排气消声器是具有吸声衬里或特殊形式的气流管道,可有效地降低气流噪声。另外,发展如电、太阳能等能源的车辆来代替现有的汽车,能大大降低噪声,并可彻底解决现有汽车对大气污染的问题。

此外,在市政道路规划和建设方面,尽可能建成低噪声路面,同时尽量与居民住宅搂、居民小区保持合理的距离,或建立缓冲区与隔声屏障等。

5.2 汽车与能源节约

能源消耗的迅速增加,是社会生产力迅速发展和人类物质生活水平不断提高的标志,但同时也使我们面临着能源枯竭的困境。在地下经历数百万年甚至数千万年才形成的煤和石油,总有一天会被我们采尽掘光!这一天并不遥远:在世界常规能源中,除煤炭因储量较多尚可维持较长时间外,目前已探明的石油储量仅够开采40年,天然气仅够开采50年。节约能源已成为人们的一种共识,也是汽车技术发展的永恒课题。

5.2.1 汽车与能源

在目前及今后相当长的一段时间里,绝大部分汽车都是靠燃烧各种矿物燃料驱动的。随着汽车保有量的快速增加、燃油消耗的快速增长,世界原油储备不断下降,如我国汽油年产量的80%、柴油年产量的20%被汽车消耗掉。这将越来越严重威胁能源安全,也将影响社会经济的发展。

在能源危机面前,人类越来越认识到节能的重要性。各国政府和汽车企业也纷纷采取各种措施或制定相关政策,积极减少能源消耗,并不断探索寻求、研制开发替代能源和新能源。如生物燃料、氢燃料、合成燃料、液化石油气、压缩天然气、燃料电池、太阳能等已在汽车上逐步得到应用和发展。

5.2.2 节能技术

在寻找替代能源和新能源的同时,在汽车上采用一些新技术,也不失为有效的节能措施。目前,节能技术在汽车设计、制造以及使用方面已得到了广泛的应用,并朝着多元化的趋势发展。从技术层面上讲,提高汽车的燃油经济性,应该从提高发动机的燃油经济性,降低整车运行阻力和完善发动机与汽车传动系统的匹配三方面着手。

1. 轻量化设计

一个很简单的道理:负重小,跑起来就轻松、省力;减轻汽车重量,降低发动机负载,可减少燃油消耗。如第1章所述,从材料、工艺和结构上采取轻量化设计,以降低油耗。

2. 双离合变速技术

双离合变速就是通过双离合变速箱(DCT)快速的齿轮转换迅速产生牵引力,缩短加速时间,降低动力传输中的损耗,提供无间断的动力输出,提高工作效率。从理论上讲,DCT比传统的4速自动挡变速箱的油耗低10%~15%。

3. 变速器多挡化和无级化

变速器采用更多的挡位,可使驾驶员针对具体道路条件选择更合适的传动比。挡位愈高,传动比就愈小,导致汽车行驶每公里的发动机曲轴转数愈少,从而可以节约燃料。一些汽车的变速器配备了超速挡,这是一种节油措施。

无级变速与双离合变速一样,都是通过降低动力传输中的损耗达到节能目的的变速器技术。无级变速箱(CVT)具有重量轻、体积小、零件少的特点,加上这种传动形式的功率损耗小,可有效节油。国外权威机构曾做过实验证明,配置CVT无级变速箱的车型甚至比同排量手动挡车型油耗还低。

4. 中低度混合动力技术

中低度混合动力技术能够在车辆怠速或低速行驶状态下使用电能,减少低速行驶时燃油消耗,同时减少了污染物排放。但是,高成本导致的高价格一直让这项技术难以接近普通消费者。

5. 燃油直喷技术

燃油直喷技术可将燃料直接喷入燃烧室,从而实现精确燃烧,减少废气排放,大幅提升扭矩和功率输出,并降低油耗15%~20%。目前这项技术已广泛应用于各种汽车。

6. 低滚动阻力轮胎技术

发动机输出功率的30%~40%用于克服轮胎的滚动阻力。改变轮胎橡胶的化学成分和胎面花纹,可有效降低其滚动阻力,提高车辆的燃油经济性。

目前广泛采用的子午线轮胎,其滚动阻力系数要比一般斜交线轮胎低25%~30%,且弹性好,运动阻力小,在使用中节油效果明显。车速越高,节油效果越显著,大约比普通轮胎节油7%。为了更大程度地减小滚动阻力,轮胎正朝着高气压比、无内胎化方向发展,并取得了一些积极的进展。

7. 车身优化设计

通常汽车速度越快,空气阻力也越大,从而消耗在克服空气阻力上的功率也就越多。汽车的空气阻力与车速的平方成正比。在一般车速行驶时,发动机功率的20%~30%消耗于空气阻力。在汽车高速行驶时,空气阻力更是相当可观,此时用于克服空气阻力的燃料占总消耗的一半以上。因此,改善汽车的形状具有较好的节能效果。对车身进行空气动力学优化设计或加装导流板、导风罩等,可有效减小空气阻力。

8. 燃烧系统优化设计

对燃烧室形状、燃烧室布置以及喷射系统进行优化设计,更有利于燃料的燃烧,以达到节油的效果。

9. 电子点火技术

汽油机采用优化的电子点火系统代替传统的分电器,可以根据发动机工作范围及一些附加要求(如排放、爆燃界限或驾驶性能等)计算出最佳提前点火角,从而最大限度地提高燃油经济性和汽油机动力性。

10. 增压技术

内燃机增压技术不仅能提高发动机升功率,还能降低燃油消耗和有害排放物。

11. 减摩技术

汽车的机械损失主要包括运动部件摩擦损失和驱动功率损失。这两大类损失约占总机械损失的 90%以上。汽车可从设计上采取一些有效降低运动副的摩擦系数和提高传动效率的措施。另外,在润滑油中添加各种减摩剂与摩擦改进剂,也可使各运动副摩擦系数降低,以降低机械损失。

12. 汽车柴油机化

通常柴油机的热效率要比汽油机高许多,如能广泛地使用柴油机,将会节约大量燃料。柴油机的优点还在于它可以使用纯度比较低、价格比汽油便宜的柴油作燃料。据统计,将汽油机转换为柴油机,每升燃料的行驶里程平均可增加 35%,同样质量和功率相同的柴油机与汽油机相比,油耗下降 15%~25%。因此,各汽车制造商都积极地增加柴油车的比重,可以预测,将来会越来越多地在载货汽车、小客车和小轿车上采用柴油机。

13. 及时诊断与定期检测

现代技术特别是微电子技术极大地促进了汽车诊断与检测技术的发展。实践证明,及时地借助诊断设备对汽车状态进行诊断,使汽车技术状况经常保持良好,对于能源节约、环境保护和交通安全都具有重要意义。资料表明,如能定期检测汽车尾气,并及时对汽车排放加以限制,可使被查汽车油耗降低 5%左右;相反,点火系如在有故障的情况下工作,则油耗最大可超过标准的 80%左右。

14. 提高驾驶技术水平

提高驾驶员的技术水平也是降低汽车燃油消耗量的重要途径之一。据测定,驾驶技术高的驾驶员比一般水平的驾驶员可平均节油 8%~10%。主要应在以下几个方面注意:保持合理的行车速度、冷车启动时避免延长发动机升温时间、避免不必要的怠速运转、行驶中应尽量避免突然加速和减速、正确掌握换挡时机、正确使用空调制冷系统等。

汽车制造商在对发动机和底盘零部件等进行综合优化设计研究的同时,也在积极地研制各种新型的发动机。我们相信,随着新材料、新技术的发展,并通过广大汽车设计、制造人员的不懈努力,汽车节能技术必将有一个更大的发展和提高。

5.3 汽车与交通安全

汽车从诞生之日起,就一直伴随着交通安全问题。今天,当人类社会充分享受汽车带来的诸多好处的同时,也为此付出了沉重的生命及财产代价。由于汽车车速的不断提高,交通事故日益严重,交通安全已经成为广泛关注的社会问题。

5.3.1 汽车与交通

1. 交通事故

汽车是一种高速行驶的交通工具,本身又具有较大的质量,行驶中如果控制不当,很容易造成包括驾驶员在内的人员伤亡和财产损失。1899 年,在美国纽约,一位先生在帮助一位妇女下电车时,不幸被一辆路过的汽车撞死,这是历史上第一起汽车交通事故。汽车刚发明时,车速在 20~30 km/h,危险性还不太大。后来,随着发动机功率的不断增加,车速越来越快,危险性越来越大,伤亡人数日益增多,汽车交通安全越来越引起人们的关注。据官方统计,2008

年全球交通事故死亡人数达到四十多万。我国是人口大国,也是汽车消费大国,交通事故死亡人数一直位居全球首位,平均每天有上百人丧生车祸。目前,各国都在努力降低交通事故的伤亡率,并且已经取得了显著的效果。在21世纪,许多先进技术将被引入汽车的安全设计。各大汽车厂家也在提高燃油经济性、降低汽车排放的同时,越来越多地注重提高汽车的安全性能,从而将更加安全的汽车提供给人们。

2. 交通拥堵

汽车的诞生开辟了人类交通发展的新纪元。汽车超越了人们身体的局限,为人类的行走艺术赋予了新的内涵。它改变了人们的生活方式,极大地扩展了人们的活动空间,加快了人们的生活节奏,提高了人们的生活品质。汽车不仅是数量最多、应用最广、运量最大的现代化交通工具,也是其他任何方式所难以替代的运输或专项作业工具,已经成为当代文明与经济社会发展的重要标志。然而汽车保有量急剧增加,导致了已有的道路远远满足不了经济快速发展的需要,交通状况变得日益恶化(见图5.4)。为了有效地解决交通拥堵问题,在扩建必要道路网的同时,积极发展公共交通,如轻轨、地铁、公交车等,世界各国也不断地探索新的方法,进行了大量的研究工作。

到了20世纪90年代,计算机技术、信息技术、通信技术和电子控制技术飞速发展,人们意识到利用这些新技术把车辆、道路和使用者紧密地结合起来,将会更有效地解决交通拥堵问题,而且对交通事故的应急处理、环境保护和节约能源等都有显著效果。这导致了智能运输系统的诞生。

图5.4 交通拥堵

智能运输系统(Intelligent Transportation System,ITS),是将先进的信息技术、计算机技术、数据通信技术、传感器技术、电子控制技术、自动控制技术、运筹学、人工智能等学科综合运用于交通运输、服务控制和车辆制造,加强了车辆、道路和使用者之间的联系,从而形成一种定时、准确、高效的综合运输系统。智能运输系统主要由五个子系统构成:先进的交通信息系统、先进的交通管理系统、先进的车辆系统、先进的公共运输系统、商业车辆运营系统。智能运输系统的研究已走过30多年的历程,美国、欧洲和日本已成为世界智能运输系统的三大基地。目前,另外一些国家和地区的智能运输系统研究也相当有规模,如澳大利亚、韩国、新加坡、中国的香港等。20世纪90年代初,我国学者开始关注国际上智能运输系统的发展,1995年以后,我国关于智能运输系统的研究、试验和国际交流日益频繁。交通部已将智能运输系统列入中长期规划。同时,交通部公路科学研究所和东南大学也都分别成立了智能运输系统工程研究中心,专门进行智能运输系统研究。

5.3.2　安全技术

为了保障汽车的安全性能，减少交通事故的发生，世界各国除制定相关的交通安全法规、加强公路设计与交通管理外，各种汽车安全技术也在汽车上得到广泛应用。相反，交通拥堵、交通事故、人们的安全意识也促进了这些技术的进一步发展，从而不断提高汽车的安全性能。

汽车的安全性可分为主动安全性和被动安全性两个方面。主动安全措施可提高汽车回避事故的能力，例如改善驾驶员的视认性和操作条件，改善灯光照明，提高轮胎性能、制动性能和操纵稳定性，采用车载微波雷达（或激光雷达）和计算机对汽车自动操纵等。被动安全措施可减轻事故的后果，例如改善保险杠和车身防撞结构，采用安全带、安全气囊、安全玻璃、吸能转向系统等防护装置。

1. 防抱死制动系统

防抱死制动系统（Anti－lock Braking System，ABS），它是汽车上的一种主动安全装置。其作用是在汽车制动时，自动调节制动力的大小，避免车轮完全抱死在路面上产生滑拖，使车轮处于边滚边滑的状态，以保证车轮与地面间有最好的附着状态，从而缩短制动距离，提高汽车制动过程中的方向稳定性及转向操纵能力，使汽车制动更为安全有效。

2. 电子制动力分配系统

电子制动力分配系统（Electronic Braking Distribution，EBD），能够根据由于汽车制动时产生轴荷转移不同，而自动调节前、后轴的制动力分配比例，提高制动效能（在一定程度上可以缩短制动距离），并配合 ABS 提高制动稳定性。汽车制动时，如果四只轮胎附着地面的条件不同，比如，左侧轮附着在湿滑路面，而右侧轮附着于干燥路面，四个轮子与地面的摩擦力不同，在制动时（四个轮子的制动力相同）就容易产生打滑、倾斜和侧翻等现象。EBD 实际上是 ABS 的辅助功能，就是在汽车制动的瞬间，高速计算出四个轮胎由于附着不同而导致的摩擦力数值，然后调整制动装置，使其按照设定的程序在运动中高速调整，平衡了每一个车轮的有效地面抓地力，达到制动力与摩擦力（牵引力）的匹配，可以防止出现甩尾和侧移，以保证车辆的平稳和安全。

3. 驱动防滑转电子控制系统

汽车驱动防滑转电子控制（Acceleration Slip Regulation，ASR）系统又称为牵引力控制（Traction Regulation Control，TRC）系统，其作用是防止汽车在起步、加速过程中驱动轮打滑，特别是防止汽车在非对称路面或转弯时驱动轮空转。它是继汽车 ABS 之后应用于车轮防滑控制的电子控制系统。汽车行驶时，驱动力主要取决于发动机的转矩，同时又受到驱动轮附着力的限制，而附着力的大小又取决于路面的附着系数。对于雨雪、湿滑的路面，发动机过大的输出转矩将会引起驱动轮打滑，使车辆行驶稳定性和操控性受影响。同样，汽车在起步、加速时也容易出现驱动轮打滑的现象，发动机转矩再大也发挥不了作用。而配备了加速防滑系统就可有效地避免这些问题的出现（见图 5.5）。

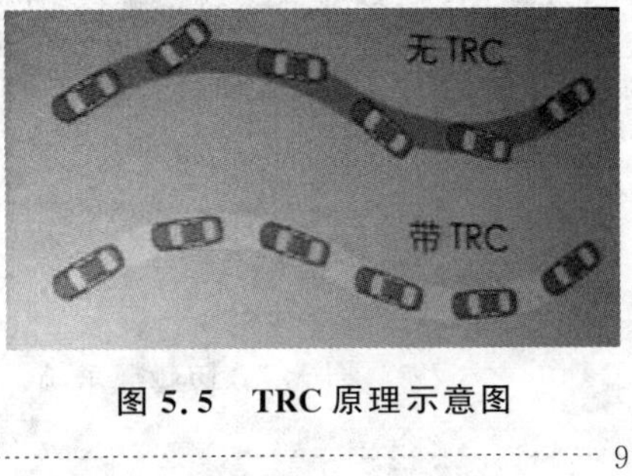

图 5.5　TRC 原理示意图

ASR 是 ABS 的升级版，通常将 ASR 与 ABS 组合成一体，构成具有制动防抱死和驱动防滑转功能的防滑控制（ABS/ASR）系统。

有的高档车还特别配备了 VSC（车辆稳定控制系统）/ TRC（牵引控制系统），当车辆急转弯或在易滑路面转弯时，传感器能立即检测到车辆侧滑。此时，VSC

将确保车辆稳定性,而 TRC 则有助于在起步和加速时,保持操纵稳定性,让你能轻易地面对特殊路况,安全驾驶。

4. 电子稳定程序

电子稳定程序(Electronic Stability Program,ESP),是在 ABS 及 ASR 这两种系统功能上延伸的安全技术。ESP 一般需要安装转向传感器、车轮传感器、侧滑传感器、横向加速度传感器等。ESP 是一种能识别汽车的非稳定行驶状态,并进行自动修正的安全系统。这一组系统通常用来支援 ABS 及 ASR 的功能。它通过对从各传感器传来的车辆行驶状态信息进行分析,然后向 ABS、ASR 发出纠偏指令,来帮助车辆维持动态平衡。ESP 可以监控汽车行驶状态,并自动向一个或多个车轮施加制动力,以保持车子在正常的车道上运行,甚至在某些情况下可以进行每秒 150 次的制动。ESP 可以使车辆在各种状况下保持最佳的稳定性,在转向过度或转向不足的情形下效果更加明显(见图 5.6)。

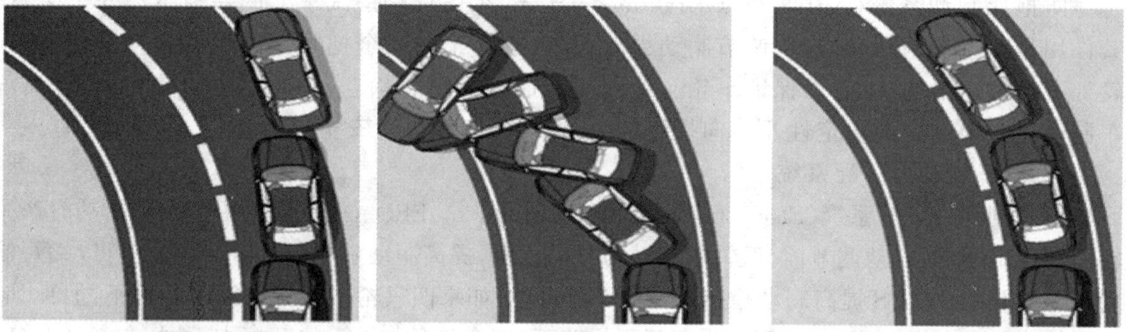

无ESP转向不足时　　无ESP转向过度时　　有ESP

图 5.6　有无 ESP 汽车转向时的比较

5. 防碰撞系统

防碰撞系统在车辆车距过小,甚至有可能发生碰撞时,将自动通过增加制动力度等方式降低车速,防止发生碰撞(见图 5.7)。

6. 盲点预警系统

由汽车前挡风玻璃左右侧两柱造成的视觉盲点很容易引起交通事故。若车主在驾驶时能"眼观六路",则可有效降低交通事故发生的概率。配备盲点预警系统(配备简单的天线、计算机芯片和全球定位系统等车载通信设备)的汽车可以敏锐感知几百米内其他车辆的位置(见图 5.8)。

图 5.7　防碰撞系统

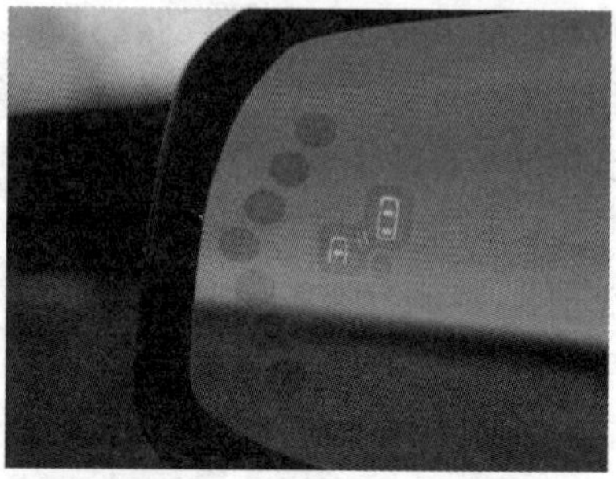

图 5.8　盲点预警系统

7. 轮胎压力监控预警系统

轮胎的使用状况直接影响汽车安全性，轻者导致爆胎，重者导致车辆失控，造成重大交通事故。当轮胎压力过低时，轮胎压力监控预警系统能发出警示，提醒司机及时充气。

8. 防侧翻安全系统

汽车侧翻造成的车内人员伤亡率很高。防侧翻安全系统利用先进的侧面气囊和传感器来防止乘员在翻倾事故中被甩出。这些侧面气囊将从顶棚展开，覆盖侧窗玻璃的大部分。当监测汽车侧倾率和加速度的传感器确认马上就要侧翻时，便触发此气囊。新的气囊技术使气囊可保持充气 6 s，以便在较长时间的翻倾中提供连续的覆盖保护。

9. 自动刹车碰撞警示系统

如果你打盹，车偏离了车道，汽车会帮你自动校正；如果你开小差，在碰撞事故即将发生时，汽车会自动启动制动系统，帮你刹车；如果你与前车距离太近，有追尾危险时，汽车会发出警报，提醒你采取行动……这些独特的主动安全系统可有效地帮助司机规避危险，减少或避免交通事故的发生，这就是自动刹车碰撞警示系统（Collision Warning with Auto Brake，CWAB）技术。

10. 自适应巡航控制系统

自适应巡航控制系统（Adaptive Cruise Control System，ACCS）可大大降低驾驶者的驾车强度和提高驾车安全性，特别适合在那些交通流量不稳定的道路上使用。ACCS 通过雷达反馈回来的信息，及时自动调整车速来保证与前车足够的安全距离。驾驶者只须简单地设定一下最高巡航速度和与前车的间隔时间，即可安心享受安全的旅程。当雷达发现前车的速度减慢时，会自动调整车速以保持相应的安全车距。

11. 驾驶员警示控制

无论黑夜还是白天，当车辆进入容易使司机进入放松状态的笔直、平坦的道路，以及容易使司机分神和打盹的环境时，驾驶员警示控制（Driver Alert Control System，DAC）通过监测车辆在行驶中出现的种种信息，适时向注意力分散的驾驶者发出警示，提醒驾驶者谨慎驾驶，避免或减少疲劳驾驶事故的发生。

12. 安全转向柱

安全转向柱是在转向柱上设置能量吸收装置，当汽车紧急制动或发生撞车事故时，吸收冲击能量，减轻或防止冲击对驾驶员的伤害。驾驶员不同的身材和驾驶姿势对转向盘的最佳操纵位置有不同的要求，而且转向盘的这一位置往往会与驾驶员进、出汽车的方便性发生矛盾。为此，一些汽车装设了可调节式转向柱，使驾驶员可以在一定的范围内调节转向盘的位置。调节的形式包括倾斜角度调节和轴向位置调节两种。可调节安全转向柱能使方向盘的角度可调，以适应驾车者的不同身高。发生碰撞时，转向柱能分开缩短，不至于伤害司机。

13. 安全带

安全带至今仍然是主要的被动安全措施。无论是在正面、侧面、追尾碰撞及翻滚中所起的作用都很大。一旦发生紧急情况，三点式安全带（见图 5.9）会迅速拉紧锁死，保证司乘人员的安全。

14. 安全气囊

在碰撞发生的瞬间，安装在汽车前端的碰撞传感器就会检测到汽车的急减速信号，并将此信号传递到汽车的电脑上。电脑预先设置的程序经过数学计算机逻辑判断后,立即向气囊组件内的点火器发出点火指令,引爆电雷管。点火剂受热爆炸后,迅速产生大量热量。充气剂受热分解释放出大量氮气充入气囊,从而对相关人员起到安全保护作用(见图5.10)。当前,安全气囊已成为了汽车被动安全的有效手段,分内、外部安全气囊两类。

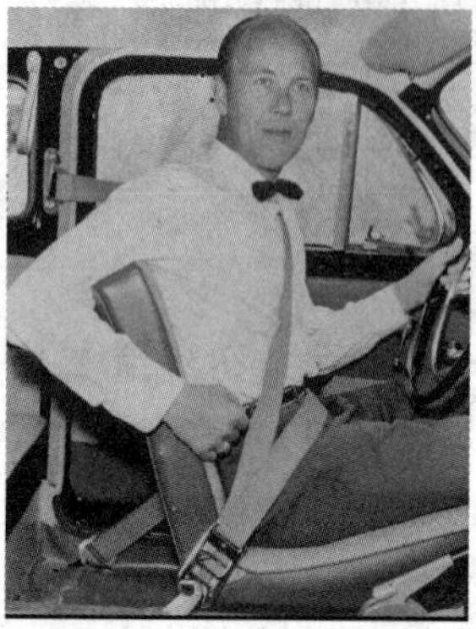

图5.9 三点式安全带

图5.10 安全气囊

15. 自适应约束技术系统

自适应约束技术系统(ARTS)利用一系列传感器来监测驾驶员座椅位置、安全带使用情况、前排乘员乘坐质量和位置以及发生碰撞时的碰撞烈度和碰撞力的方向等信息,再根据具体的碰撞特点对每个前排乘员气囊的展开进行调节。该系统可进一步减少由于气囊展开不当对乘员造成的伤害,特别是对于身材较小的前排乘员可起到有效的保护作用 。

16. 乘员头颈保护系统

乘员头颈保护系统(Whiplash Protection System, WHIPS)一般设置于前排座椅。当轿车受到后部的撞击时,头颈保护系统会迅速充气膨胀起来,乘坐者的整个背部和靠背安稳地贴近在一起,座椅的椅背和头枕会向后水平移动,使身体的上部和头部得到轻柔、均衡的支撑与保护,以减小脊椎以及颈部所承受的冲击力,并防止头部向后甩所带来的伤害;同时整个靠背会随乘坐者一起后倾,最大限度地降低头部向前甩的力量。乘员头颈保护系统如图5.11所示。

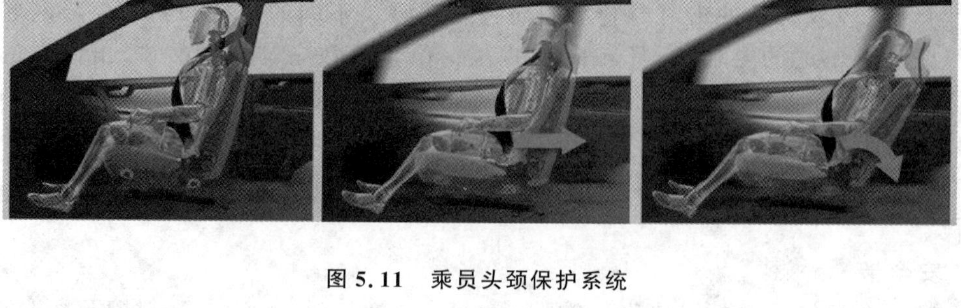

图5.11 乘员头颈保护系统

17. 智能行人保护系统

智能行人保护系统(Intelligent Pedestrian Protection System,IPPS),首先由传感器检测乘用车与行人发生碰撞,然后由执行器引发保护措施。如抬高发动机罩,使发动机盖与坚硬的发动机体之间有更大的空间,形成更大的变形缓冲区,以有效地保护行人(见图5.12)。

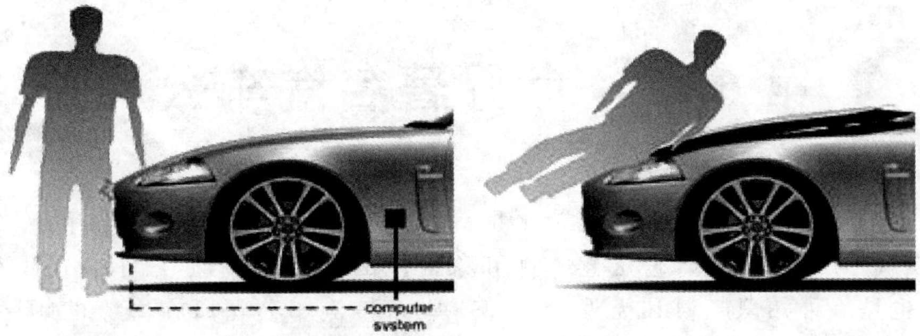

图 5.12　智能行人保护系统

除此之外，还有车尾监视系统、距离警示系统(Distance Alert)、车道偏离警示系统(LDWS)、CamCar 技术、EyeCar 技术、SensorCar 技术、事故安全助手等。这些技术的开发与使用都在一定程度上保障了汽车行驶的安全。

思考题

1. 随着汽车的普及，汽车对社会带来哪些问题？
2. 从环保、节能、安全三方面，谈谈你对汽车及其发展的想法。

第 6 章　世界著名汽车公司

汽车公司的创建、发展和变迁记录了世界汽车工业的成长历程。车标，顾名思义就是汽车公司或汽车产品的标志，它是艺术性和象征性的高度统一，是汽车公司生存和发展的缩影，同时也是一种知识产权和无形的财富。本章按汽车公司所在国家的顺序，介绍世界各大著名汽车公司的基本概况、主要汽车品牌及其车标的寓意。各汽车公司车标的彩图参见彩页。

6.1　德国主要汽车公司

6.1.1　戴姆勒-奔驰汽车公司

1. 公司概况

戴姆勒-奔驰汽车公司是世界上历史最悠久的汽车厂家，以生产高质量、高性能的豪华汽车闻名于世。也是世界十大汽车公司之一。它创立于 1926 年，是两大汽车巨人——现代汽车的鼻祖，被世人誉为“汽车之父”的卡尔·本茨和戈特利布·戴姆勒合作的结晶。它的前身是 1883 年成立的奔驰汽车公司和 1890 年成立的戴姆勒汽车公司。1926 年两厂合并为戴姆勒-奔驰汽车公司，国内简称奔驰汽车公司。

1890 年，生产的维络牌车首先开始采用橡胶充气轮胎。

1903 年，第一种装有对置式、水冷发动机和传动轴的汽车制造成功。

1910 年，开发了第一台 4 气门发动机。

1936 年，推出了世界上第一款使用柴油机的轿车 206D。

1976 年，建成气流速度达 720 km/h 的汽车风洞，为当时之最。

20 世纪 80 年代，奔驰公司和中国北方工业公司合作，向我国转让重型汽车生产技术；还与江苏扬州亚星客车集团合资组建了亚星-奔驰客车有限公司。

1998 年，戴姆勒-奔驰公司与美国克莱斯勒汽车公司合并，成立戴姆勒-克莱斯勒汽车公司，开创了世界大汽车集团跨国合并的先例。

2005 年 8 月 8 日，戴姆勒股份公司、戴姆勒东北亚投资有限公司与北京汽车工业控股有限责任公司组建成立了北京奔驰-戴姆勒·克莱斯勒汽车有限公司(简称 BBDC)。

2007 年，戴姆勒-奔驰公司和克莱斯勒集团分开各自独立经营。

戴姆勒-奔驰汽车公司总部设在德国斯图加特，年产量超过百万辆。公司经营风格始终如一，不追求汽车产量的扩大，而只追求生产出高质量、高性能和高级别少而精的汽车产品。

戴姆勒-奔驰汽车公司在国内有 6 个子公司，在国外有 23 个子公司。“精美、可靠、耐用”是奔驰汽车的宗旨，造型美观，不断更新中具有传统的流畅是奔驰汽车本身的特点，一眼看上去就有“这是奔驰”的感觉。

2. 主要品牌

戴姆勒-奔驰汽车公司主要汽车品牌有梅赛德斯-奔驰、迈巴赫和精灵等。

(1) 梅赛德斯-奔驰汽车

梅赛德斯-奔驰汽车目前已经发展成为拥有十几个系列上百种车款的品牌。每款汽车型号一般由三部分组成,前面的字母分别表示不同车系与等级(见表 6.1)。

轿车有四个等级:A 级、C 级、E 级、S 级,档次依次升高;其他车型代号中的字母分别表示不同的含义,一般“C”代表 coupe(双门),“L”代表 light(轻量化),“K”代表 compact(紧凑),“S”代表 sporty(运动化),“R”代表 racing(赛跑)等。中间的数字一般表示该车内燃机的排量。后面的字母一般表示该车的配置特征,一般“S”表示豪华装备,“E”表示电子燃油喷射,“L”表示加长轴距,“D”(diesel)表示采用柴油机,“T”(turbo)表示涡轮增压,“K”(kompressor)表示机械增压,“AMG”表示高性能改装车等。

如 C200 K 表示小型轿车,排量 2.0 L,采用机械增压内燃机。

表 6.1　奔驰各车系代号及其含义

车系代号(字母)	车系类型(含义)	车系代号(字母)	车系类型(含义)
A	单厢车	CLS	中大型运动轿车
C	小型车	SLC	紧凑型跑车
E	中级车	SL	中型跑车
S	高级车	GT	超级跑车
B	运动旅行车	GLA	紧凑型越野车
R	大型旅行车	GLC	中型越野车
M	城市商务车	GLE	中大型越野车
V	多功能厢式车	GLS	大型越野车
CLA	紧凑型运动轿车	G	超豪华越野车

(2) 迈巴赫(MAYBACH)汽车

迈巴赫品牌首创于 20 世纪 20 年代。时任总工程师、被誉为“设计之王”的威尔海姆·迈巴赫不但是戴姆勒-奔驰公司的三位主要创始人之一,更是世界首辆梅赛德斯-奔驰汽车的发明者之一。

1919 年,难舍汽车梦想的威尔海姆·迈巴赫与其子卡尔·迈巴赫(Carl Maybach)共同缔造了“迈巴赫”这一传奇品牌——一个完美和昂贵轿车的象征。迈巴赫是戴姆勒-奔驰汽车公司的超豪华顶级轿车品牌(见图 6.1),其定位在需求极少的超豪华汽车市场。它在沉寂了八十多年后,于 2002 年第 72 届日内瓦国际车展上与众人见面,首次推出迈巴赫 57 和迈巴赫 62 两款,后面数字表示车身长度分别为 5.7 m 和 6.2 m。

(3) 精灵(Smart)超微型汽车

精灵汽车是 1994 年由奔驰汽车公司和瑞士钟表巨子斯沃奇(Swatch)公司共同开发的超微型车(见图 6.2)。其外形像一辆大玩具车,有人称为“卡通车”。

图6.1 迈巴赫62轿车

图6.2 精灵(Smart)超微型汽车

3. 汽车商标

戴姆勒先生发明了四轮内燃机汽车,并创立自己的汽车公司,但戴姆勒汽车公司生产的汽车品牌却叫梅赛德斯。这里有一段非常有趣的故事。1899年,奥地利驻法国使领馆领事、戴姆勒汽车公司的经销商埃米尔·耶利内克(Emil Jellinek,1853—1918)驾驶戴姆勒制造的凤凰牌汽车参加在法国尼斯(Nice)举行的汽车大赛,并以他可爱的女儿梅赛德斯(Mercedes)作为赛车名,结果取得了第一名。梅赛德斯在西班牙语中有幸运的含义。耶利内克认为是女儿的名字美好吉祥而使他在比赛中获胜,于是要求戴姆勒公司生产的汽车全部取名为梅赛德斯,并负责包销。从1901年开始,戴姆勒汽车公司生产的汽车正式以梅赛德斯命名,"MERCEDES"的字样便出现在汽车的散热器罩上。从1902年9月26日起,"MERCEDES"成为戴姆勒汽车公司的注册商标(见图6.3)。1909年6月,戴姆勒汽车公司将三星标志注册为正式商标。戴姆勒汽车公司的标志来源于戴姆勒给他妻子的信,他认为他画在家里房子上的这颗星会为他带来好运,这颗三叉星还象征着戴姆勒汽车公司向海、陆、空三个方向发展。1909年,奔驰公司注册的商标是月桂枝包围着"BENZ"字样。1916年戴姆勒汽车公司在三星标志的四周加上了一个圆周,并在其上方镶嵌了4颗小星,下面是"MERCEDES"字样,取代了原来的文字商标。1926年两家公司合并,商标也合二为一,变成一个圆环,上面是"MERCEDES",下面是"BENZ"字样,两者用月桂枝连接起来,中间还是三叉星。1989年被简化为形似方向盘的三叉星(见图6.4)。梅赛德斯-奔驰车标有金银之别,在德国本部生产的高级车,三叉星标志是银色的,而金色标志车都是国外组装的。

图6.3 梅赛德斯商标

图6.4 梅赛德斯-奔驰车标的演变

具有传奇色彩的迈巴赫车标由两个交叉的“M”组成（见图 6.5），围绕在一个球面三角形里。品牌创建伊始的两个“M”代表的是“Maybach Motorenbau”（迈巴赫发动机）之义，而现在两个“M”作“Maybach Manufaktur”（迈巴赫制造）之解。

精灵超微型汽车的车标（见图 6.6），其左边的字母“C”表示紧凑（compact），向右的箭头表示向前看。“Smart”中的“S”代表了斯沃奇（Swatch），“m”代表了戴姆勒集团，而“art”则是艺术的意思，合起来理解为“斯沃奇和戴姆勒合作的艺术”，而“Smart”车名本身在英文中也有聪明伶俐的意思，这也契合了精灵公司的设计理念。

图 6.5　迈巴赫车标

图 6.6　精灵车标

6.1.2　宝马汽车公司

1. 公司概况

宝马汽车公司起源于两个飞机公司：慕尼黑卡尔・拉普发动机制造有限公司和吉斯坦・奥托飞机发动机制造厂。1913 年，卡尔・拉普在慕尼黑一个自行车公司基础上建立了拉普发动机公司，开始生产飞机发动机。在拉普发动机公司不远处，吉斯坦・奥托（Gustan Otto，四冲程汽油机发明人尼古拉斯・奥托的儿子）成立了奥托公司，生产小型飞机发动机。1916 年吉斯坦・奥托与合伙人成立了巴伐利亚飞机公司（Bayerische Flugzeug Werke AG，BFW），最初以制造流线型的双翼侦察机闻名于世。1917 年，奥地利人弗伦茨・约瑟夫・珀伯和马克斯・弗瑞茨接管拉普发动机公司，并更名为巴伐利亚发动机公司（Bayerische Motoren Werke AG，BMW）。1922 年，BFW 和 BMW 两个公司合并，公司名称为 BMW，1928 年开始生产汽车，总部设在德国慕尼黑。吉斯坦・奥托在航空领域的高度成就，使他怀着很大的野心制造汽车，他的这一决定，为汽车历史写下了光辉的一页，那就是今天受到万千车迷爱戴的德国 BMW。宝马是“BMW”的中文音译。

宝马汽车公司是德国著名的摩托车和高档豪华轿车制造商。它和奔驰汽车公司一样，不追求汽车产量的扩大，只追求生产高品质、高性能和高级别的汽车。宝马轿车追求的是“驾驶乐趣”，所以在世上一向有“开宝马、坐奔驰”之说，表明了奔驰的稳重和宝马的豪放，开宝马车，可享受到它那痛快淋漓的神奇风采。宝马轿车车身造型具有鲜明的特色，圆形灯具配以矩形水箱通风栅架形成与众不同的风格，并坚持自己的设计方向，所有的宝马轿车都是后轮驱动。他们认为采用后轮驱动形式，可以做到前后各 50%的载荷分配，在高速过弯、直行性能等行驶方面会好过前轮驱动的汽车。

1994 年收购英国最大的汽车制造商罗浮（Rover）公司。

1998 年购买劳斯莱斯商标和标志，并于 2003 年开始生产劳斯莱斯牌轿车。

2000 年全面出售罗浮资产，只留下了迷你（MINI）一个品牌。

2001 年设计出了新 MINI。

2003年3月27日,宝马集团和华晨中国汽车控股有限公司在北京举行合资合同签约仪式。

2. 主要品牌

宝马汽车公司旗下主要拥有宝马、劳斯莱斯、迷你三个汽车品牌。

宝马汽车主要有1,3,5,6,7,8,X,Z和M等系列车型。轿车型号的第一个数字或字母即为系列号:1系是中级轿车,3系是中高级轿车,5系是高级轿车,6系是5系的双门轿跑车型,7系是豪华轿车,8系是6系的豪华型,X代表越野车,Z代表跑车,M系是高性能运动版或概念车。第2和第3个数字表示排量。最后面的字母i表示燃油喷射,A表示自动挡,C表示双座位,S表示超级豪华。比如,850Si表示8系、5.0 L排量、超级豪华型、燃油喷射。

劳斯莱斯和迷你汽车将在本章第4节详细介绍。

3. 宝马车标

宝马车标图案是内外双圆圈,其内圆是蓝白相间的图案,分别代表蓝天白云,蓝白相间所构成的旋转不停的螺旋桨(见图6.7),不仅表示公司所在地巴伐利亚州的州徽,也寓含宝马公司过去在航空领域的悠久历史;同时,又象征公司的一贯宗旨和目标——在广阔的时空中,以最新的科学技术、最先进的观念满足顾客的最大愿望;反映了公司蓬勃向上的精神和日新月异的新风貌,表明宝马轿车品质优秀,技术领先,驰骋全球。并在双圆圈环的上方,标有“BMW”字样,是宝马汽车公司全称的首位字母缩写。

图6.7 宝马车标

6.1.3 大众汽车公司

1. 公司概况

大众汽车公司创建于1938年德国的沃尔夫斯堡(Wolfsburg),创始人是世界著名的汽车设计大师费迪南德·波尔舍(Ferdinand Porsche)。大众汽车顾名思义是为大众生产的汽车。

1964年收购德国的奥迪汽车公司。

1973年开发出高尔夫(Glof)牌轿车,创单车销量世界冠军。

1983年大众汽车公司买下西班牙西亚特汽车公司的大部分股份,使之成为大众汽车公司的一个子公司。

1984年10月,中德双方在北京签订合营合同,上海大众汽车有限公司在改革开放的大潮中于1985年应运而生。

1991年收购捷克的斯柯达汽车公司。

1991年2月与中国第一汽车集团公司合资成立一汽-大众汽车有限公司。

1995年2月,大众汽车在日内瓦车展上首次展出装有涡轮增压直喷发动机(TDI)的高尔夫敞篷车,这也是全球首批投产的柴油机敞篷车。

1998年收购了意大利的布加迪和兰博基尼汽车公司、英国的本特利和劳斯莱斯汽车公司,成为欧洲第一大汽车公司。

1999年,大众集团成功研制出世界上油耗最少的量产轿车——百千米3升的路波。

2012年8月完成对保时捷汽车公司的收购。

2. 主要品牌

大众汽车公司目前拥有大众、奥迪、布加迪、西亚特、兰博基尼、本特利、斯柯达、保时捷等八大品牌。

大众汽车品牌主要有甲壳虫(Beetles)、波罗(Polo)、高尔夫(Golf)、帕萨特(Passat)、捷达(Jetta)、桑塔纳(Santana)、文托(Vento)、夏朗(Sharan)、宝来(Bora)、路波(Lupo)、辉腾(Phaeton)等车型。

风靡一时的甲壳虫于 1933 年投产，至 1978 年停产，共生产 2 150 万辆，打破了福特 T 型车的世界纪录。1996 年开始生产新甲壳虫，内外均采用了现代技术，外形没有变化，可谓“旧瓶装新酒”。

高尔夫是大众汽车公司的第二个“现代经典”汽车，以其优越的性能创造了另一个真正意义上的“大众汽车”。

桑塔纳是德国大众汽车公司在美国生产的品牌车。该厂坐落在美国加利福尼亚州的桑塔纳山谷下，这里不仅盛产名贵的葡萄酒，而且常常刮起强劲的旋风，当地人称这种旋风为“桑塔纳”。为了让自己生产的汽车既具有名酒般的品质，又能像旋风那样风靡，大众公司将其产品命名为桑塔纳。我国 1983 年在上海成功组装第一辆桑塔纳轿车，1987 年，上海大众引进该品牌。

捷达于 1979 年在欧洲上市。就其结构来看，Jetta(包括后来的 Vento/Bora)都是加了车尾行李箱的 Golf，均可看作是 Golf 的衍生型。

宝来是德国大众旗下的全尺寸轿车，是捷达系列的替代者。“Bora”意为亚得里亚海沿岸的海风，以此命名，清新迷人。

帕萨特是德国大众汽车公司设计的一款中级品牌轿车，诞生于 1973 年。“PASSAT”本意是一股季风的名字，每年均匀而稳定地从大西洋南部吹向赤道，坚持而执着。和它的名字一样，几乎所有帕萨特的水滴状的外形都给人一种非凡的感觉。

夏朗是大众公司于 1995 年推出的一款多用途厢式汽车。

辉腾是大众汽车公司于 2002 年新推出的顶级旗舰车型，树立了大众豪华车的形象。

奥迪汽车公司成立于 1932 年，总部设在德国的英戈尔施塔特，创始人奥古斯特·霍尔希。有 A2、A3——小型车、A4——中级轿车、A6——高级轿车、A8——豪华轿车系列(A 是 Audi 的首字母)，高性能 S 系列(S3、S6、S8)，TT 跑车系列和敞篷车及运动车系列。

布加迪是世界著名的老牌运动车品牌，是车坛上一个不朽的名字。1909 年意大利人埃托里·布加迪(Ettore Bugatti，见图 6.8)在法国的摩尔斯海姆(Molsheim)创建布加迪公司，专门生产运动跑车和高级豪华轿车。布加迪素以前卫的设计、不凡的性能和精湛的工艺为车迷们向往，它的每一辆轿车都可誉为世界名车。早在二战以前布加迪就声名不凡，随着二战的结束也悄悄地消逝了好一段时间，直到 1990 年才重出江湖，重新跨入超级跑车的行列。布加迪车是古典老式车中保有量最多的汽车之一，以布加迪为品牌的车型在世界多个著名汽车博物馆中都可以看到，而且性能上乘，车身造型新颖流畅，乃至发动机的配置都独具特色。

图 6.8　埃托里·布加迪

西亚特是西班牙最大的汽车公司，1950 年成立于巴塞罗那。

公司成立之初,以生产意大利菲亚特汽车公司的车型为主。

兰博基尼、本特利、斯柯达、保时捷将在后面的章节中陆续介绍。

3. 汽车商标

大众汽车图形商标是德文 Volkswagenwerk(意为大众使用的汽车)单词中两个字母 V 和 W 叠合镶嵌在一个大圆圈内的(见图 6.9),图形商标形似三个 V 字,像是用中指和食指作出的"V"形,表示大众公司及其产品必胜的信念。文字商标则标在车尾的行李箱盖上,以注明该车的名称。大众商标简捷、鲜明、引人入胜,令人过目不忘。

奥迪车标为四个连接的圆环(见图 6.10),代表着合并前的(DKF、Audi、Horch、Wanderer)四家公司。这些公司曾是自行车、摩托车及小客车的生产厂家,每一个圆环都是其中一家公司的象征,四个相同紧扣的圆环,表示四个创始公司如兄弟般手挽手亲密合作,象征公司成员间平等互利的协作关系和奋发向上的敬业精神,充分体现了"团结就是力量"的氛围。"Audi"是奥迪车的文字商标,通常标注在车尾或车身的两侧。

图 6.9 大众车标

图 6.10 奥迪车标

布加迪的车标是将其创始人姓氏布加迪的英文字母大大地写在车标之中,并用象征滚珠轴承的一圈小圆点包围起来,希望公司能永远不停转,上部"EB"为英文 Ettore Bugatti 的缩写,底色为红色(见图 6.11)。

西亚特汽车是以其全名 Sociedad Eapanola de Automoviles de Turismo S. A(西亚特汽车公司)的简写 SEAT 作为车标的(见图 6.12)。

图 6.11 布加迪车标

图 6.12 西亚特车标

6.1.4 保时捷汽车公司

1. 公司概况

保时捷汽车公司是世界上最著名的研究、设计和生产运动汽车的厂家。1930 年,著名的捷克天才设计大师费迪南德·波尔舍(Ferdinand Porsche,见图 6.13)在德国斯图加特创建了保时捷研究设计公司,波尔舍也是大众汽车公司的创始人,又称保时捷,前者是普通话的译音,后者是粤语的译音。可能是"保时捷"从字面上看更加贴切,因此,现在的 Porsche 公司的中文名称一般都称为保时捷公司。公司承担各汽车公司和政府委托的各种研究课题和设计工作，也接受国外有关汽车公司委托的设计、研究和试验任务，几乎为世界上所有著名的汽车公司设计过新车型、发动机和其他产品。保时捷汽车公司对运动车的研究成就辉煌，从创建至今，公司推出了许多令汽车界和车迷瞩目的运动车产品。

1948 年第一辆保时捷汽车问世。公司设计的保时捷纯种跑车多次在国际汽车大赛中获胜，以其卓越的性能成为车迷心中的偶像。自保时捷汽车诞生以来，Porsche 就只代表一种坚持——纯种跑车。

这个意义绝非惊世骇俗的马力、极速或造型，而是百分之百赛车血统的荣耀。因赛车而生，从构思、设计、原型车到批量生产，每一个零配件都历经国际赛车场上无数极端的操控考验，在世人的赞叹声中，以傲人的纯种血统呼啸而过。

2. 保时捷车标

保时捷车标(见图 6.14)选用了公司所在的斯图加特市盾形市徽，以“PORSCHE”横写字样为盾冠，中间的黑马表明这里早在 16 世纪就以产名马而闻名，上有斯图加特(STUTTGART)字样，背景上的鹿角，告诉人们这里曾经是狩猎的好场所。整个车标以德国国旗原色黑红黄作为搭配，金黄的底色则表示成熟的麦子，预示五谷丰登，黑色代表肥沃的土地，红色象征人们的智慧和对大自然的钟爱。公司名称标在上方最显眼的地方，勾画了一幅美丽的田园景色，象征着公司辉煌的过去和美好的未来。

图 6.13　费迪南德·波尔舍

图 6.14　保时捷车标

6.1.5　欧宝汽车公司

1. 公司概况

欧宝(OPEL)汽车公司创建于 1862 年，创始人是亚当·欧宝(Adam Opel，见图 6.15)，曾译为奥贝尔。公司创业之初生产缝纫机，1887 年开始生产自行车，是当时德国最大的自行车生产商。1899 年，欧宝公司开始生产汽车。1924 年建成德国第一条生产汽车的流水线。1929 年美国通用汽车公司收购了欧宝 80%的股份，并于 1931 年收购了剩余的 20%股份，正式成为通用汽车百分之百的子公司。1979 年第一辆前轮驱动的汽车诞生。

由于受美国传统文化的影响，欧宝轿车外观糅合了美式的华贵和德式的精巧，很有特色。近年来，已经畅销全球的欧宝欧美佳(Omega)、威达(Vetra)、雅特(Astra)和赛飞利(Zafira)等品牌在世界各地权威轿车评选中获得多项大奖，这也是对欧宝汽车长期以来坚持的科技创新和精良工艺的最好肯定。

2. 欧宝车标

欧宝车标由图案和文字两部分组成。其中,闪电图案(见图6.16)代表着公司的技术进步和发展,像闪电一样划破长空,震撼世界,预示汽车如风驰电掣,同时也炫耀它在空气动力学方面的研究成就,它向公众着重传递的信息就是欧宝的基本价值观:创新性、灵活多样性、无穷动感和优异品质。OPEL字样取自创始人Adam Opel的姓氏。

图6.15 亚当·欧宝

图6.16 欧宝车标

6.2 美国主要汽车公司

6.2.1 通用汽车公司

1. 公司概况

通用汽车公司(General Motors Corporation)是全球最大的汽车公司,汽车产量居世界首位,被誉为"世界汽车巨人"。公司由威廉·杜兰特创建于1908年,总部位于美国密歇根州的汽车城底特律。

通用汽车公司用公司英文名称的前两个单词的第一个大写字母"GM"组成商标,蓝底白字,简洁明快(见图6.17)。

1910年,过快的发展使公司产生财政危机,杜兰特被免职。

1915年,杜兰特创立了雪佛兰汽车公司。通过秘密收购通用汽车公司的股票,1917年再次获得了通用汽车公司的控制权,重新担任公司总裁。

1917—1920年,杜兰特又先后购进了17家小汽车公司,4年内公司规模扩大了8倍,但分公司各自为政,产品重复,一系列的失误,导致了通用公司濒临倒闭。通用汽车公司被杜邦公司收购,杜兰特再次被免职。

图6.17 通用公司汽车商标

1923年,著名的"经营之神"阿尔弗雷德·斯隆(Alfred Sloan)担任公司总裁,建立了集中制定政策和分散管理模式,提出"为每一个消费者和每一种用途生产一种车"的产品策略,推出新雪佛兰轿车与福特公司相竞争,取得极大成功。1928年该公司成为世界上最大的汽车公司。斯隆担任汽车公司总裁长达23年，为通用公司的发展做出了卓越的贡献，也为全球开创了大集团公司现代管理的先河。

1929年，收购欧宝公司。

1931年，收购澳大利亚的霍顿汽车公司。

20世纪末，受世界经济危机、石油危机和汽车市场激烈竞争的影响，通用公司着眼于向全球市场扩张。先后与日本的丰田、铃木、五十铃、富士重工、德国的戴姆勒-奔驰、宝马、法国的雷诺、中国的上汽以及俄罗斯的瓦兹等汽车公司开展合作，生产和销售汽车。

2000年，完全收购瑞典绅宝汽车公司。

2002年，接手韩国大宇汽车公司，成立通用大宇汽车科技公司，被通用公司定为全球小型轿车开发基地。

2006年，大规模推广燃料电池车。

通用汽车公司是美国最早实行股份制和专家集团管理的特大型企业之一。通用汽车公司生产的汽车，是美国汽车豪华、宽大、内部舒适、速度快、储备功率大等特点的经典代表。而且通用汽车公司尤其重视质量和新技术的采用。因而通用汽车公司的产品始终在用户心中享有盛誉。

目前，通用汽车公司轿车生产有凯迪拉克、别克、雪佛兰、旁蒂亚克、奥兹莫比尔、土星六个分部和欧宝与沃克斯豪尔两个子公司。受国际金融危机影响，2009年6月通用公司向法院申请破产保护。一年半后，2010年11月完成了精简和改革，新公司重返华尔街。

2. 主要品牌及车标

(1) 凯迪拉克

凯迪拉克(Cadillac)汽车公司1902年由美国人亨利·利兰德(Henry Leland，见图6.18)建立，取名凯迪拉克是为了纪念底特律市的创建者——法国人安东尼·凯迪拉克。1909年凯迪拉克公司被并入通用公司，成为通用公司的一个分部，以生产豪华汽车和跑车著称，其突破性的外形设计和引领潮流的科技创新赢得了世人的推崇。1912年凯迪拉克第一次在汽车上装备电子启动、照明、点火装置；1914年，第一次使用冷却系统控制温度；1915年第一次研制出V型8缸高性能发动机；1974年凯迪拉克率先在所有车型上装备前排安全气囊。主要产品有赛威(Seville)、帝威(Deville)、凯帝(Catera)等。

凯迪拉克采用著名的花冠盾形徽章作为车标(见图6.19)，标志图案由冠和盾组成，象征着古代宗教战争中凯迪拉克家族尊贵的地位和强大的力量。"冠"表示皇家贵族血统，比喻凯迪拉克轿车的高贵、豪华、气派、风度；"盾"象征着凯迪拉克英勇善战、攻无不克，代表该车具有巨大的市场竞争能力，在汽车行业中居于领导地位。凯迪拉克车标前后共经过三十余次创新设计，新车标色彩明快、轮廓鲜明，整体以铂金颜色为底色。花冠保留了原有的色彩组合，金黄与纯黑相映，象征智慧与财富。盾牌由不同色彩的块面组成，红色象征行动果敢与追求创新；银白色代表纯洁、仁慈、美德与满足；蓝色代表着豪迈的骑士精神，再次勾画出凯迪拉克品牌经典、尊贵、突破、冒险与智慧相融合的精神。

(2) 别　克

别克(Buick)汽车公司是1903年由苏格兰人大卫·别克(David Buick，见图6.20)创建的，1904年被转手卖给通用公司创始人杜兰特。1908年杜兰特以别克公司为中心成立了通用汽车公司。现成为通用的别克汽车部，主要设计制造中档家庭轿车，具有大马力、个性化、实用性强和成熟的特点。它在许多方面居于领先地位,如首创顶置气门发动机、转向信号灯、染色玻璃、自动变速器等。主要产品有世纪(Century)、皇朝(Regal)、林荫大道(Electra/Parkavenue)等。1924 年,第一辆别克开始进入中国。

别克著名的“三盾”车标是一个圆圈中包含三个盾牌的图案(见图 6.21)。它的由来可以直接追溯到创始人苏格兰别克家族红色盾形标志的家徽。别克标志发展至今日为人所熟悉的“三盾”样式经历了近半世纪的演变过程。1959 年,为了纪念三款别克车型的推出,别克的商标图案重新设计成了三个依次排列在不同高度位置上的利盾,从左到右,颜色分别为红、白(后改为银白)、蓝。这三个利盾象征着别克汽车积极进取、不断攀登的精神,这也暗示着别克轿车采用顶级技术,是无坚不摧、勇于登峰的勇士。别克轿车的英文商标,取自于该公司创始人大卫·别克的姓氏。

图 6.18　亨利·利兰德和 1905 年凯迪拉克车

图 6.19　凯迪拉克车标

图 6.20　大卫·别克

图 6.21　别克车标

(3) 雪佛兰

雪佛兰(Chevrolet)汽车公司是 1911 年杜兰特离开通用后与瑞士赛车手路易斯·雪佛兰(见图 6.22)合建的公司。1918 年杜兰特回到通用后公司被并入通用,此后一直是通用公司最大的分部,主产经济型车及中、高级跑车。主要产品有卢米娜(Lumina)、星旅(Astro)、卡玛洛(Camaro)、克尔维特(Corvette)、美宜堡(Malibu)、万程(Venturo)、飞越运动厢体车(TransSport)等。1924 年,雪佛兰生产了第一辆配备了收音机设备的汽车。

雪佛兰商标包括文字和图形两部分。文字部分采用的是公司创始人瑞士赛车手兼工程师路易斯·雪佛兰的姓氏——Chevrolet,当时他在赛车界很有名。图形商标(见图 6.23)则是抽象化了的蝴蝶领结,它象征雪佛兰轿车的大方、气派和风度。这一蝶形领结标志来源于雪佛兰的另一创建者——杜兰特,他从巴黎酒店的墙纸上获得灵感,想到设计这个图形,1914 年该车首次使用。

图 6.22　路易斯·雪佛兰

图 6.23　雪佛兰车标

(4) 旁蒂亚克

旁蒂亚克(Pontiac)汽车公司原名奥克兰汽车公司。由一位马车商爱德华·墨菲(Edward Murphy)于 1907 年在旁蒂亚克市创建。旁蒂亚克是一个印第安酋长的名字,18 世纪他曾率部在底特律附近抵抗英法殖民者。为纪念他,把靠近底特律附近的一座小城命名为旁蒂亚克市。1908 年被并入通用公司。1925 年因生产的旁蒂亚克牌汽车受到欢迎,于是在 1932 年将奥克兰分部改名为旁蒂亚克分部,生产中档汽车。主要产品有太阳火(Sunfire)、博纳威(Bonneville)、格兰艾姆(GrandAm)、火鸟(Firebird)等。

旁蒂亚克汽车商标由两部分组成。其字母"PONTIAC"商标取自美国密执安州的一个地名;图形商标是带十字标记的箭头,它被镶嵌在发动机散热器格栅的上方(见图 6.24)。十字形标记表示"旁蒂亚克"是通用汽车公司的重要成员,也象征旁蒂亚克汽车安全可靠;箭头则代表旁蒂亚克的技术超前和攻关精神。另外,在旁蒂亚克火鸟轿车车尾,还使用一只抽象化了的鸟,象征旁蒂亚克具有火一样的热情和高瞻远瞩的志向。

图 6.24　旁蒂亚克车标

(5) 奥兹莫比尔

奥兹莫比尔(Oldsmobile)汽车公司由美国汽车业开创者之一兰索姆·奥兹(Ransom Olds,见图 6.25)建立于 1897 年,1908 年并入通用公司,是美国第一个大量生产销售汽车的企业,以产中档车为主。主要产品有阿莱罗(Alero)、曙光(Aurora)、短剑(Cutlass)、激情(Intrigue)、奥兹 88(Eightyeight)、摄政王(Regency)、剪影厢体车(Silhouette)等。

奥兹莫比尔的名称由"Olds"与"mobile"组成。"Olds"是创始人奥兹的姓,"mobile"在英文中是机动车的意思。奥兹莫比尔标志(见图 6.26)中的箭形图案代表公司积极向上和勇往直前的创新精神。

图 6.25　兰索姆·奥兹

图 6.26　奥兹莫比尔车标

(6) 沃克斯豪尔

沃克斯豪尔(Vauxhall)汽车公司前身是1857年由英国人亚历山大·威尔逊创建的蒸汽机制造厂,1903年开始制造汽车,1925年被通用收购,以生产高性能轿跑车而知名。

在13世纪,英国骑士Fulk Le Breant因为有卓越的军事才能,被英格兰国王约翰(Kingjohn)册封为牛津郡和赫特福德郡的郡王,并且授予他可佩带武器直接进入皇家卢顿庄园(Luton)的权利。不久之后,Fulk Le Breant选择狮身鹫首的怪兽(griffin)标志作为他的传令符号,属于他的土地被命名为Fulks Hall,经过多年的名称演变,最终为"沃克斯豪尔(Vauxhall)"。1857年在伦敦南部成立了沃克斯豪尔汽车公司,正式采用狮身鹫首的怪兽为公司的标志(见图6.27)。

图6.27 沃克斯豪尔车标

(7) 土　星

1985年,通用公司决定新建土星汽车分部(Saturn),试图开发先进的土星牌轿车以抵御外国轿车大规模进入美国市场。分部设在田纳西州春山(Spring Hill)市,是通用公司唯一从内部建立起来的公司。主要产品分为豪华轿车SL、旅行轿车SW和跑车SC。土星是通用汽车公司最年轻的品牌,不存在历史包袱,不存在有损传统的顾忌,以市场需求为准绳,创新立异轻装上阵,这就是土星汽车的特点。

土星标志为土星运行轨迹线,给人一种高科技、新观念、超时空的感觉,寓意土星汽车技术先进,设计超前且最具时代魅力(见图6.28)。

图6.28 土星车标

(8) 霍　顿

霍顿是澳洲人引以为豪的一个品牌。这个品牌自1856年就开始在澳洲使用。当时Holden公司主要从事运输及冶金用品的制造。1918年,Holden公司首次为顾客设计制造车身,此后渐渐涉足汽车制造行业。1931年,通用澳洲公司与Holden公司合并,成立通用-霍顿公司。1936年,该公司在墨尔本设立总部及生产、服务、销售等各个部门,汽车生产开始迅猛发展。

霍顿的标志是一只狮子滚球的红色圆形浮雕(见图6.29),其设计灵感来自一则古老传说:埃及狮子滚石头的情景启迪人类发明了车轮。今天的霍顿不但称霸澳洲车坛,还以锻造强劲发动机而闻名于世,那只红色雄狮也就更具象征意义。

图6.29 霍顿车标

(9) 悍　马

悍马(Hummer)是美国AMG公司的知名品牌,公司也因此而名扬世界。1999年通用从AMG获得了悍马的商标使用权和生产权,并设计了新款悍马H2(见图6.30)。悍马以其霸气、强悍和富有冒险精神的品牌形象高居越野车市场之首。

悍马的标志就是其英文名称"HUMMER"(见图6.31)。

图 6.30　悍马 H2

图 6.31　悍马车标

(10) 吉姆西

吉姆西(GMC)是通用载货汽车公司,成立于 1911 年,以生产皮卡为主。主要品牌有吉米(Jimmy)、喜来皮卡(Sierra Pickup)、迅马皮卡(Sonoma Pickup)等。

吉姆西的标志就是其英文名称“GMC”(见图 6.32)。

图 6.32　GMC 车标

萨博(又称绅宝)将在后面章节介绍。

6.2.2　福特汽车公司

1. 公司概况

福特(Ford)汽车公司由亨利·福特(Henry Ford,见图 6.33)先生与 11 位投资合伙人于 1903 年创立,总部设在美国密歇根州迪尔伯恩市。该公司最初是股份制,后来福特买下其他合伙人的股份,从而使其成为福特家庭的独占企业,使福特汽车公司一直具有浓厚的家族色彩。

图 6.33　亨利·福特

1908 年福特汽车公司生产出世界上第一辆属于普通百姓的汽车——T 型车(Model T),世界汽车工业革命就此开始。

1913 年,福特汽车公司又开发出了世界上第一条流水生产线,极大地提高了生产效率。这是世界汽车史上的伟大创举,是汽车产业的一次革命,对世界汽车工业发展和进步产生了重大影响。这一创举使 T 型车产量超过了 1 500 万辆,缔造了当时汽车单产世界纪录。福特先生为此被尊为“为世界装上轮子”的汽车大王。但福特在成绩面前变得保守起来,停止了新车型的开发研制,曾一度陷入困境。面对艰难,福特被迫推出新车型。今天福特公司仍然是世界一流的汽车企业。

1935 年,自创水星品牌。

1987 年,收购了阿斯顿·马丁(Aston Martin)75%的股份,1994 年又收购了其余的股份,2007 年又出售给英国一家财团。

1989 年,收购英国捷豹(Jaguar)汽车公司。

1993 年,推出福特首辆家庭型全球车福特蒙迪欧。

1996 年,增持日本马自达(Mazda)的股份,持股达到 33.4%,成为其最大的股东。

1999年,收购瑞典沃尔沃(Volvo)轿车业务。

2000年,福特从德国宝马公司购买了英国罗孚汽车公司的罗孚(Land Rover)品牌。

2008年,福特汽车公司正式宣布将捷豹和罗孚业务出售给印度塔塔集团。

2010年,中国吉利汽车公司收购了福特旗下的沃尔沃(Volvo)轿车业务。

2. 主要品牌

福特汽车公司旗下拥有福特(Ford)、林肯(Lincoln)、马自达(Mazda)和水星(Mercury)四大汽车品牌。

福特品牌主要的车型有A型车(Model A,见图6.34)、T型车(Model T,见图6.35)、雷鸟(Thunderbird)、野马(Mustang)、F系列(Fseries)、雅士(Escort)、特使(Taurus)、稳达(Windstar)、皇冠维多利亚(CrownVictoria)、伊普拉(Explorer)、全顺(Transit)、嘉年华(Fiesta)、福克斯(Focus)及蒙迪欧(Mondeo)等。

图6.34 1903年福特A型车

图6.35 1910年福特T型车

林肯(Lincoln)汽车是福特汽车公司拥有的第二个品牌,以美国历史上的第十六任总统林肯命名。公司由亨利·利兰德先生于1907年创立,正因为他创造了凯迪拉克和林肯两种车型,所以被誉为美国汽车工业界的"精密生产大师"。1922年,福特公司收购了林肯汽车公司,成立了林肯部,生产"林肯"牌高级轿车。它是第一辆以总统的名字命名、为总统生产的汽车。由于林肯车杰出的性能、高雅的造型和无与伦比的舒适,自1939年以来一直被白宫选为总统专车。它最出名的一款车是肯尼迪总统乘用的检阅车。林肯品牌著名的产品有:大陆(Continental)、马克八世(Mark Ⅷ)、城市(Town Car)和领航员(Navigator)等。目前在中国使用的林肯轿车多为"城市"(见图6.36)。

水星(Mercury)汽车是1935年应亨利·福特之子埃兹尔·福特提议而开发的中档汽车品牌。它一直是创新和富于个性的美国车的代表。水星品牌的著名产品主要有卡普里(Capri)、美洲狮(Cougar)、水貂(Sable)、村民(Villager)、登山者(Mountainer)、环宇(Mystique)和大公爵(Grand Marquis)等。1949年,林肯部和水星部合并为一个部。该部生产的"林肯大陆"牌轿车,一直是美国总统的座车。

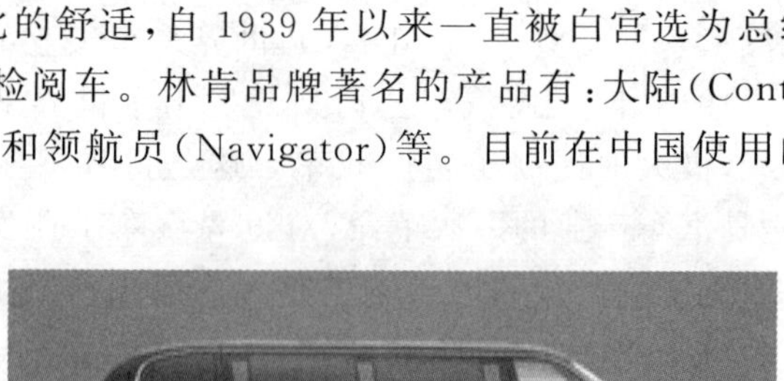

图6.36 林肯城市加长轿车

马自达和沃尔沃将在后面章节介绍。

3. 汽车商标

福特汽车公司的商标是蓝底白字的英文“Ford”字样，取自创始人亨利·福特的姓氏。福特生前十分喜爱动物，他经常忙里偷闲访问动物专家，读有关动物的书籍和报纸，他在这个领域也有较深的造诣。1911 年，商标设计者为了迎合亨利·福特的嗜好，就将英文“Ford”设计成为形似奔跑的白兔形象，以博福特的欢心。被艺术化了的“Ford”形似活泼可爱、充满活力、美观大方的小白兔(见图 6.37)。“Ford”犹如在温馨的大自然中，有一只可爱温顺的小白兔正在向前飞奔，象征福特汽车奔驰在世界各地，令人爱不释手。

福特·野马汽车是由福特汽车公司原总裁李·艾柯卡(Lee Iacocca)在 20 世纪 60 年代初亲自主持研发的运动型轿车，个性突出，深受年轻人喜爱。其车标采用了一匹正在奔驰的野马，这是墨西哥和美国加利福尼亚州出产的一种名贵野马，它身强力壮、善于奔跑，寓意该车的速度极快。“眼镜蛇”汽车是“野马”的改装版，眼镜蛇的动力性能比野马更加出色，外观也比野马更具野性。它们的车标如图 6.38 所示。

图 6.37　福特车标

图 6.38　福特·野马和眼镜蛇车标

林肯车标是镶嵌在车头正中长方形围绕的十字星，象征着尊严和庄重(见图 6.39)。

福特水星以太阳系中的水星作为车标，其图案是在一个圆中有三个行星运行轨迹，很容易让人联想到福特汽车具有太空科技和超时空的创造力(见图 6.40)。

图 6.39　林肯车标

图 6.40　水星车标

6.2.3　克莱斯勒汽车公司

1. 公司概况

克莱斯勒汽车公司是美国的三大汽车公司之一，由沃尔特·克莱斯勒(Walter Chrysler，见图 6.41)在马克斯韦尔(Maxwell)汽车公司的基础上，于 1925 年创立，总部设在美国底特律。

1928 年成立了普利茅斯(Plymouth)部，生产中低档经济型轿车，而克莱斯勒部主要生产高档豪华车。同年收购了道奇兄弟(Dodge Brothers)汽车公司。

1934年克莱斯勒公司生产的艾弗罗(Airflow)小客车,首先采用了流线型的车身外形。同年最早研发应用整张曲面挡风玻璃。

1951年率先研制出采用半球形燃烧室的发动机,并给它起名为赫姆(Hemi)发动机。

1987年并购了以生产轻型四轮驱动汽车著称的美国汽车公司(AMC),成立了鹰-吉普(Eagle-Jeep)部。

1998年与德国戴姆勒-奔驰汽车公司结盟成立了戴姆勒-克莱斯勒汽车公司。

图6.41　沃尔特·克莱斯勒

2007年戴姆勒-克莱斯勒公司宣布将旗下克莱斯勒公司80.1%的股权出售给美国瑟伯勒斯(Cerberus)资本管理公司,并单独成立克莱斯勒控股公司(Chrysler Holding LLC)。

受国际金融危机影响,公司2008年接收政府紧急救援款援助,2009年向政府申请破产保护。

2014年1月,克莱斯勒公司被菲亚特公司收购,克莱斯勒成为其旗下的全资子公司。同时,菲亚特克莱斯勒汽车(FCA)宣布成立,成为全球第七大汽车制造商。

2. 主要品牌

克莱斯勒汽车公司拥有克莱斯勒(Chrysler)、道奇(Dodge)、普利茅斯(Plymouth)和吉普(Jeep)等汽车品牌。

克莱斯勒品牌旗下著名车型有PT漫步者(Cruiser)、君王(LHS)系列、赛百灵(Sebring)、白杨(Aspen)、太平洋(Pacifica)、大捷龙(Grand Voyager)、交叉火力(Crossfire)、城镇和乡村(Town & Country)、300系列(该系列第一辆汽车发动机功率达到300马力)、铂锐等。

道奇汽车公司是1914年由道奇兄弟(见图6.42)约翰·道奇(John Dodge)和霍瑞斯·道奇(Horade Dodge)创建的。1923年首次推出了全钢制封闭式车身的轿车。1925年首次采用了汽车外表面光亮喷漆工艺。1928年被克莱斯勒汽车公司收购。主要车型有蝰蛇(Viper)跑车、无畏(Intrepid)、隐形(Stealth)、小精灵(Spirit)、影子(Shadow)、霓虹(Neon)、小马(Colt)、凯领(Caravan,又称捷龙)、酷搏(Caliber)、锋哲(Avenger)、拓远者(Durango)等。

普利茅斯又称顺风,是克莱斯勒汽车制造公司在康采恩的分部,主要生产价格低于克莱斯勒和道奇的车型,出于品牌战略的考虑,2002年Plymouth品牌随风而逝。

吉普是英文JEEP(GP——General Purpose)的音译,表示多用途汽车。鹰·吉普部是美国克莱斯勒汽车公司专门生产轻型吉普车(见图6.43)的部门,是克莱斯勒并购美国汽车公司(AMC)之后,于1980年成立的子公司。主要车型有牧马人(Wrangler)、切诺基(Cherokee)、自由(Liberty)和大切诺基(Grand Cherokee)等。美国的克莱斯勒、英国的罗孚、日本的丰田被称为世界吉普生产厂家的"三剑客"。

图6.42　道奇兄弟

图6.43　鹰·吉普车

3. 汽车商标

克莱斯勒公司商标像一枚五角星勋章(见图 6.44),体现了克莱斯勒家庭和公司员工的远大理想和抱负,以及永无止境的追求和在竞争中获胜的奋斗精神。正五边形被五星分割成 5 个部分,表示五大洲都在使用克莱斯勒汽车公司的汽车,喻示着克莱斯勒公司的汽车遍及全世界。

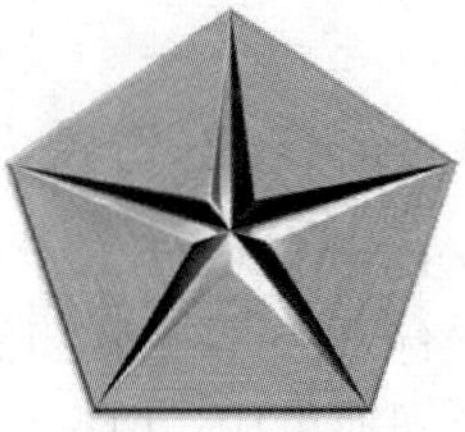

图 6.44　克莱斯勒商标

克莱斯勒车标在设计上曾一度变更,最初,它有一个银色的飞翔标志和金色的克莱斯勒印章。1951 年为庆祝新型 V8 内燃机的诞生,这个标志曾被改为风靡一时的圆形徽章。随着公众喜好的变化,1957 年以后,公司不再使用此标志。从 1963—1993 年,公司所有汽车转用克莱斯勒五角星标志。1994 年又恢复使用金色徽章车标。1998 年银色的飞翔标志和金色的徽章又重新被采用(见图 6.45),象征着克莱斯勒的欣欣向荣。

道奇汽车文字商标采用道奇兄弟的姓氏“Dodge”,图形商标(见图 6.46)是在一个五边形中有一个羊头形象,在汽车上使用小公羊、大公羊两个商标。该商标象征道奇车强壮剽悍,善于决斗,表示道奇部的产品朴实无华,美观大方。道奇·蝰蛇的车标如图 6.47 所示。蝰蛇是美国最凶猛的蛇种之一,用它作车标其用意就在于此。所用的图形商标是一条张着血盆大口的蝰蛇,象征该车勇猛无比,动力强劲,跑劲十足。

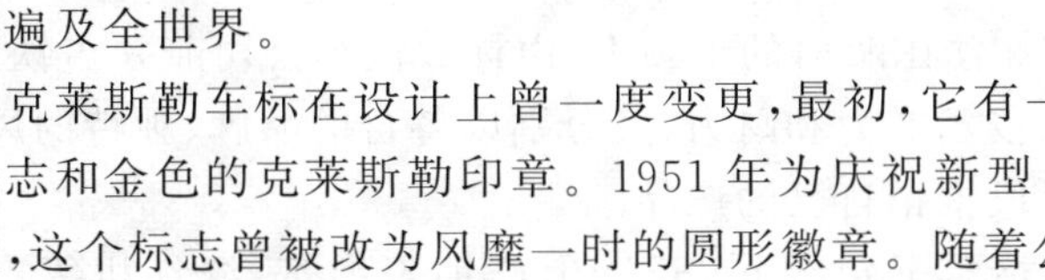

图 6.45　克莱斯勒车标

图 6.46　道奇车标

普利茅斯是当年英国向美国迁移僧侣的港口,顺风部的产品就用普利茅斯来命名;图形商标用僧侣曾乘坐过的帆船“珠夫拉瓦”号的船帆作为图案(见图 6.48),体现普利茅斯的创造精神。

鹰·吉普的车标是一只雄鹰(见图 6.49),鹰在美国被喻为神鸟,象征着矫健、强悍和自豪。也表示具有雄鹰的优秀品质,能迎风斗险,勇攀技术高峰。

图 6.47　道奇·蝰蛇车标

图 6.48　普利茅斯车标

图 6.49　鹰·吉普车标

6.3 法国汽车公司

6.3.1 标致-雪铁龙集团

1. 集团概况

标致-雪铁龙集团简称PAS,1976年在法国政府的干预下,由标致汽车公司兼并雪铁龙汽车公司而组成。两家公司共同享有生产、技术实力和财力,又分别以各自的品牌、独特的风格,在各自的销售网络中,用不同的政策和手段推销自己的产品。

1819年,标致(Peugeot)家族成立了标致兄弟公司,开始生产钟表弹簧、缝纫机等产品。1882年公司开始生产自行车。1889年,标致兄弟与他人合作生产蒸汽机汽车,并在法国世界博览会上展示了一台蒸汽机驱动的三轮车(见图6.50),向世人宣示了其进军汽车业的野心。1890年标致兄弟成功开发出一辆搭载戴姆勒汽油机的四轮汽车(见图6.51),这也是法国的第一部汽油车。1896年,标致汽车公司正式成立,创始人阿尔芒·标致(Armand Peugeot,见图6.52),总部设在法国巴黎。

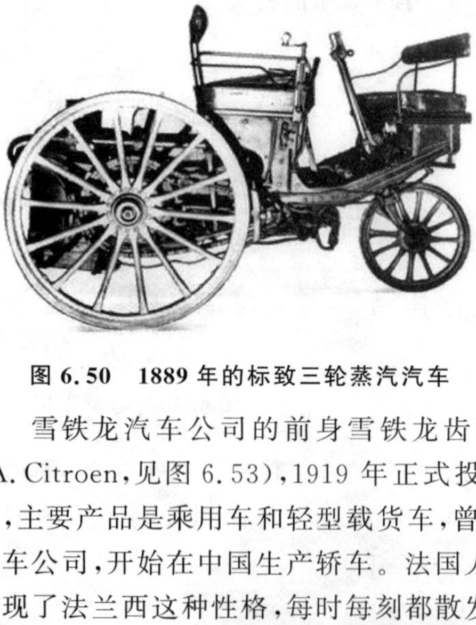

图6.50 1889年的标致三轮蒸汽汽车

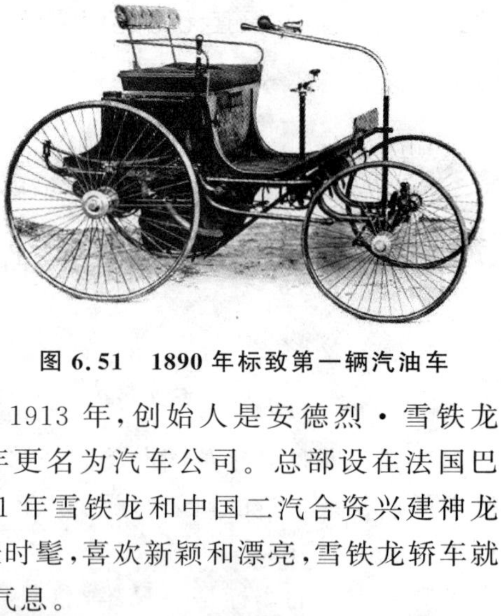

图6.51 1890年标致第一辆汽油车

雪铁龙汽车公司的前身雪铁龙齿轮公司,创立于1913年,创始人是安德烈·雪铁龙(A. Citroen,见图6.53),1919年正式投产汽车,1924年更名为汽车公司。总部设在法国巴黎,主要产品是乘用车和轻型载货车,曾风靡一时。1991年雪铁龙和中国二汽合资兴建神龙汽车公司,开始在中国生产轿车。法国人生性开朗,爱赶时髦,喜欢新颖和漂亮,雪铁龙轿车就表现了法兰西这种性格,每时每刻都散发着法国的浪漫气息。

图6.52 阿尔芒·标致

图6.53 安德烈·雪铁龙

2. 主要品牌

标致-雪铁龙集团主要汽车品牌有标致(Peugeot)和雪铁龙(Citroen)。

为了方便辨识旗下众多产品,标致于 1929 年起采用数字命名体系,极具特点的数字命名体系已成为标致的历史传统。中间为 0 的三位数字标识其乘用车产品:第一位数字是车系,与车的尺寸有关;第二位数字始终是 0,在中间补位,是连接所属车系数字和年代数字的纽带;第三位数字标明代系。三位数字可以衍生出许多种组合,而标致已经将 101~909 的数字组合全部注册为它的汽车商标,如 205、206、306、307、406、607、807 等。数字越大,档次也越高,有两厢、三厢、CC——电动硬顶敞篷跑车、RC——运动版、SW——运动旅行车等车型;另外还有商用车系列。

雪铁龙汽车的代表车型有 ZX、萨纳(Xsara)、毕加索(Picasso)、C2、C3、C4、C5、C6 等。

3. 汽车商标

标致汽车公司的车标是一只站立的雄狮。标致祖先到美洲、非洲探险,在那里发现了惊人的狮子,因此雄狮成为标致家族的徽章,也是标致公司总部所在地法国蒙特贝利亚德省的省徽。雄狮标致表示威武、敏捷,永远保持旺盛的生命力,既突出了标致汽车的力量,又强调了节奏感。图 6.54 显示了标致车标的演变过程。狮子的历史起始于 1847 年,标致两兄弟委托蒙特贝利亚德地方最好的铸铁匠为自己制造的工具设计一个标识,使之成为以钢锯为首的工具产品的品牌。他们要设计一个狮形,因为在他们的理念中,这代表了标致刀片的主要质量:锯齿的坚固像狮子牙齿,刀片的灵活性像狮子的脊柱,刀片的速度像狮子腾跃。在众多设计方案中,两兄弟选择了行于箭上的狮子侧影。1850 年,狮形首次出现于标致牌锯条产品上。现代标识诞生于 1980 年,1998 年加以修改,2002 年最终确立目前使用的"蓝色标识"。线条遒劲、棱角分明的狮子标识出现在所有的标致产品上以及销售服务店的建筑墙面上。

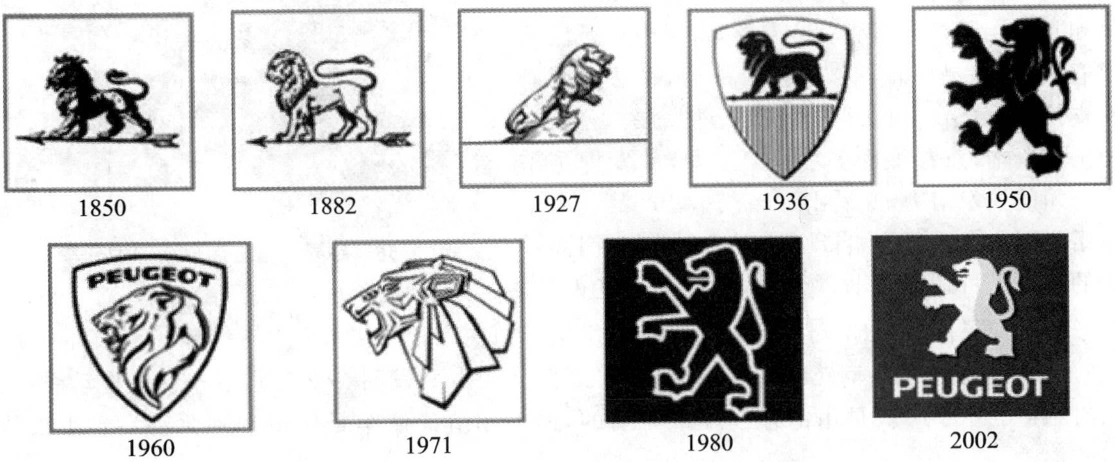

图 6.54　标致车标的演变过程

1900 年,安德烈·雪铁龙发明了人字形齿轮。1912 年,安德烈·雪铁龙开始用人字形齿轮作为雪铁龙公司产品的商标。从此,这种人字形条纹齿轮便成了雪铁龙公司的象征(见图 6.55),也是一直延续至今的雪铁龙汽车标识。2009 年 2 月,雪铁龙在巴黎举行盛大仪式,正式发布其全新品牌标识。新的品牌标识仍以双人字标为基础,同时整体采用富有金属感的色泽,轮廓更立体圆润,极富时尚、现代气息(如图 6.55 右图所示)。双人字造型是雪铁龙标识永恒的主题。新标识延承的双人字造型代表了雪铁龙的“人本精神”。

图 6.55 雪铁龙车标

6.3.2 雷诺汽车公司

1. 公司概况

雷诺汽车公司是法国第二大汽车公司,是被誉为“法国汽车工业之父”的路易·雷诺(Louis Renault,见图 6.56)和其他两兄弟于 1898 年创立的,雷诺也是汽车直接驱动技术的先驱。公司总部设在法国比杨古(Billancourt)。

雷诺公司第一次大发展是在一次世界大战中,它为军队生产枪支弹药、飞机,并设计出轻型坦克车,使雷诺公司大发战争财。战争结束后,公司转向农业机械和重型柴油汽车生产,其柴油机核心技术处于世界领先地位。二战期间,雷诺公司为德国法西斯效劳,为德国军队提供大量坦克、飞机发动机和其他武器。因而战争结束后,雷诺公司被法国政府接管,路易·雷诺被逮捕。战后,在法国政府的支持下,雷诺公司获得第二次大的发展。公司利用国家资本,兼并了许多小汽车公司,并发挥了雷诺公司的技术潜力,开发出许多汽车新产品。由于雷诺集团本身有机床、自动化、电子分公司,因而雷诺的汽车厂机械设备非常先进,自动化程度很高。电子技术成果能较快地应用在汽车上,也使雷诺公司在汽车高技术上占有优势。

图 6.56 路易·雷诺和他生产的汽车

1899 年制造了一辆轻型四轮车,配有雷诺自己的专利发明——变速箱和直接传动系统。当时制造的车子一般是用链条或皮带驱动的,而他制造的汽车是用传动轴驱动后轴上的锥齿轮。

1999 年雷诺汽车公司通过收购股份成为日本日产汽车公司的第一大股东,又先后兼并了罗马尼亚达契亚汽车制造厂和韩国三星汽车公司,并和日产汽车公司结为雷诺-日产联盟。

2. 主要品牌

雷诺汽车公司主要拥有雷诺(Renault)、达契亚(Dacia)、三星(3 - Star)等品牌。

雷诺主要车型有梅甘娜(Megane)、克丽欧(Clio)、拉古娜(Laguna)、丽人行(Twingo)、太空车(Espace)。

达契亚汽车是于 20 世纪 60 年代中期成立的罗马尼亚达契亚轿车厂的品牌。1997 年，雷诺汽车公司获得达契亚汽车制造厂 51%的股份。其主要车型有 Solenza、Logan 等。

三星汽车是于 1997 年成立的韩国三星汽车公司的品牌。2000 年被雷诺汽车公司并购。目前主要车型有 SM3、SM5 等。

3. 汽车商标

雷诺汽车的名字直接来自它的创始人路易・雷诺(RENAULT)。公司的标志及汽车商标均为四个菱形相叠在一起的菱形状图案(见图 6.57)，象征雷诺三兄弟与汽车工业融为一体，表示雷诺能在无限的四维空间中竞争、生存、发展。

达契亚和三星的车标分别如图 6.58 和图 6.59 所示。

图 6.57　雷诺车标

图 6.58　达契亚车标

图 6.59　三星车标

6.4　英国汽车公司

6.4.1　劳斯莱斯汽车公司

1. 公司概况

1904 年，第一辆完全由英国电气工程师莱斯自己设计制造的汽车驶出他自己工厂的大门(见图 6.60)。这辆车用按钮启动，运行十分平稳流畅，噪音很小，而且不像当时的汽车那样经常出现故障。法国汽车经销商劳斯看到这辆双缸发动机汽车后，受到极大震撼，一下子就意识到这就是他想要的高品质的汽车。1906 年，莱斯(Royce)和劳斯(Rolls)(见图 6.61)合作创建了劳斯莱斯(又译为罗尔斯-罗伊斯)汽车公司。他们两人的出身、爱好、性格完全不同，但对汽车事业的执着与向往，使他们成为一对出色的搭档。

图 6.60　1904 年生产的劳斯莱斯汽车

图 6.61　劳斯与莱斯

劳斯莱斯汽车制作精细，材质优良，坚持以制造贵族化的汽车为宗旨，以其古朴、典雅、庄重而著称。尽管年产量只有几千辆，但物以稀为贵，产品享誉全球，成为汽车王国雍容华贵的唯一标志。其之所以显示地位和身份，是因为该公司要审查轿车的购买者的身份和背景条件，曾有过这样的规定：只有贵族身份才能成为其车主。伊丽莎白女王1952年登基后，逐步用劳斯莱斯取代了梅赛德斯-奔驰轿车。1955年劳斯莱斯被授权皇室专用徽章。

1931年，劳斯莱斯公司收购了本特利汽车公司。1998年大众汽车公司购买了劳斯莱斯汽车公司。而在收购劳斯莱斯中败下阵来的宝马汽车公司在当年7月以4 000万英镑购买了劳斯莱斯的商标，并与大众汽车公司签署了一项协议：从1998年起，大众公司拥有5年的劳斯莱斯商标使用权，期限至2002年底；从2003年起，劳斯莱斯品牌自动归宝马公司所有，大众公司则拥有劳斯莱斯公司的另一品牌——本特利。

2. 主要品牌

劳斯莱斯汽车公司的主要品牌有劳斯莱斯和本特利。

劳斯莱斯汽车主要车型有银天使、幻影(见图6.62)等。

本特利(又译为“宾利”)是英国本特利汽车公司的品牌。该公司由沃尔特·本特利(Walter Bentley，见图6.63)于1919年成立，1931年被劳斯莱斯兼并。本特利与劳斯莱斯实际上是同一类车，只不过根据不同的用户，将两车做得各有特色，魅力不同而已，相比之下前者更偏重于运动型、紧凑型、大功率，满足富有的年轻人追求高速驾驶、寻求刺激的需要。从2002年开始，本特利取代了劳斯莱斯成为英国皇室唯一指定的汽车品牌，并成为英国女王登基50周年庆典座驾。

图6.62 劳斯莱斯幻影

图6.63 沃尔特·本特利

3. 汽车商标

劳斯莱斯汽车有两个著名汽车标志——平面车标和立体车标。平面车标图案采用两个“R”重叠在一起，寓意你中有我，我中有你的共同创业的精神，体现了公司创始人劳斯(Rolls)和莱斯(Royce)两人紧密合作、融洽和谐的关系。当两位创始人先后去世后，公司的继承人将双“R”车标由红色改为黑色，以示纪念。立体车标是一尊众所周知的“飞翔女神”，她弯腰站立在尊贵的劳斯莱斯车头上，双臂后伸，身披轻纱，迎风前行，光彩夺目。这个标志的创意取自巴黎卢浮宫艺术品走廊的一尊有两千年历史的胜利女神雕像，她庄重高贵的身姿是艺术家们产生激情的源泉。从1911年起，“飞翔女神”正式镶嵌在劳斯莱斯车头上(见图6.64)。

本特利轿车商标是一只展翅翱翔的雄鹰，鹰的腹部注有公司名字“BENTLEY”的第一个大写英文字母“B”(见图 6.65)。“鹰”形商标,喻示着本特利公司在全球范围内的无限发展能力。

图 6.64　劳斯莱斯车标

图 6.65　本特利车标

6.4.2　捷豹汽车公司

图 6.66　威廉·里昂斯

捷豹(Jaguar,又称美洲虎)汽车公司是英国人威廉·里昂斯(William Lyons,见图 6.66)在 1922 年创建的,以制造摩托车的边斗车起家。1931 年转型生产汽车,1935 年公司改名 SS(Swallow Sports)汽车公司,取其轻灵似燕之意,1945 年里昂斯把 SS 汽车公司更名为捷豹汽车公司,以生产豪华运动车而闻名于世。20 世纪 60 年代,捷豹公司兼并了多家汽车公司,包括英国戴姆勒汽车公司和英国汽车公司(BMC)。1989 年,被福特汽车公司以控投方式收购。2008 年,福特汽车公司又将捷豹业务出售给印度塔塔集团。捷豹汽车有着浓郁的英国风味,由于限量生产和品牌的含金量,在全球车迷心目中树立了典雅高贵、英国绅士般的形象,外形独具风格,内饰豪华细致,动力输出强劲。

捷豹的主要车型有 XK 型(豪华跑车)、XJ 型(高档豪华轿车)、X 型(中低档豪华轿车)、S 型(中高档豪华轿车)、XF 型(运动豪华轿车)等。

捷豹车标为一只正在纵身跳跃的美洲虎雕塑,造型生动,形象简练,动感强烈,蕴涵着力量、矫健与勇猛,形神兼备,具有时代感与视觉冲击力,它既代表了公司的名称,又表现出向前奔驰的力量与速度,象征该捷豹车如猛虎一样驰骋于世界各地。后来,又出现了一种美洲虎的浮雕头像,怒目咆哮,盛气凌人,成为美洲虎运动车的另外一种标志,体现了该车的名贵和公司的雄心勃勃(见图 6.67)。

图 6.67　捷豹车标

6.4.3 罗孚汽车公司

1. 公司概况

罗孚(Rover)汽车公司成立于1877年,以生产自行车起家。1904年开始生产汽车,世界上第一辆拥有中央底盘的8马力汽车在罗孚公司诞生(见图6.68),仍以“罗孚”为车牌名。1948年,罗孚在轿车的基础上增加了四轮驱动和多功能车身,这就是世界闻名的越野车品牌——陆虎(Land Rover)的第一辆车。1950年推出世界第一台废气涡轮增压发动机。1966年罗孚公司先被卡车制造商英国利兰(Leyland)公司收购。1952年,奥斯汀(Austin)汽车公司与莫里斯(Morris)汽车公司合并,组成英国汽车公司(British Motor Corporation,BMC);1968年,BMC联手捷豹汽车公司、凯旋(Triumph)汽车公司与利兰汽车公司成立利兰汽车集团后,罗孚与凯旋、捷豹合并为专业高端汽车制造厂。1986年,公司更名为罗孚集团(Rover Group)。1988年,罗孚集团被英国最大的军工企业不列颠航天公司收购。1994年,被德国宝马汽车公司接管,此后包括捷豹在内的许多子公司被出售。2000年再次被宝马卖给了英国凤凰财团,而福特汽车公司向宝马公司购买其旗下所有四轮驱动系列产品,包括揽胜(Range Rover)、发现(Discovery)、神行者(Free Lander)和卫士(Defender)等。2005年4月,这艘英国汽车工业的大船再也无法前行,最终宣布破产;这一年南京汽车集团有限公司成功收购了英国MG罗孚汽车公司及其发动机生产分部,开创了中国企业收购国外著名汽车企业的先河,收购合并之后的公司叫南京名爵汽车有限公司。2008年,福特汽车公司又将罗孚业务出售给印度塔塔集团。

图6.68 1904年产罗孚汽车

2. 主要品牌

罗孚汽车公司是英国一家古老的汽车公司,也是世界上最好的四轮驱动车制造商,历史上经历了与许多汽车公司的分分合合。公司的汽车品牌也是如此,主要有罗孚(Rover)、名爵(MG)、迷你(Mini)等。

罗孚汽车包括轿车和越野车,各有很多系列。

名爵汽车是英国莫里斯汽车公司创建的品牌。1910年,威廉·莫里斯建立了莫里斯车库(Morris Garages),简称MG。十年后,他从汽车经销改为制造和研发。1920年,第一辆莫里斯汽车在小镇考利被制造出来。至此,MG走上了辉煌的汽车研发之路。威廉·莫里斯执着于自己的汽车工业家的梦想,一生致力于汽车和慈善事业,曾经被授予诺非尔德勋爵称号。

迷你汽车是英国汽车公司受当时石油危机的影响,于1959年推出的微型汽车品牌,现属于宝马汽车公司旗下。英国汽车公司由1905年创建的奥斯汀汽车公司与莫里斯汽车公司合并而成。多年来,奥斯汀汽车公司以生产经济型小轿车而闻名于世。

3. 汽车商标

罗孚车标源自维京人(Viking)——北欧海盗的代表。标志上部是品牌名称“ROVER”,

Rover 在英语中有流浪者、航海者之意；下部是一艘乘风破浪航行的海盗船，深红色的船帆，佩戴头盔的维京人头像屹立在船头，象征着罗孚人永不满足、不断向前、所向披靡的大无畏精神（见图 6.69）。陆虎是全球著名的越野汽车，标志就是英文“LAND-ROVER”（见图 6.70）。整个标志的主色调是绿色与乳白色；椭圆形的外形，象征着我们生活的地球；三个环象征完美，有一种向外延伸的动感；内部有字样“LAND-ROVER”，乳白色凸显于绿色之中，带给人一种纯净、素洁的感觉；而绿色的背景，由左上至右下由明到暗的渐变，展现出它独特的立体感，柔和而自然。

名爵车标采用八角形形状的 MG（见图 6.71），一方面出于对创始人诺非尔德勋爵莫里斯的敬意，另一方面八角形的标志蕴涵着独特的英国传统和文化，它象征着热情、忠诚，让人感受着独特的绅士品味和英格兰风情。

迷你汽车使用过很多不同图案的车标，现在的车标（见图 6.72）是由 1990 年的车标演变而来，是一个插上翅膀的车轮。

图 6.69　罗孚车标

图 6.70　陆虎车标

图 6.71　名爵车标

图 6.72　迷你车标

6.4.4　阿斯顿·马丁汽车公司

阿斯顿·马丁（Aston Martin）原是英国豪华轿车、跑车生产厂。建于 1913 年，创始人是莱昂内尔·马丁（Lionel Martin）和罗伯特·班福德（Robert Bamford），公司设在英国新港市。马丁是一个有钱的赛车手，班福德是一名工程师。1913 年两人合作开始制造高档赛车，公司当时的名称是马丁·班福德公司，1914 年他们生产出自己的第一辆汽车。马丁曾驾驶自己制造的赛车在阿斯顿·克林顿山举行的山地汽车赛中获胜，为了纪念胜利，1923 年马丁把公司及其产品都改名为阿斯顿·马丁。胜利带来荣誉却没能带来利润，公司业绩不佳而被反复转卖。1947 年公司卖给了拖拉机制造商戴维·布朗，他成为阿斯顿·马丁公司历史上影响最大的主人。同年他买下了另一家著名超级跑车厂拉贡达公司，公司改名为阿斯顿·马丁·拉贡达公司。他以字母 DB（戴维·布朗的名和姓的前两个字母）为公司的汽车命名，这一命名方法持续至今。到 20 世纪 60 年代，阿斯顿·马丁曾有过一个辉煌的时期，但好景不长，公司很快又陷入了困境，负债累累。1972 年戴维·布朗不得不把占有了 25 年的公司出售。在这之后公司又开始频繁更换主人，1987 年公司终于被美国福特公司相中，收购了 75% 的股份，1994 年又收购了其余的股份，从此阿斯顿·马丁成为福特汽车的品牌之一。2007 年福特已将其高价出售给了由英国企业家戴维·理查兹（David Richards）所主掌的一家财团，后者同时还是知名改装厂 Prodrive（位于英国牛津郡）的创始人兼主席。

阿斯顿·马丁以生产敞篷旅行车、赛车和限量生产的跑车而闻名于世，一直是造型别致、精工细作、性能卓越的运动跑车的代名词。著名车型有 DB5、DB6、DB7、飞鼠（Vantage）等，其中 DB7（见图 6.73）是该公司的拳头产品，具有浓郁的英国古典气质。

阿斯顿·马丁汽车标志为一只展翅飞翔的大鹏(见图6.74),分别注有ASTON MARTIN或LACONDA英文字样。喻示该公司像大鹏一样,具有从天而降的冲刺速度和远大的志向。

图6.73　阿斯顿·马丁DB7跑车

图6.74　阿斯顿·马丁车标

6.5　意大利汽车公司

6.5.1　菲亚特集团

1. 集团概况

菲亚特汽车公司1899年7月始建于意大利都灵市,公司全称是意大利都灵汽车制造厂(Fabbrica Italiana di Auto-mobili Torino,FIAT)。主要创始人是乔瓦尼·阿涅利(Giovanni Agnelli)。菲亚特是该公司缩写的译音,也是该公司产品的商标。菲亚特是世界上第一个生产微型车的汽车生产厂家。集团总部设在意大利都灵市。

1911年,制造出FIAT 300(见图6.75),发动机功率213 kW,最高时速达290 km,创造了当时的世界纪录。

1957年,推出FIAT500(见图6.76),拥有空气冷却的双气缸。

图6.75　1911年产FIAT 300

图6.76　FIAT 500

1967年,与苏联瓦兹汽车公司合作生产FIAT124型轿车(即LADA牌轿车)。

1969年,菲亚特集团以强大的经济实力收购了蓝旗亚汽车公司,并购买了法拉利车厂的50%的股份,把世界跑车业的第一品牌法拉利归到自己旗下。

1986 年,从意大利政府手中收购了阿尔法-罗密欧汽车公司。

1993 年,收购了玛莎拉蒂汽车公司。

1999 年,与我国南京跃进汽车集团合资组建南京菲亚特合资公司。

2000 年,菲亚特集团与通用汽车公司签订合作协议,通用拥有菲亚特 20%的股权,菲亚特持有通用 5.1%的股份,并有权迫使通用在 2005 年后买下菲亚特集团的剩余股份。2005 年 3 月,通用公司以支付 20 亿美元的赔偿金结束了与菲亚特的合作关系。

2007 年,菲亚特集团重组成立 4 个全资子公司:菲亚特汽车公司、阿尔法-罗密欧汽车公司、蓝旗亚汽车公司和菲亚特轻型商用车公司。

2014 年,与美国克莱斯勒公司合并,成立为全新的菲亚特克莱斯勒汽车公司。

菲亚特集团几乎垄断了意大利汽车、拖拉机、工程机械、飞机制造、生物工程、土木工程以及能源工程等许多技术生产领域,这在世界汽车工业中也是罕见的。

2. 主要品牌

菲亚特集团拥有菲亚特(FIAT)、阿尔法-罗密欧(Alfa Romeo)、蓝旗亚(Lancia)、法拉利(Ferrari)、玛莎拉蒂(Maserati)、阿巴特(Abarth)、奥托比安西(Autobianchi)等汽车品牌。

菲亚特汽车品牌主要有熊猫(Panda)、派力奥(Palio)、朋多(Punto)、乌利斯(Ulysse)、巴盖达(Barchetta)、玛丽亚(Marea)、博悦(Bravo)、布拉瓦(Brava)、多宝(Doblo)、古贝(Coupe)、领雅(Linea)、短剑(Stilo) 、Croma、Albea、Idea 等车系。菲亚特轿车的紧凑楔形造型线条简练、优雅精巧、极富动感、充满活力,处处显现拉丁民族热情、浪漫、机敏、灵活的风格,引导着世界汽车造型的潮流。

阿尔法-罗密欧汽车由意大利著名设计师设计,有着浓烈的意大利风采、优雅的造型和超群的性能,在世界车坛上一直享有很高的声誉。现虽为菲亚特的子公司,但仍保留它的商标。阿尔法公司(Anonima Lombarda Fabbrica Automobili,ALFA)于 1910 年在意大利米兰(Milano)成立。

1915 年,尼古拉・罗密欧加入阿尔法车厂经营,1919 年掌握了公司的经营大权,并于 1920 年将公司更名为阿尔法-罗密欧公司,主要生产跑车和赛车。新的阿尔法-罗密欧 147、156、GT(见图 6.77)、Spider 等,都是数一数二的精品。

图 6.77　阿尔法-罗密欧 GT

蓝旗亚也译成蓝西亚,在众多爱车族的眼中,它意味着健康、向上的生活品质,是一种颇具贵族气质的轿车。对驾驶员和乘客需求的满足、轻松的驾驶、优雅的造型、尖端的技术都是蓝旗亚汽车不尽的追求。

蓝旗亚汽车公司是由文森佐・蓝旗亚(Vincenzo Lancia)于 1906 年创立的。他在成立自己的公司之前一直为菲亚特汽车公司工作。1907 年,蓝旗亚公司首次推出的车型 Alpha(见图 6.78)的高性能在当时就已经令人惊叹了。1922 年推出的 Lambda 车型(见图 6.79),以其两大技术创新当之无愧成为最具革命性的车型:具有承重能力的车身和独立的前悬架。主要车型有强音(Thesis)(见图 6.80)、利普拉(Lybra)、蓝旗亚 Y 型、Fulvia 、菲德拉(Phedra)、Musa 、Ypsilon 等。

图6.78　1907年的Alpha车

图6.79　1922年的Lambda车

玛莎拉蒂汽车公司最早由玛莎拉蒂家族创建于1926年,是专门生产运动车的公司,在欧洲具有很高的知名度。玛莎拉蒂运动车在造型设计上,将自己的传统风格与流行款式相结合,在外观造型、机械性能、舒适安全性等各方面,在运动车中都是一流的。

阿巴特公司成立于1949年,由Carlo Abarth先生创建,最初的业务是对汽车进行改装,特别针对菲亚特汽车。多年来,Abarth品牌已经衰败到仅仅作为菲亚特一个具有运动外观的标志而已。2007日内瓦车展Abarth重生(见图6.81)。

图6.80　蓝旗亚Thesis汽车

图6.81　Abarth汽车

奥托比安西公司1955年开始生产轿车,专门生产经济型小轿车。1968年加入菲亚特集团。

3. 汽车商标

菲亚特公司的标志几经变迁(见图6.82),最初是盾型的,自1899年创立意大利汽车公司时开始使用。

1906年成立意大利都灵汽车厂,标志采用了该厂名中意文4个单词的第一个字母FIAT。1921年出现圆形FIAT商标。1931年开始使用矩形商标FIAT。1968年采用斜体"FIAT"4个字母分开的标识。1991年使用5根短柱斜置平行排列标志。从1999年菲亚特公司成立100周年起,车标又开始采用圆形。2007年又公布并开始使用新车标。该车标源于1931—1968年期间菲亚特汽车车身前装饰用的盾形车标,红宝石背景下突出的"FIAT"4个字母被垂直拉长,并被圆形铬金属框架包围。该车标有三维视觉效果,表现了汽车技术、意大利设计、动感以及强烈个性完美融合的一种理念;另一方面该标志也好像在回首"倾听"多年来见证了菲亚特汽车卓越性能的圆形标识(白色字母衬以红色背景,由月桂树叶环绕)。

阿尔法-罗密欧的标志将"ALFA ROMEO"置于两个嵌套的圆的上半部,中间是米兰市的

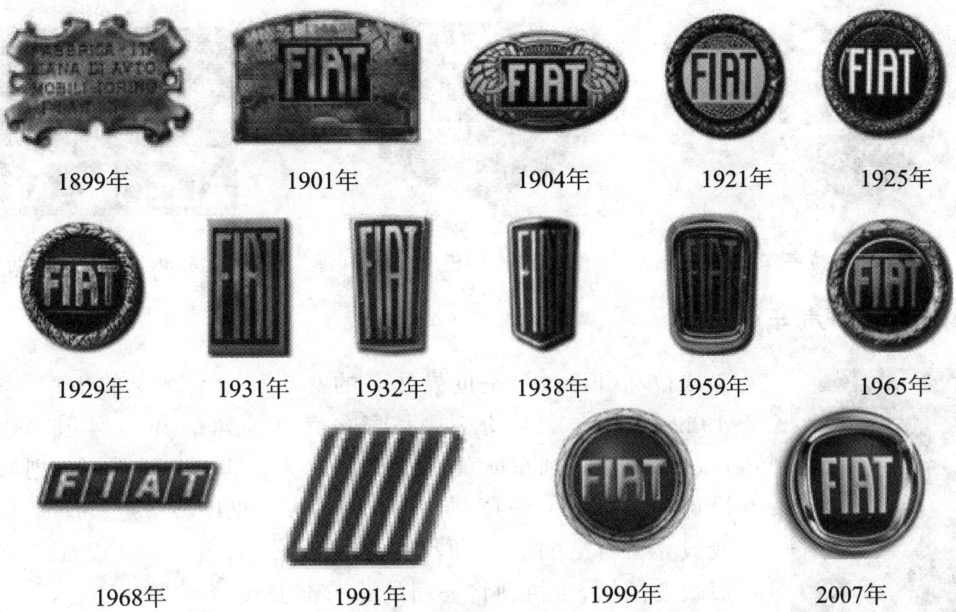

图 6.82　菲亚特车标的演变

市徽，是中世纪米兰的领主维斯康泰公爵的家族徽章；左边红色十字部分用来纪念古代东征的十字军骑士；右边吃人的蛇象征着传说中维斯康泰的祖先曾经击退了使人民遭受苦难的“恶龙”（见图 6.83）。

Lancia 在意大语中的意思是“长矛”。蓝旗亚的旧车标（见图 6.84）以长矛作为画面的主题，代表了企业奋斗的精神，加上旗帜上的公司意文名称，简洁地体现了“蓝旗亚”的全部意义，表现出蓝旗亚公司争强好胜、勇于拼搏与创业的精神。2006 年，蓝旗亚公司成立百年之际，公司启用新车标（见图 6.85）。新车标盾牌底色更深，四个轮辐变为两个带有攻击性的锐锋，长矛旗帜拿掉，整个图案简洁明了。

图 6.83　阿尔法-罗密欧车标

图 6.84　蓝旗亚旧车标

图 6.85　蓝旗亚新车标

玛莎拉蒂汽车的标志（见图 6.86）是在树叶形的底座上放置的一件三叉戟，这是公司所在地意大利博洛尼亚市的市徽，相传是罗马神话中的海神纳普秋手中的武器，显示出海神巨大无比的威力。

阿巴特车标是一个盾形红黄底色的天蝎标志，品牌名为 Abarth（见图 6.87）。奥托比安西汽车商标如图 6.88 所示。

图6.86 玛莎拉蒂车标　　图6.87 阿巴特车标　　图6.88 奥托比安西商标

6.5.2 法拉利汽车公司

图6.89 恩佐·法拉利

法拉利(Ferrari)是世界闻名的赛车和运动跑车的生产厂家,创建于1929年,最早是阿尔法-罗密欧汽车公司的赛车俱乐部(Scuderia Ferrari),即法拉利车队的前身。创始人是世界赛车冠军,划时代的汽车设计大师恩佐·法拉利(Enzo Ferrari,见图6.89)。1947年法拉利正式成立了自己的法拉利汽车公司(Ferrari S.P.A.)。1969年,受资金短缺的困扰,法拉利将公司的跑车部分卖给菲亚特公司,但他仍掌管公司的赛车部分。法拉利汽车公司现为菲亚特集团的子公司,目前菲亚特集团拥有该公司85%的股权,但该公司却能独立于菲亚特运营。法拉利汽车大部分采用手工制造,因而产量很低,年产量只有4 000辆左右。公司总部在意大利的摩德纳(Modena)。

恩佐·法拉利以一个赛车运动员和艺术家的双重身份设计汽车,因而他的作品既有强烈的动感、艳丽的色彩,同时又把在驾驶室的每一部件都能设计得天衣无缝,让驾驶员操作起来得心应手。法拉利汽车主要以红色为主(只是在近几年的概念车中才出现了黄色等其他颜色),因而有人称它为红色的跃马或红魔法拉利(见图6.90)。法拉利主要车型有California、ENZO、599GTB、F430、612、456、550、F360、575等。后面数字大多和发动机排量、气缸数或气门数有关。

法拉利车标是富有传奇色彩的跃马标志,有着英雄的起源。获得高度荣誉的一战意大利飞行员法兰斯科·巴里卡(Francesco Baracca)将自己的英雄勋章作为个人徽章,将它喷涂在飞机机身上。1923年,英雄的母亲把这枚勋章赠给了沙维奥车赛冠军恩佐·法拉利,并建议法拉利把勋章画在他的赛车上。这是法拉利很难拒绝的要求,结果也是他始料不及的,这枚勋章给法拉利公司带来的好运几乎持续了一个世纪。法拉利将这枚勋章的上方加上意大利国旗,作为自己公司的商标,车标底色为公司所在地摩德纳的金丝雀的颜色——黄色(见图6.91左)。另一种拥有盾形背景的奔马标志,只被授权在法拉利赛车公司的F1和GT赛车队中使用(见图6.91右)。

图6.90 法拉利跑车

图6.91 法拉利车标

6.5.3　兰博基尼汽车公司

兰博基尼(Lamborghini)汽车公司的前身是一家生产拖拉机的工厂。在生产拖拉机获得丰厚利润的基础上,费鲁吉欧·兰博基尼(Ferruccio Lamborghini)于 1963 年在意大利摩德纳成立了兰博基尼汽车公司开始生产汽车,并于 1964 年推出了他的第一辆 350GT 跑车(见图 6.92)。1978 年,公司出现财务危机宣布破产。1980 年,瑞士米兰姆兄弟收购公司之后,公司取得了前所未有的发展。最后落到美国汽车传奇人物李·雅可卡的手中,因他很欣赏兰博基尼公司的车型,于 1987 年将兰博基尼收入美国克莱斯勒汽车公司麾下,成为克莱斯勒海外分公司,后因克莱斯勒技术的加入使后来的 Diablo 车型受益匪浅。1994 年,转卖给了印度尼西亚的梅佳-泰克财团。1998 年,被德国大众奥迪汽车公司收购,重新获得活力和腾飞的机会。

图 6.92　兰博基尼 350GT

兰博基尼主要生产高级跑车,每年仅生产 200 余辆。两大主流车型是康塔什(Countach,意大利俚语,意思是"难以相信的奇迹",见图 6.93)和鬼怪(Diablo,见图 6.94),另有穆拉(Miura,是西班牙著名的养牛人,蛮牛之父,比法拉利飞腾的骏马听起来更凶猛)、蝙蝠(Murcielago)等车型。Countach 车型是在 1973 年的日内瓦世界汽车博览会上首次推出的。其设计师为年仅 21 岁的天才马赛罗·肯迪。当时该车型的推出立刻轰动了汽车界。在展览会上,参观者驻足长观,流连忘返。为今后楔形汽车的造型奠定了坚实的基础。Diablo 被人们评价为"意大利又一辆超级跑车",有着极好的加速性能。众所周知,兰博基尼 Diablo 跑车是一辆典型男士跑车,并不是因为它外貌阳刚,而是因为其各项操作都比一般跑车沉重。它的方向盘特别为高速而设计,转动一点点就会影响车身方向。它的弯路性能是典型中置引擎跑车特有的,贴路性极强,很容易用加油门入弯后突然减油门的方式来刻意甩尾。不过易放难收,除非有极高的驾驶技术,否则不易控制它的野性。

图 6.93　兰博基尼 Countach

图 6.94　兰博基尼 Diablo

图 6.95　兰博基尼车标

兰博基尼的标志是一头充满力量、正向对方攻击的斗牛(见图 6.95),这与兰博基尼大马力高速跑车的特性相吻合,据说这一标志也体现了创始人兰博基尼斗牛般不甘示弱的脾性。兰博基尼汽车公司的创始人费鲁吉欧·兰博基尼骨子里渗透出意大利人特有的豪情壮志,激励着他一路从一位普通的农民之子白手起家,奋斗不息直至成为众人敬仰的行业掌舵人。这个意大利北方人凭借一股毫不妥协的闯劲以及近乎疯狂的热情,孜孜不倦地追求着制造出完美跑车的梦想。自那时起,倔气十足的"公牛"标志便成了兰博基尼的象征,诠释了这一与众不同的汽车品牌的所有特点——挑战极限,高傲不凡,豪放不羁。车头和车尾上的商标省去了公司名,只剩下一头犟牛。

6.6 日本汽车公司

6.6.1 丰田汽车公司

1. 公司概况

丰田(TOYOTA)汽车公司早期以制造纺织机械为主,创始人为丰田喜一郎(Kiichiro Toyoda)。1933年,在纺织机械制作所设立了汽车部。1937年成立了丰田汽车工业株式会社,地址在爱知县举田町。但在20世纪30年代和40年代该公司发展缓慢,只是到了二战之后,丰田汽车公司才加快了发展步伐。丰田公司通过引进欧美技术,在美国的汽车技术专家和管理专家的指导下,很快掌握了先进的汽车生产和管理技术,并根据日本民族的特点,创造了著名的丰田生产管理模式,并不断加以完善提高,大大提高了工厂生产效率。丰田汽车在20世纪60年代末即大量涌入北美市场。进入20世纪80年代,丰田汽车公司的产销量仍然直线上升,到90年代初,年产汽车已经超过400万辆接近500万辆,击败福特汽车公司,汽车产量名列世界第二。在二十世纪六七十年代,丰田汽车公司是自我成长期,80年代之后开始了全面走向世界的国际战略。它先后在美国、英国以及东南亚建立独资或合资企业,并将汽车研究发展中心合建在当地,实施当地研究开发设计生产的国际化战略。

丰田与中国的交流史可以追溯到1971年中国汽车工业界代表与丰田高层的互访。现在,丰田已与中国第一汽车集团公司、广州汽车集团有限公司在天津、成都、长春、广州等地建立了全面的合作伙伴关系。在合作生产汽车的同时,也在丰田生产方式(TPS)、ITS等汽车技术领域与中国进行积极的交流与合作。

2. 主要品牌

丰田汽车公司主要有丰田(Toyota)、雷克萨斯(Lexus)、大发(Dauhatsu)和日野(Hino)等汽车品牌。

丰田主要车型有皇冠(Crown)、凯美瑞(Camry)、世纪(Century)、花冠(Corolla)、普锐斯(Prius)、陆地巡洋舰(Land Cruiser)、柯斯达(Coaster)、锐志(Reiz)、威驰(Vios)等。皇冠车型是丰田历史最长的中高级豪华轿车,第一代皇冠轿车1955年生产,现已生产第十二代,有皇家级和豪华级两种。凯美瑞也称佳美,是一款深受新兴贵族及商务高级人员喜爱的中型豪华轿车。世纪是丰田轿车系列中最高级的品牌车,有日本的"劳斯莱斯"之称。花冠是一款经济家用型轿车。普锐斯1997年投产上市。这是第一款大批量商业化生产的混合动力轿车,混合动力系统由汽油发动机、电动机和蓄电池组组成。2005年,丰田与一汽共同生产的节能环保混合动力车普锐斯于长春下线。这是该车首次在日本以外的国家生产。陆地巡洋舰是丰田公司在1951年制造的吉普车,它是丰田公司越野车的典型代表。柯斯达是丰田公司的中型豪华客车。

雷克萨斯原来译为"凌志",是1989年丰田汽车公司专门为国外销售豪华轿车而成立的一个分部。雷克萨斯车名是丰田花费3.5万美元请美国一家起名公司命名的,因为雷克萨斯(Lexus)的读音与英文豪华(Luxe)一词相近,使人联想到该车豪华的印象。

大发是成立于 1907 年的日本大发工业株式会社的汽车品牌。大发工业株式会社原名大阪发动机制造株式会社，1951 年改为现名。1923 年开始汽车制造，主要生产微型轿车和客车。公司总部设在日本大阪。1967 年与丰田公司合作生产微型乘用车，目前丰田汽车公司占有大发的多数股份。1984 年，大发汽车公司将夏利牌微型轿车的生产权转让给中国天津市。

日野是成立于 1942 年日本日野汽车公司的汽车品牌。日野汽车公司是日本最大的中型卡车制造商，1966 年与丰田汽车公司合作生产载货车。2001 年丰田汽车公司向日野汽车公司注资比例达 50.1%，使日野成为丰田的一个子公司。

3. 汽车商标

丰田公司名称取自创始人丰田喜一郎的姓氏 TOYOTA，TOYOTA 实际是日本语的罗马字。几经修改和演变，商标最终将三个外形相似的椭圆形环巧妙地组合在一起(见图 6.96)，每个椭圆都是由以两点为圆心绘制的曲线组成，代表汽车制造者与顾客心心相印。同时将 TOYOTA 字母寓于图形商标之中，横竖两个椭圆垂直交叉恰好组合成一个代表丰田公司的 T 字，椭圆背后的空间表示丰田公司日益进步的技术水平及所蕴涵的无穷创新机会在世界范围内不断拓展延伸。

丰田皇冠商标是一顶皇冠(见图 6.97)，象征着此车的高贵和典雅，英文“CROWN”是皇冠的意思。

雷克萨斯的商标是在一个椭圆中镶嵌英文“Lexus”的第一个大写字母 L(见图 6.98)，喻示该车像一匹黑马，驰骋在世界各地的道路上。

图 6.96　丰田车标

图 6.97　皇冠车标

图 6.98　雷克萨斯车标

大发商标是流线型字母“D”(见图 6.99)，取自于大发拼音“DAIHATSU”的第一个大写字母。商标将“D”图案化，寓意着大发汽车公司永葆青春活力，显示着公司的向上发展。

日野商标是一个艺术化了的“H”(见图 6.100)。艺术化了的“H”看似一个轴对称图形，由一个主轴连接两端，喻示着日野将在丰田公司的领导下向前发展。整个图形成半闭合状态，又喻示着公司将前途无量。

图 6.99　大发车标

图 6.100　日野车标

6.6.2 日产汽车公司

1. 公司概况

日产汽车公司的历史可以追溯到1914年成立的日本高速汽车厂，由田健次郎、青山禄朗、竹内明太郎三人合伙经营，生产DAT(取三个合伙人姓的第一个英文字母)牌汽车。1925年公司更名为DAT汽车公司。1926年，与实用汽车制造公司合并，在大阪成立DAT汽车制造公司，生产达特森(DATSON，后改名为DATSUN)牌小汽车。1931年，日本产业公司(Nippon Sangyo，Nissan)的创始人鲇川义介收购了DAT汽车公司，1933年将日本产业公司控股的户田铸造物公司的汽车部与DAT汽车公司合并，1934年正式将户田铸造公司的汽车部独立出来成立日产(Nissan)汽车公司，并在日本汽车企业中率先实现流水线生产。1947年以后，日产公司逐步走上快速发展轨道，一方面从国外引进吸收大量的汽车技术开发自己的产品；另一方面将自己生产的产品不断输往海外市场，并在海外设厂实现本地化生产。之后40余年，是日产突飞猛进的发展时期，在这一时期，日产汽车成为日本仅次于丰田公司的第二大汽车制造商。整个20世纪90年代，由于市场需求的放缓以及产品自身方面的原因，日产汽车公司出现了连续多年的亏损，并被本田汽车公司超过。1999年，法国雷诺汽车公司购得日产汽车44.3%的股份，同时日产也持有雷诺汽车公司15%的股份，组建雷诺-日产汽车联盟。奇迹就出现在双方联盟之后。日产不但成功地扭亏为盈，而且凭借双方严密的整合计划和精确的实施能力，联盟真正实现了显著的协同效应，提高了双方的盈利能力，进一步开拓了新市场、巩固了老市场，形成一种双赢的局面。公司总部目前设在日本东京。

2. 主要品牌

日产汽车公司在全球范围内拥有包括轿车、越野车、MPV和商用车在内的30多个系列产品，其中轿车有总统(President)、英菲尼迪(Infiniti)、风雅(Fuga)、天籁(Teana)、公爵(Cedric)、风度(Cefiro)、蓝鸟(Bouebird)、阳光(Sunny)等，越野车有途乐(Patrol)、奇骏(X-trail)、开创者(Pathfinder)等。

日产公司英菲尼迪(又译为无限)部类似于丰田公司的雷克萨斯部，于1989年成立，专门开发豪华品牌轿车。日产英菲尼迪汽车采用后轮驱动，豪华程度与日产总统(日本皇室人员用车)如出一辙，其安全性能和装配质量极高，驾乘极为舒适。

3. 汽车商标

日产车标早期是将日产的英文名字“NISSAN”放在一个火红的太阳上(见图6.101)，简要地表明公司名称的同时，突出了所在国家(日出之国)的形象。新车标的整个底色为银灰色，实心圆形变为环形标识(见图6.102)。

日产英菲尼迪和总统车标分别如图6.103和6.104所示。

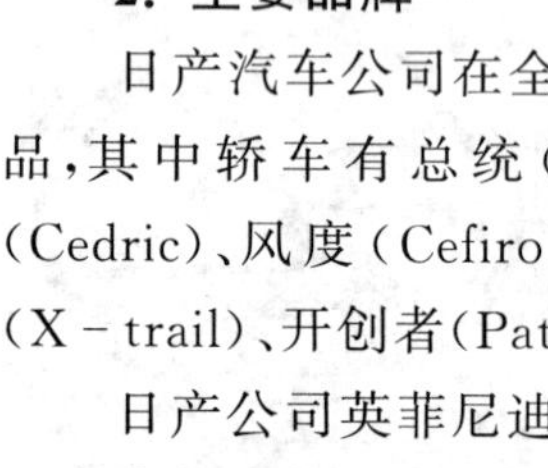

图6.101 日产旧车标

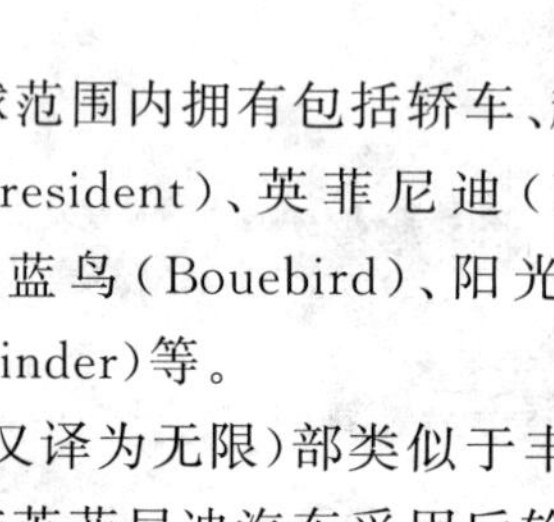

图6.102 日产新车标

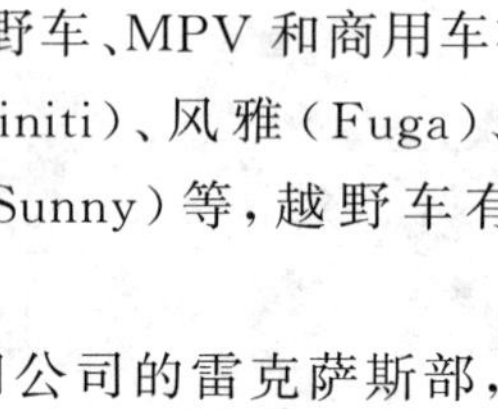

图6.103 英菲尼迪车标

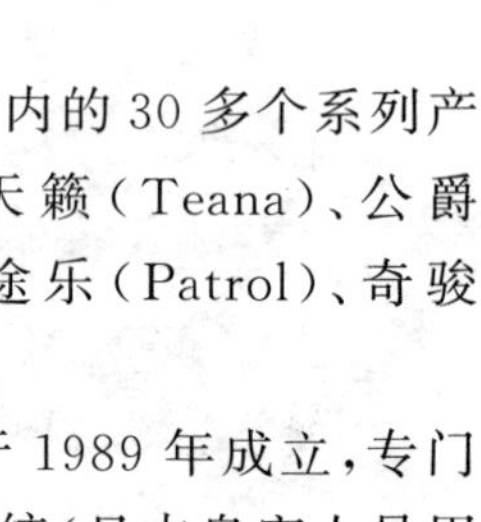

图6.104 总统车标

6.6.3 马自达汽车公司

马自达汽车公司是日本国内仅次于丰田、日产之后的第三大公司，成立于 1920 年，总部在日本广岛安君府。创立之初称东洋软木工业株式会社，创始人松田重次郎在广岛从生产葡萄酒瓶木塞起家。1927 年改称东洋工业公司。1984 年公司以创始人松田的姓氏命名，翻译时则采用“松田”的音译“马自达”。1931 年马自达公司以生产三轮载重汽车为起点，开始涉足汽车制造业。1940 年开始生产小轿车。1961 年和德国汪克尔公司签订协议，取得转子发动机生产权利，从而开始了马自达公司的迅猛发展期。这得益于马自达的研发能力，从汪克尔公司引进转子发动机后，马自达公司就进行了技术改进和研究，成功研制了电子控制 6 进气口的转子发动机。这种发动机采用微机控制发动机负载状态，自动调整怠速装置和废气再循环装置，使发动机工作平稳，从而降低油耗、减少废气的排放。马自达公司是全球唯一可以生产汽油、柴油、转子三种发动机的汽车制造商，现在投放市场的转子发动机汽车 RX5、RX7 和 RX8 轿跑车，深受用户的欢迎。

由于马自达汽车公司长期极度追求产量、产品技术和市场扩张，在持续的巨额投资后，又恰逢 20 世纪 90 年代初日本出现经济泡沫，1995 年起，该公司持续亏损 6 年，此时其合作伙伴美国福特汽车公司伸出了援助之手。1979 年福特公司购买了马自达公司 25%的股份，1996 年增加到 33.4%，是马自达最大的股东。

马自达生产的汽车设计新颖，质量优异，畅销日本和欧美地区，主要品牌有：323、626、929、RX 系列跑车、卡培拉（Capella）、蒙特罗斯（Montrose）、俊朗（Eunos）以及 Mazda2、Mazda3、Mazda5、Mazda6 等。

俊朗部是马自达汽车公司在 20 世纪 80 年代末设立的豪华车分部，有一个专用的车名“Eunos”和专用车标（见图 6.105）。

最初，马自达车标图案中的 m 就是松田拼音的第一个字母，采用英文拼音“mazda”为其标志。马自达是古希腊神话中的“光明之神”；在西亚传说中，也有一位象征着古代文明的神灵阿弗拉·马自达（Afura Mazda），他不仅是铁器的发明者、家畜的驯养者，也是车轮和车辆的创造者。而且，“Mazda”的发音与马自达公司的创始人松田重次郎的姓同音。以马自达作为公司的品牌，简捷而有深意。马自达公司与福特公司合作之后，于 1997 年采用了新标志（见图 6.106）。新注册商标代表了马自达的奉献精神，预示着马自达将会不断地成长壮大。它由马自达的第一个字母“M”变化而成，字母“M”中间的“V”展开以后像启动的风扇，代表马自达的创造力、责任感、理性、灵活性、执着精神和生命力。展现马自达已经做好了翱翔的准备。字母“V”同时也代表了以后发展的新起点，而富于动感的外圈则表示马自达公司已经展开双翅。整个商标意味着马自达要展翅高飞，技术不断突破，以无穷的创意和真诚的服务，勇闯车坛顶峰，迈向新世纪。

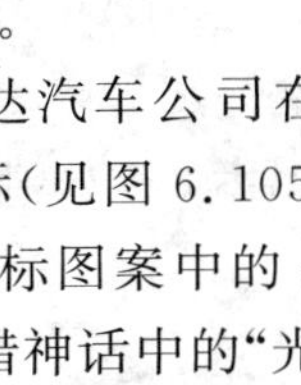

图 6.105 俊朗车标

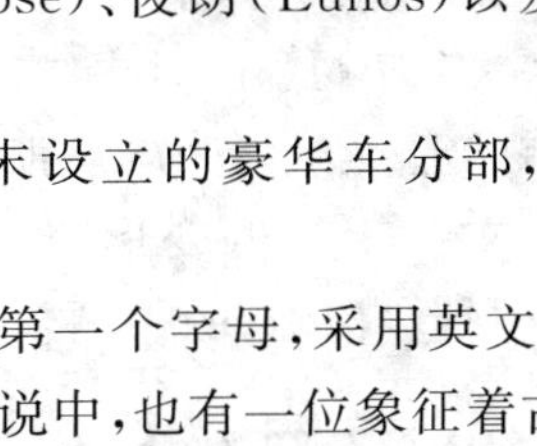

图 6.106 马自达车标

6.6.4 本田汽车公司

本田公司是世界上最大的摩托车生产厂家,汽车产量和规模也名列世界十大汽车厂家之列。1948年创立,创始人是传奇式人物本田宗一郎。公司总部在东京。现在,本田公司已是一个跨国汽车、摩托车生产销售集团。

本田公司素有日本汽车技术发展的排头兵之称。在技术开发和研究上,创始人本田宗一郎舍得花大本钱,因而科技成果颇丰。本田的电子导航仪是世界上最先应用在汽车上的导航装置。它可以在荧光屏上显示地图以及行车路线,还可确定汽车的位置。四轮防侧滑电子控制器、自动控制车身高度电子装置和复合涡流调整燃烧发动机等都是世界汽车高新技术的领先成果。同时本田汽车公司也是日本第一个达到美国标准的汽车公司。

本田公司主要汽车产品有雅阁(Accord)、思域(Civic)、时韵(Stream)、市民(Civic)、序曲(Prelude)、都市(City)、奥德赛(Ody－ssey)、飞度(Fit)、阿库拉(Acura) 、本田NSX、S500、S800、N360、S2000等。雅阁是日本汽车历史上最成功的车型之一。思域是标准家庭用轿车的代表,历来处于时代领先的地位。奥德赛是一款多功能多用途的7座商务车。飞度是日本最近开发的一款符合时代潮流的全新精巧轿车。阿库拉是本田汽车公司在美国的高档豪华车品牌,诞生于1986年。“Acura”意为高速、精密、准确。

本田公司在20世纪80年代成立了商标设计研究组,从来自世界各地的2 500多件设计图稿中,确定了现在的三弦音箱式商标(见图6.107),也就是带框的“H”。图案中的“H”是本田拼音“Honda”的第一个字母。这个标志体现出本田公司的年轻、技术先进和设计新颖的特点,把技术创新、团结向上、经营有力、紧张感和轻松感表现得淋漓尽致。

阿库拉商标是英文字母A的变形(见图6.108),犹如一把卡钳(专门用于精确测量的工具),体现了企业汽车制造“精确”的主题。

图6.107 本田车标

图6.108 阿库拉车标

6.7 韩国汽车公司

6.7.1 现代汽车公司

现代(Hyundai)汽车公司是韩国最大的汽车企业,创立于1967年,创始人郑周永。公司总部在韩国首尔。现代汽车公司的发展可分三个阶段。第一阶段是1967—1970年的创业期。它和美国福特汽车公司合作,引进福特技术生产汽车,并在1970年建成具有年产2.6万辆生产能力的蔚山工厂。第二阶段是1970—1975年的消化吸收期。这段时间现代公司花巨额资金在公司内消化吸收福特技术。1974年投资1亿美元建设年产5.6万辆的新厂,汽车国产化率达到100%。第三阶段是1975年以后开始走向世界。1976年,自己设计生产的小马(Pony)牌小轿车下线,现代公司走向成熟。80年代,现代公司垄断了韩国市场,与三菱公司结盟生产小马牌汽车。1983年小马牌汽车销往加拿大而大为走红,1985年就卖出7.9万辆。1986年,现代公司的小马汽车投放美国市场,当年即售出16万辆,创下汽车业销售奇迹,从而奠定了现代汽车公司的国际地位。1998年,现代汽车公司并购了韩国起亚(KIA)汽车公司,并于2000年成立现代起亚汽车集团。2002年,现代汽车公司与北京汽车工业控股有限责任公司合资成立北京现代汽车有限公司,生产雅绅特（Accent）、伊兰特(Elantra)、索纳塔(Sonata)等轿车。现代汽车还拥有维拉克斯(Veracruz)、雅尊(Azera)、雅科仕(Equus)、途胜(Tucson)、百年(Centennial)、美佳(Matrix)、胜达菲(Santa Fe)、特杰(Trajet)、君爵(XG)、酷派(Coupe)、劳恩斯(Rohens)等汽车品牌。

现代汽车公司的标志(见图6.109)是椭圆内采用斜体字母H,“H”是现代公司英文名Hyundai的首个字母,也代表两个人(公司和用户)在握手。车标也体现了腾飞的现代汽车公司这一概念,还象征现代汽车公司在和谐与稳定中发展。车标中椭圆既代表汽车方向盘,又可看作地球,两者结合寓意了现代汽车遍布世界。

图6.109　现代车标

6.7.2　大宇汽车公司

大宇(Daewoo)汽车公司是韩国第二大汽车生产企业,源于1967年金宇中创建的大宇实业,1976年改名为新韩公司,后又改为新进公司,1983年改为大宇汽车公司,公司总部设在韩国首尔。大宇与美国通用汽车公司关系密切,在创业之初便与通用公司合作生产轿车和8吨以上货车及大客车。大宇以出口为目标,在韩国是最早出口汽车的企业,早在1984年就出口汽车到美国。随着同美国通用汽车公司合资的结束,大宇开始建立自己在全球的生产网络,以达到2000年生产200万辆汽车的年生产能力,其中一半在韩国。1986年大宇年产16.7万辆的汽车厂投产,该厂拥有由机器人操作的自动焊接等世界一流设备。然而,由于经营不利,资不抵债,大宇汽车公司自从其母公司大宇集团在1999年破产后一直在巨额债务中挣扎。最终于2000年11月正式宣布破产。2002年10月28日,通用汽车公司(控股42.1%)联合中国上汽集团(控股10%)收购了大宇汽车公司,成立了通用大宇汽车科技公司(简称通用大宇)。通用大宇新公司总部位于韩国仁川,旗下拥有并管理三家分别位于韩国的昌原、群山及越南河内的生产厂。

大宇汽车公司拥有蓝龙(Lanos)、典雅(Leganza)、雷佐(Rezzo)、马蒂兹(Matiz)等汽车品牌。

大宇汽车公司使用形似地球和正在开放的花朵标志(见图6.110),生产的汽车也使用这个标志作为商标。大宇标志象征高速公路大动脉向未来无限延伸,表现了大宇的未来和发展意志;椭圆代表世界、宇宙;向上展开的花朵体现了大宇家族的创造力与挑战意识;中部五个蓝色的实体条纹和之间的六条白色条纹,表示大宇在众多领域无限发展的潜力;蓝色代表年青、活泼,而白色则代表同心协力和牺牲精神。整个标志表现了大宇家族的智慧、创造、挑战、富有牺牲精神的企业精神,表现出大宇集团的儒家风范。大宇汽车公司被通用汽车公司收购后采用新车标(见图6.111),原车标蓝底色变成银灰色,花朵简化成三个条纹。

图6.110　大宇车标

图6.111　通用大宇车标

6.7.3　起亚汽车公司

起亚汽车是韩国最老牌的汽车公司,成立于1944年,总部位于韩国首尔。公司成立之初主要生产自行车及其零部件,从1960年开始生产摩托车和三轮货车。1971年开始生产四轮货车。1973年率先在韩国生产汽油发动机。1974年生产了韩国第一辆布瑞莎(Brisa)经济型轿车。1976年收购了韩国亚细亚汽车公司。1997年发生的亚洲金融风暴使得起亚汽车公司濒临破产,后由韩国政府出面,指令现代汽车公司收购起亚。起亚公司于1998年与现代公司合并后,积极实施管理改革,提高销售业绩,并联合两家各自的研发中心,通过分享不同型号汽车平台和零配件,成功地减少了开发时间和成本,并取得了令人羡慕的成果。

起亚汽车公司的主要车型有霸锐(Borrego)、欧菲莱斯(Opirus)、新佳乐(Carens)、索兰托(Sorento)、VQ、秀玛(Shuma)、锐欧(Rio)等。

起亚汽车更改后的标识为亮红的椭圆、白色的背景和红色的"KIA"字样(见图6.112),给人以更加新鲜的感受。"起亚"也有从亚洲升起之意。

图6.112　起亚车标

6.8　其他国家汽车公司

6.8.1　瑞典沃尔沃汽车公司

沃尔沃(Volvo,又译为富豪)汽车公司是北欧最大的汽车企业,也是瑞典最大的工业企业集团。1924年,创始人阿萨尔·加布里尔松和古斯塔夫·拉尔松决定在滚动轴承厂(SKF)里生产自己的汽车。沃尔沃生产的第一辆汽车于1927年4月14日正式出厂,这一天也被认为是沃尔沃汽车公司的诞生之日,从而揭开了瑞典汽车工业史上的新篇章。公司总部设在瑞典的哥德堡。沃尔沃汽车公司自创立之日起就十分重视汽车安全,公司的创建人将关注生命视为研发的中心课题。由此,安全、质量和环保被视为Volvo汽车公司的核心价值,并渗透于公司的运营、产品开发及工作态度。沃尔沃公司发明了汽车安全底盘、三点式紧缩安全带和侧撞防护系统。在同级别车中,沃尔沃汽车也成为世人心目中最安全的汽车。1999年,沃尔沃的轿车业务被福特公司收购。2010年3月28日,吉利控股集团与福特公司在瑞典哥德堡正式签署协议,同意以18亿美元的价格收购沃尔沃轿车公司,8月2日完成对福特汽车公司旗下沃尔沃轿车公司的全部股权收购。

沃尔沃汽车全线经典车型分成轿车(S系)、商务旅行车(V系)、SUV/越野车(XC系)和敞篷车/双门跑车(C系)四个系列。此外,还有以字母R为代表的运动型高性能车系列。S系主要产品包括 S80 高级轿车、S60 轿跑车、S40 轿车；V 系主要产品包括 V70、V50；C 系主要产品包括 C70 敞篷车、C30；XC 系主要产品包括 XC70、XC90 等。

图 6.113　沃尔沃车标

沃尔沃汽车商标由三部分图形组成(见图 6.113)。第一部分的圆圈代表古罗马战神玛尔斯，这就是铁元素的古老化学符号——里面有一支箭的圆圈，箭头呈对角线方向指向右上角。在西方文明中，这算得上是最古老也是最普通的一个商标，它起源于罗马帝国时代，是火星、罗马战神和男性阳刚气质三个不同概念的象征，因而又体现了火星与当时用来制造大多数兵器的铁之间的最初渊源。正因为如此，这个标志长期以来一直被包括瑞典在内的世界各国看成是钢铁工业的象征。之所以在汽车上采用代表铁元素的品牌标志，是为了让人们联想起有着光辉传统的瑞典钢铁工业，以及钢铁般坚强的实力。第二部分是对角线，在散热器上设置的从左上方向右下方倾斜的一条对角线彩带。这条彩带的设置原本出于技术上的考虑，用来将玛尔斯符号固定在格栅上，后来就逐步演变成为一个装饰性符号而成为 Volvo 轿车最为明显的标志。第三部分的文字商标“VOLVO”为拉丁语，是“滚滚向前”的意思，寓意着沃尔沃汽车公司不断向前，兴旺发达，前途无量。

6.8.2　瑞典绅宝汽车公司

绅宝(SAAB，也称萨博)最初全称为 Svenska Aeroplan Aktie bolaget，即瑞典飞机公司，是一家军用飞机制造公司，成立于 1937 年，后来合并了只生产载货汽车的斯堪尼亚(SCANIA)公司，成为一家生产轿车、卡车、飞机、计算机等产品的综合性集团公司。1946 年开始生产汽车，并于 1947 年推出了首部具有领先科技水平的 SAAB92 型轿车(见图 6.114)。该车配备二冲程发动机、前轮驱动、安全车身，外形如同飞机的机翼。这一车型是由一群飞机工程师所设计和打造出来的。绅宝独特的设计和制造技术突破了原有汽车产业的传统模式，促进了一系列汽车工业的革新。1990 年通用收购了其 50%的股份，将 SAAB 建成通用公司在欧洲生产豪华汽车的基地。受国际金融危机的影响，2009 年，通用汽车公司与瑞典豪华跑车制造商柯尼塞格汽车公司签署旗下品牌绅宝的出售协议。

绅宝车标是两个相互叠交的圆形(见图 6.115)。图形上方是原飞机公司的瑞典文缩写“SAAB”，下方是斯堪尼亚(SCANIA)字样，正中为头戴皇冠的半鹰半狮的怪兽图案。这种怪兽在瑞典南部的神话中代表着警觉和灵敏，这跟 SAAB 汽车安全与动力和谐统一的特性相符。此外瑞典是一个帝王国家，皇冠象征着尊严与权威和至高无上，狮子又是欧洲人崇尚的权力与力量的象征，以此表明其车的高贵与显耀。新车标是 1991 年与通用公司合并后开始采用的。新车标仍采用圆形图案，保留头戴皇冠的狮子头像，把“SCANIA”和相应的环移走，剩下的“SAAB”字样由顶部移至底部(见图 6.116)。

图 6.114　SAAB92 轿车

图 6.115　绅宝旧车标

图 6.116　绅宝新车标

6.8.3 捷克斯柯达汽车公司

斯柯达(Skoda)汽车公司的前身是生产自行车的劳林-克里门特(Laurin & Klement, L&K)公司,创建于1894年,创始人是机械师瓦茨拉夫·劳林和商人瓦茨拉夫·克里门特。公司总部位于捷克首都布拉格北部的一个小镇姆拉达·博雷斯拉夫(Mlada Boleslav,中文意思为年轻的城市)。1899年,L&K公司开始生产摩托车,成为世界上生产机动车最早的工厂之一。1905年公司转向汽车生产。1925年,与当时捷克国内最大的工业集团——从事农业机械、飞机发动机及卡车生产的斯柯达-配尔森(Skoda Pilsen)集团合并,从此开始生产以斯柯达为品牌的汽车。1946年斯柯达公司收归国有,更名为AZNP SKODA公司,成为一家国有企业。1991年4月,斯柯达公司成为德国大众公司的一个子公司。1991—2000年,经过多次股权变更,斯柯达公司成为大众公司的全资子公司。

斯柯达汽车以高性价比、坚实耐用、高安全性、优良的操控性及舒适性兼备而成功地打入了欧洲、亚洲、中东、南美洲、非洲等地区,备受广大消费者的青睐。除了在本国高居50%以上的市场份额外,在西欧的德国、英国及波兰市场很受欢迎,都有不错的市场表现。

斯柯达公司旗下拥有欧雅(Octavia)、法比亚(Fabia)、速派(Superb)、弗雷西亚(Felicia)等轿车品牌。

斯柯达车标是随着汽车公司发展而演变的(见图6.117)。1905年采用L&K公司的商标作为车标。1925年L&K公司与斯柯达公司合并后采用斯柯达公司的商标作为车标。1946年斯柯达公司国有化后采用鸟翼飞箭车标。1991年斯柯达与大众合并后,采用新设计的鸟翼飞箭车标。新标志保留了原车标中带翅膀的飞箭。飞箭象征着该公司无限的创造性,表达了要实现最高目标的强烈愿望,体现出对工作认真负责和一丝不苟。外围的圆环加宽了,上部增加了“SKODA”,下面增加了“AUTO”。标志的底色为绿色,象征着希望,体现出重视保护环境的强烈意识,也象征着企业的无限生命力,喻示这家百年老厂将焕发青春。

1905年　　1925年　　1946年　　1991年

图6.117　斯柯达车标的演变

6.8.4 俄罗斯瓦兹汽车公司

俄罗斯瓦兹(Volzhsky Automobilny Zavod,VAZ)汽车公司成立于1966年,因坐落在伏尔加河畔,也称为伏尔加(Volga)汽车公司,是俄罗斯最大的小轿车制造商。瓦兹汽车公司也是世界上唯一一个几乎所有汽车零部件都在工厂内制造的汽车公司。起初与意大利菲亚特公司合作生产拉达(LADA)汽车。“LADA”俄文的意思是快乐。公司每年生产轿车近百万辆,外销世界几十个国家。

瓦兹汽车公司旗下拥有拉达、纳捷斯达(Nadeschda)、尼瓦(Niva)、诺瓦(Nova)、萨马拉

(Samara)、塔赞(Tarzan)等汽车品牌。

拉达车标图案是由 LADA 的 L 和 D 两个字母组合成一个带帆的游船图形(见图 6.118)。

图 6.118　拉达车标

此外,还有俄罗斯的嘎斯(GAZ)汽车公司,印度的塔塔(Tata)汽车公司,日本的三菱(Mitsubishi)汽车公司、富士(Fuji)汽车公司、铃木(Suzuki)汽车公司和五十铃(Isuzu)汽车公司,韩国的双龙(Ssangyong)汽车公司,英国的莲花(Lotus)汽车公司、摩根(Morgan)汽车公司和特威尔(Trevor)汽车公司等。受篇幅的限制,本书不作一一介绍,有兴趣的读者可通过现代媒体手段获取相关信息。

6.8.5　印度塔塔汽车公司

塔塔汽车公司(TataMotors)是印度最大的综合性汽车公司、商用车生产商,它是印度塔塔集团下属的子公司,成立于 1945 年。1954 年,与德国戴姆勒-奔驰进行合作。1969 年能够独立设计出自己的产品。商用车涵盖 2~40 吨的产品。1999 年,塔塔进入乘用车领域,最知名的是其自主开发设计的 Indica 和 Indigo 系列产品。

从 20 世纪 60 年代起汽车已出口到欧洲、非洲和亚洲等一些国家和地区。塔塔的轿车也有较高的知名度,小型轿车印迪卡(Indica)外形优雅、时尚,价格低,在上市后很短的时间内就接到超过 11 万辆的订单,产品供不应求,创印度汽车销售的最高纪录。

2008 年 3 月,印度塔塔汽车公司以 23 亿美元现金收购福特汽车旗下捷豹、路虎两大品牌的组装工厂及所有车型的知识产权。同年发布世界上最便宜的小车——塔塔 Nano 人民车。

塔塔主要产品包括小型汽车、四驱动越野车、公共汽车、中型及重型货车等。

塔塔车标(见图 6.119)是在象征着地球的椭圆形正中镶嵌着的一把铁锤,它的外形像“Tata Motors”的第一个大写字母,又象征着塔塔集团在印度工业中举足轻重的地位。

图 6.119　塔塔车标

思考题

1. 辨认出本章所述世界主要汽车公司汽车商标,说出其寓意。列举世界主要汽车公司的汽车品牌。

2. 上网检索一家本章未详述的汽车公司的发展历史、现状及其汽车品牌,然后进行交流。

3. 收集一些有关世界汽车发展的最新动态。

第7章　中国主要汽车公司

据统计，目前我国有各类车辆生产企业1300多家，其中汽车整车企业有184家，按集团口径统计有76家，摩托车生产企业120家、专用车生产企业900多家、三轮车和低速货车生产企业135家。在这1000多家企业中，有一批企业多年来处于停产或半停产状态，产量极少甚至没有产量，生存十分困难，称为“僵尸车企”。我国汽车行业呈现小、弱、散的特点。从世界汽车工业的角度看，中国汽车工业的产业集中度还远远没有达到合理范围。工信部正根据国家政策建立劝退机制，促进企业兼并重组、转型升级、创新提升。本章重点介绍国内一些知名品牌车企。

7.1　第一汽车集团公司

7.1.1　公司概况

中国第一汽车集团公司简称中国一汽或一汽，总部位于吉林省长春市，前身是第一汽车制造厂，毛泽东主席题写了厂名。一汽1953年奠基兴建，1956年建成并投产，制造出新中国第一辆解放牌卡车。1958年制造出新中国第一辆东风牌小轿车和第一辆红旗牌高级轿车。1982年组建第一汽车集团公司。一汽的建成，开创了中国汽车工业新的历史，也肩负着中国汽车工业发展重任。建厂五十多年来，经历了建厂创业、产品换型、上轻型车和轿车三次大规模发展阶段。1991年，与德国大众汽车公司合资建立15万辆轿车生产基地；2002年，与天津汽车工业（集团）有限公司联合重组，与日本丰田汽车公司实现合作。目前经过五十多年的发展建设，企业面貌发生了翻天覆地的变化。从生产单一的中型卡车，发展成为中、重、轻、微、轿、客多品种、宽系列、全方位的产品系列格局；产量从当初设计年产3万辆生产能力，发展成为百万量级企业；企业结构基本实现了从工厂体制向公司体制的转变；资本结构实现了从国有独资向多元化经营的转变；经营市场实现了从单一国内市场经营向国内、国外两个市场经营的转变。逐步形成了东北、华北、西南三大基地，形成了立足东北、辐射全国、面向海外的开放式发展格局，已成为中国三大汽车企业集团之一。

一汽现有职能部门18个，全资子公司28个、控股子公司18个。其中包括一汽解放汽车有限公司、富奥汽车零部件有限公司等全资子公司和一汽轿车股份有限公司、长春一汽富维汽车股份有限公司、天津一汽夏利汽车股份有限公司、一汽启明信息技术股份有限公司4个上市公司，以及一汽大众汽车有限公司、天津一汽丰田有限公司等中外合资企业。

一汽产销量连续多年居中国汽车行业之首，2004年企业年销量率先突破100万辆，树起了中国汽车工业发展史上的里程碑。2007年，一汽实现销售143.6万辆，实现销售收入1 885亿元，列世界500强第303位，中国企业500强第14位；世界机械500强第49位，中国机械工业500强第1位；中国制造业企业500强第2位和2007年度“最具影响力企业”第2位。“中国一汽”以 605.78 亿元的品牌价值位列国内汽车行业第一。2013 年营业额达 4500 亿，连续 8 年蝉联世界 500 强榜单。

7.1.2　主要品牌

一汽旗下拥有解放、红旗、夏利、奔腾、威志、佳宝等自主品牌和大众、奥迪、丰田、马自达等合资合作品牌。

红旗轿车是我国最早的自主品牌轿车。1959 年 9 月，第一辆红旗检阅车(见图 7.1)送往北京，供国庆十周年阅兵使用。20 世纪 60 年代起，红旗轿车成为国家礼宾用车，被誉为“国车”。当时，外国政府首脑访华，把“见毛主席，住钓鱼台，坐红旗车”视为最大愿望和礼物。作为中国第一款自主品牌的高端豪华轿车，红旗盛世 HQ3(见图 7.2)于 2006 年上市，融时尚、文化、人文、艺术、国际感于一身，是各领域有社会责任感和民族自豪感的领袖级人物的座驾，也是中国新精英阶层的理想用车。拥有的 4.3 L V8 和 3.0 L V6 两款发动机，与六速手自动一体顺向变速器完美匹配，给驾乘者带来卓越不凡的驾驶感受；在主、被动安全控制方面，不仅有 BA 制动辅助系统、带 EBD 的 ABS 系统、VSC 系统、TRC 驱动防滑控制系统、HAC 系统、全方位碰撞适应性车体、前排双气囊、前排侧气囊、侧气帘、前排主副驾驶膝部气囊等一系列先进的安全装备，更加深受推崇的是其独一无二的近红外线夜视系统(能照射车辆前方 40～250 m 的行人或障碍物，使驾驶者夜间行车视线良好)；前风窗速度映像装置、智能前灯转向系统 AFS、倒车引导影像显示系统等最新科技的安全辅助系统配置，同样大大加强了这款高级豪华车的安全性能。在 C-NCAP 安全碰撞试验中获得五星成绩，也充分展现了红旗盛世在汽车安全性能方面的领军者形象。2013 年红旗 HQ_3 车型换代，红旗 H7 正式上市，其性能全面比肩知名国际品牌同级车，彰显了自主高档轿车的风采。

图 7.1　第一辆红旗检阅车 CA72J1

图 7.2　红旗盛世轿车

解放汽车是新中国成立后的第一款汽车，现已形成了轻、中、重三大系列，产品从 1～30 t 级，囊括了普通载货车、自卸车、牵引车、半挂车、搅拌车、邮政车等 600 多个品种。

一汽汽车品牌、车型与制造商如表 7.1 所列。

表 7.1　一汽汽车品牌、车型与制造商

汽车类型	汽车品牌		汽车车型	制造商
轿车	自主品牌	红旗	旗舰、世纪星、盛世、奔腾	一汽轿车股份有限公司
		夏利、雅酷、威志(Vizi)		天津一汽夏利股份有限公司
	大众品牌	捷达、宝来、高尔夫		一汽大众汽车有限公司
		奥迪	A4、A6、Q5	
	日系品牌	丰田	威驰(Vios)、锐志(Reiz)、卡罗拉(Corolla)、皇冠(Crown)	天津一汽丰田股份有限公司
		马自达	福美来	原海南马自达汽车有限公司
			Mazda 6	一汽轿车股份有限公司
SUV	日系品牌	丰田	陆地巡洋舰(Land Cruiser)	长春一汽丰越汽车有限公司
			普拉多(Land Cruiser Pardo)	四川丰田汽车有限公司
		达路(Dario)	特锐(Terios)	一汽华利(天津)有限公司
	自主品牌	赛宝		一汽哈尔滨轻型车厂
MPV	日系品牌	马自达	普力马	一汽海南汽车有限公司
客车	日系品牌	丰田	柯斯达(COASTER)中型客车	四川丰田汽车有限公司
	自主品牌	远征	大、中型客车	一汽客车有限公司大连客车厂
		太湖	大、中型客车	一汽客车有限公司无锡客车厂
		佳宝	微型客车	一汽哈尔滨轻型车厂
		幸福使者	微型客车	一汽哈尔滨轻型车厂 一汽红塔云南汽车制造有限公司
货车	自主品牌	解放	中、重型载货汽车	一汽解放汽车有限公司
		解放	轻型载货汽车	一汽哈尔滨轻型车厂
		解放、蓝箭	轻型载货汽车	一汽红塔云南汽车制造有限公司
		佳宝	载货汽车	一汽吉林轻型车厂

7.1.3　汽车商标

1. 一汽车标

一汽车标将阿拉伯数字“1”和汉字“汽”巧妙布置，像一只展翅的雄鹰，喻示着不断进取、展翅高飞的中国一汽精神，又表达了中国汽车工业冲出国门、走向世界的决心。“1”字车标是近年增加采用的图形标识。以椭圆形为基本型，代表全球和天穹，以“1”字为视觉中心，代表“第1”的特征。与“红旗”文字放在一起象征着“红旗”的积极进取和百折不挠的精神(见图7.3)。一汽载货汽车在车头标有“FAW”字样，是第一汽车制造厂英文“First Automobile Workshop”的缩写。

2. 红旗车标

“红旗”是中国轿车的第一品牌。早期的红旗轿车在发动机盖一侧并排五面小红旗作为车标，代表“工、农、兵、商、学”。1960年将五面红旗改为三面，在发动机罩前上方重叠而立。

1964 年 4 月，全新的红旗 CA770 型轿车送到北京后，时任北京市市长的彭真看到车上三面红旗的车标时说："还是用象征毛主席思想的一面红旗好。"后请示上级，就将车标改为一面红旗（见图 7.4），象征毛泽东思想。红旗这两个字源于当时著名的理论刊物《红旗》杂志，也有人认为源于"乘东风，展红旗"。

图 7.3　一汽车标

图 7.4　红旗车标

3. 解放车标

"解放"是国产载货汽车的第一品牌，由毛泽东主席亲自命名。尔后，就用毛主席为《解放日报》题字的"解放"二字的手写体（见图 7.5）刻写在汽车车头上。

4. 夏利车标

天津一汽夏利股份有限公司 1986 年引进日本大发汽车公司的技术开始生产夏利轿车。夏利车标最早是在散热器格栅中央镶嵌"夏利"二字。1997 年开始采用形似高速公路的新商标（见图 7.6），表示夏利车既是受大众欢迎的节油车，又是能在高速公路上与其他汽车竞争的优质车，喻示夏利汽车前程远大。

图 7.5　解放车标

图 7.6　夏利车标

7.2　东风汽车集团

7.2.1　集团概况

东风汽车集团的前身是 1969 年始建于湖北十堰的第二汽车制造厂（简称"二汽"），1981 年，东风汽车集团成立。经过三十多年的建设，已陆续建成了十堰（主要以中、重型商用车、零部件、汽车装备事业为主）、襄樊（以轻型商用车、乘用车为主）、武汉（以乘用车为主）、广州（以乘用车为主）四大基地。除此之外，还在上海、广西柳州、江苏盐城、四川南充、河南郑州、新疆乌鲁木齐、辽宁朝阳、浙江杭州、云南昆明等地设有分支企业，业务范围涵盖全系列商用车、乘用车、汽车零部件和汽车装备，是与中国第一汽车集团公司和上海汽车工业（集团）总公司一起被视为中国综合实力最强的三大汽车企业集团之一。2003 年 9 月，公司的总部由十堰搬迁至武汉。2007 年，公司销售汽车 113.7 万辆，完成营业收入 1 416.87 亿元。2008 年，公司销售汽车132.06万辆,同比增长16.12%,是行业增速的2.4倍;实现营业收入1 527.13亿元,位居中国企业500强第30位,中国制造业500强第6位;综合市场占有率达14.08%,在细分市场中进一步巩固了中重卡第一、SUV第一、中型客车第一、轻卡第二、轻客第二和轿车第三的市场地位。2008年公司位居中国企业500强第20位,中国制造企业500强第5位。

东风汽车集团最近10年来的发展,走的是一条着眼于参与国际竞争,按照“融入发展,合作竞争,做强做大,优先做强”的发展方略,借与跨国公司的战略合作推动企业发展之路。公司先后扩大和提升与法国标志-雪铁龙集团的合作;与日产进行全面合资重组;与本田拓展合作领域;与江苏悦达集团、韩国起亚整合重组东风悦达起亚;与重庆渝安创新科技(集团)公司合资成立东风渝安车辆有限公司,生产东风小康微车等。全面合资重组后,东风的体制和机制发生深刻变革。按照现代企业制度和国际惯例,构建起较为规范的母子公司体制框架,东风汽车集团成为投资与经营管控型的国际化汽车集团。

7.2.2 主要品牌

东风集团旗下拥有东风自主汽车品牌和东风日产、东风雪铁龙、东风标致、东风本田、东风悦达起亚等合资合作品牌。

东风品牌有天龙、天度、红色旋风、大力神、开路先锋等载重车;有东风小霸王、东风信天游、东风多利卡、东风梦卡、东风之星等轻型车;有东风风劲、东风安迅、东风迅捷、东风迅驰等客车;还有东风风神轿车。

东风日产有蓝鸟、轩逸、骐达、颐达、骊威、阳光、天籁等车型。

东风雪铁龙有富康、毕加索、爱丽舍、凯旋、雪铁龙C4L、雪铁龙C5、世嘉等车型。

东风标致有标致301、标致308、标致408、标致508等车型。

东风本田有思域、思铂睿、CR-V等车型。

东风悦达起亚有千里马、狮跑、锐欧、起亚K2、起亚K3、起亚K5等车型。

还有东风柳州汽车有限公司生产的东风风行MPV车型等。

7.2.3 东风车标

东风车标(见图7.7)是一对燕子在穹飞翔的尾翼,通过艺术手法创作的图案,以夸张的表现形式喻示着双燕舞东风,使人自然联想到东风送暖,春光明媚,神州大地生机盎然的景象,给人以启迪和力量。二汽的“二”字寓意于双燕之中,戏闹翻飞的春燕,象征着东风牌汽车的车轮不停地运转,奔驰在祖国大地上,奔向全球。作为商标的“东风”字样一直沿用的是毛泽东主席的墨宝。

图7.7 东风汽车商标

7.3 上海汽车工业(集团)总公司

7.3.1 公司概况

上海汽车工业(集团)总公司(简称“上汽集团”)是中国三大汽车集团之一,主要从事乘用车、商用车和汽车零部件的生产、销售、开发、投资及相关的汽车服务贸易和金融业务。上汽集团坚持自主开发与对外合作并举，一方面通过加强与德国大众、美国通用等全球著名汽车公司的战略合作，形成上海大众（1985 年成立）、上海通用（1997 年成立）、上海申沃（2000 年成立）、上汽通用五菱（2002 年成立）、上汽双龙（2004 年参股）、上汽依维柯红岩（2007 年成立）等系列产品；另一方面集全球资源，加快技术创新，推进自主品牌建设，相继推出了荣威品牌和 750 产品，逐步形成了合资品牌和自主品牌共同发展的格局。上汽集团除在上海当地发展外，还在柳州、烟台、沈阳、青岛、仪征等地建立了自己的生产基地；直接管理持股 51.16％的韩国双龙汽车公司，拥有韩国通用大宇 10％的股份；在美国、欧洲等国、中国香港、日本和韩国设有海外公司。上汽集团于 2004 年 11 月成立上海汽车股份有限公司，2007 年更名为上海汽车集团股份有限公司，简称“上海汽车”。目前“上海汽车”已成为国内 A 股市场规模最大的汽车公司。

上汽集团在中国企业联合会、中国企业家协会联合发布的 2006 年度中国企业 500 强排名中名列第 18 位，2007 年度中国企业 500 强排名中名列第 19 位。2008 年，上汽集团整车销售超过 182.6 万辆，其中乘用车销售 111.8 万辆，商用车销售 70.8 万辆，在国内汽车集团排名中继续保持第 1 位。2014 年，集团整年销量达到 562 万辆，合并销售收入入选《财富》杂志世界 500 强，排名第 60 位。

7.3.2　主要品牌

上汽集团旗下拥有上海、荣威、上海大众、上海通用、上汽双龙、上汽通用五菱、上海申沃、上海汇众、上汽依维柯红岩等汽车品牌。

上海轿车的前身是凤凰牌轿车。1958 年 9 月，上海汽车装配厂参考波兰的华沙轿车底盘、美国的顺风轿车造型，装用南汽 NJ050 型发动机试制成第一辆凤凰牌轿车，实现了上海汽车工业轿车制造“零”的突破。1960 年 8 月，上海汽车装配厂改名为上海汽车制造厂，到 1960 年底共生产了 12 辆凤凰牌轿车。由于三年自然灾害，国民经济遇到了严重困难，凤凰牌轿车被迫停产。1963 年恢复生产。1964 年开始正式投入批量生产，并改名为上海牌轿车（见图 7.8）。以后逐年扩大产量，直到 1991 年 11 月停产，共生产上海牌轿车 79 256 辆。上海牌轿车曾经是中国仅次于“红旗”的行政用轿车。上海汽车制造厂与德国大众汽车公司合资生产桑塔纳的同时，上海牌轿车也走完了它的历史旅程。从一定角度来说，上海轿车的历史价值与红旗轿车一样具有重要意义，代表了早期中国发展自主品牌轿车的坚定信念和艰难历程。

图 7.8　上海牌轿车 SH760

荣威汽车是上汽集团 2006 年在购买英国罗孚汽车的生产技术的基础上，自主开发的汽车品牌。荣威中的“荣”有荣誉、殊荣之意，“威”含威望、威仪及尊贵地位之意。荣威合一，体现了创新殊荣及威仪四海的价值观。

上海大众主要有桑塔纳、途安、明锐、帕萨特、波罗、高尔等车型。

上海通用主要有别克、凯迪拉克、林荫大道、萨博、君威、君越、赛欧、凯越、乐驰、乐风等车型。

上汽双龙主要有雷斯特Ⅱ、享御、爱腾、路帝、新主席等车型。

上汽通用五菱主要有雪佛兰、五菱之光、五菱小旋风、五菱兴旺、五菱鸿途、五菱阳光等车型。

上海申沃主要生产申沃客车。

上海汇众主要有伊斯坦纳、德驰等车型。

上汽依维柯红岩主要生产载重车。

7.3.3 汽车商标

上海牌车标就是轿车产地“上海”两个字(见图7.9)。

荣威车标(见图7.10)整体结构是一个稳固而坚定的盾形,在保持传统的基础上兼具简洁的现代感,独特性强,识别性好,暗寓其产品具有可依赖的尊崇品质,体现上汽自主创新、国际化发展的坚强决心和意志。荣威的外文命名“Roewe”源自西班牙语“Loewe”,蕴涵“雄狮”之意。标志中的核心图像则以两只站立的东方大雄狮构成。狮子是百兽之王,在中国文化中代表着吉祥、威严、庄重,同时在西方文化中狮子也是王者与勇敢精神的象征,其昂然站立的姿态传递出一种崛起与爆发的力量。双狮图案通过其直观的艺术化手法,展现出尊贵、睿智的强者气度。色彩上以红、金、黑三个主色调构成,这是中国最经典、最具内蕴的三个色系,红色代表中国传统的热烈与喜庆,金色代表中国的富贵,黑色则象征着威仪与庄重。

图7.9 上海车标

图7.10 荣威车标

7.4 南京汽车集团有限公司

7.4.1 公司概况

南汽的历史始于1947年3月,在山东临沂地区耿家王峪成立的中国人民解放军华东野战军特种纵队修理厂。1958年3月10日,南汽成功地制造出我国第一辆轻型载货汽车,国家一机部定名为“跃进”牌汽车,同时批准成立南京汽车制造厂。1964年1月朱德同志来厂视察并题写厂名。1995年6月21日,原国家经贸委同意南京汽车制造厂更名为跃进汽车集团公司。1996年1月,中意合资的南京依维柯汽车有限公司成立。后又多方引进外资建设南京菲亚特汽车公司,开始生产小轿车。2003年8月28日,由跃进汽车集团公司、中国信达资产管理公司、中国华融资产管理公司、江苏省国信资产管理集团有限公司、江苏交通产业集团有限公司等5家公司共同出资重组的南京汽车集团有限公司正式揭牌。

2005年7月22日,南汽成功收购了英国MG罗孚公司和动力总成公司的资产,为南汽再创辉煌寻求到了新的机遇。通过购买海外优质资产、并购海外企业,拥有并控制国际品牌、先进技术等优势资源，高起点、低成本、快速度地实现自主创新和国际化战略目标的发展模式，南汽创造了中国汽车工业发展的全新道路。2006年3月成立南京名爵(MG)汽车有限公司。

2007年12月26日，上汽与南汽合作成功签约。资产整合后的新南汽成为上海汽车的全资子公司。上海汽车是目前国内领先的乘用车制造商、最大的微型车制造商和销量最大的汽车制造商。上南双方推进“五个统一”(统一规划、统一研发、统一采购、统一制造、统一营销)，优势互补，资源共享。南汽将依托上汽的优势，着眼于未来更长远、更深入、全方位的发展，建设成上汽全球整车业务中的重要汽车制造基地，使上汽集团借助南汽集团制造基地成为中国最大、世界一流的汽车企业。

南汽目前除整车生产公司外，还拥有宁波前桥、杭州依维柯、南汽专用车、汽车工程研究院(国家级企业技术中心)和国家级汽车质量监督检验鉴定试验所。南汽拥有外事审批权，博士后科研工作站及与东南大学、南京理工大学、江苏大学等联合组建的汽车工程研究院，具有较完善的科研和生产经营体系。

7.4.2　主要品牌

南汽集团公司旗下拥有跃进、依维柯、菲亚特、名爵MG等汽车品牌。

跃进汽车有英格尔、优尼卡、君达轿车系列以及轻卡系列。

依维柯主要有欧霸、威尼斯、得意、宝迪等系列。

菲亚特主要有派力奥、西耶那、周末风、派朗等车型。

名爵汽车有MG3、MG6、MG7、MG－TF等系列。

7.4.3　跃进车标

跃进车标(见图7.11)的椭圆代表地球，斜线蕴涵跃进汽车四通八达，也意味着跃进汽车“更快、更高、更强、更新”。

图7.11　跃进车标

7.5　北京汽车集团有限公司

7.5.1　公司概况

北京汽车集团有限公司是由北京市人民政府投资，对原北京汽车工业集团总公司进行改制组建的国有独资公司，是北京汽车工业的发展规划中心、资本运营中心、产品开发中心和人才中心。

北京汽车工业的发展已有60年的历史。1949年将从国民党手中接收的一个破旧修理厂改名为北平修理厂。1954年又改名为北京第一汽车附件厂。1958年6月，从印度尼西亚大使馆买了一辆德国大众双门5座轿车作为样车，在清华大学的协助下，生产出第一辆井冈山牌轿车，同时更名为北京汽车制造厂(简称BAW)。1958年9月，又试制成功北京牌高级敞篷小轿车。1965年，北京吉普BJ212汽车正式开始批量生产。1973年，成立北京汽车工业公司。1974年，试制出北京BJ750中级轿车。1984年1月15日，与美国汽车公司(AMC)合资成立了中国第一家中外合资汽车企业——北京吉普汽车有限公司(BJC)。1996年8月28日，全国99家企业出资组建了北汽福田(FOTON)车辆股份有限公司。2002年6月4日，与日本三菱汽车公司签署了在中国生产帕罗杰(SPORT)车型的协议。2002年10月18日,与韩国现代汽车公司合资成立北京现代汽车公司。2005年8月8日,北京奔驰-戴姆勒克莱斯勒汽车有限公司(简称BBDC)成立。2007年8月,北京勇士军用越野指挥车下线并开始列装部队。2009年,公司以2亿美元成功收购绅宝核心知识产权,一度改变了中国单纯以市场换技术的被动局面,实践了新的技术发展路线,并创立了以"绅宝"命名的中高端品牌。同年11月,北京汽车新能源汽车有限公司成立,加速了新能源汽车的产业化进程。2010年9月,公司正式更名为北京汽车集团有限公司。

7.5.2 主要品牌

北汽控股公司已拥有北京吉普、北京现代、北京奔驰等国际品牌和北京、福田等自主开发的民族品牌,实现了国际品牌和民族品牌比较完美的结合,形成了轿车、商用车、越野车的三大板块生产格局。

北京吉普主要有Jeep4700/4000(大切诺基)、Jeep2500、BJ2020(见图7.12)、三菱帕杰罗(SPORT)、三菱欧蓝德(Mitsubishi Outlander)等车型。

图7.12 BJ2020

北京现代主要有索纳塔、伊兰特、雅绅特、途胜等车型。

北京奔驰主要生产奔驰C级和E级车、克莱斯勒300C、铂锐等车型。

北汽制造主要有陆霸、骑士、勇士、战旗、旗铃、陆铃、旗舰等车型。

北汽福田主要有欧曼、欧马可、风景、时代、传奇、萨普等车型。

7.5.3 汽车商标

北汽制造标志采用艺术化的"北"字(见图7.13)。2008年第十届北京国际汽车展览会上,北汽控股正式公布了新的北京牌车标(见图7.14)。

图7.13 北汽制造标志

图7.14 北京牌车标

北京吉普车标(见图7.15)由图形和文字两部分组成。图形部分突出"北"字,表示"北京"。文字部分"BJC"表示北京吉普汽车有限公司。图案又像一条向前延伸的路,还像高山峻岭,意为北京吉普汽车适合在任何道路上行驶,路在车下,勇往直前。

北汽福田车标(见图7.16)采用钻石造型,突出了珍贵、恒久之意,象征福田人对优异质量和完美境界的追求;钻石图案所反映的透明、纯净感,体现了企业诚信的价值观;三条边象征多元化经营的业务结构;三条斜线构图自下而上代表了"突破、超越、领先"的三个阶段竞争策略。

图 7.15　北京吉普车标　　　　图 7.16　福田车标

7.6　奇瑞汽车股份有限公司

7.6.1　公司概况

奇瑞汽车股份有限公司是由五家安徽省地方投资公司共同投资兴建的国有大型股份制企业。1997 年 1 月 8 日注册成立。1997 年 3 月 18 日在安徽芜湖市动工建设。1999 年 12 月 18 日,第一辆奇瑞轿车下线。2003 年 6 月推出 QQ 轿车和东方之子轿车。同年 8 月又推出旗云轿车,成功完成产品线布置,进入全面发展的新阶段。2004 年 4 月 15 日,奇瑞公司第 20 万辆轿车下线,预示着这个汽车业的新锐成长为中国自主品牌的支柱企业,成为中国主流轿车企业之一。2005 年 3 月 28 日,奇瑞公司第一辆瑞虎 SUV 上市。2005 年 3 月 28 日,奇瑞公司举行发动机二厂生产线启动及首台发动机点火仪式,从而实现中国在轿车主要零部件(发动机)自主研发上的新突破。2007 年 8 月 22 日第 100 万辆汽车下线,以此为标志,奇瑞实现了从通过自主创新打造自主品牌第一阶段向通过开放创新打造自主国际名牌第二阶段的转变,进入全面国际化的新时期。2007 年先后与美国量子等企业建立合作合资关系,开启中国汽车工业跨国合作的新时代。目前,奇瑞正积极实施"大国际"战略,全面推进全球化布局,产品向全球 70 余个国家和地区出口,成为我国第一个将整车、CKD 散件、发动机以及整车制造技术和装备出口至国外的轿车企业。目前已建或正在建的海外 CKD 工厂达到 15 个,将深度覆盖亚、欧、非、南美和北美五大洲的汽车市场。奇瑞在输出产品的同时,还输出技术和文化,成为传递合作友情的"中国名片"。2008 年出口整车 13.5 万辆,连续 6 年稳居中国第一。公司现有轿车公司、发动机公司、变速箱公司、汽车工程研究总院、规划设计院、试验技术中心等生产、研发单位。

奇瑞在积极打造硬实力的同时,高度重视培育软实力,秉承"大营销"理念,全面升级"品牌、品质、服务"三大平台,不断提升品牌形象和企业形象。奇瑞先后通过 ISO 9001、德国莱茵公司 ISO/TS 16949 等国际质量体系认证,也是唯一取得 C-NCAP 碰撞测试五星级成绩的自主品牌。2006 年,奇瑞被认定为中国驰名商标,入选中国最有价值商标 500 强第 62 位。2007 年,奇瑞公司入选"2007 年度最具全球竞争力中国公司 20 强"和"发展中国家 100 大竞争力企业"。2008 年,奇瑞公司第 3 次被《财富》杂志评为最受赞赏的中国公司。

自主创新是奇瑞的动力之源,也是其奉行的"大技术"战略的核心。奇瑞公司从创立之初就坚持自主创新,现已形成以众多研发单位为依托,与奇瑞控股的关键零部件企业和供应商协同设计,与国内大专院校、科研所等进行产学研合作的研发体系。通过"以我为主,联合开发"的特色模式,公司掌握了一批整车开发和关键零部件的核心技术,并在强调技术主权的基础上,充分整合全球范围内的资源,通过开展深度化、广泛化的国际合作,大幅度降低了整车制造和开发成本,缩短了开发周期。此外,奇瑞公司还高度重视观念创新、管理创新,不断完善体制机制,激发企业的创新活力,吸引并留住了一大批技术和管理人才。奇瑞公司将继续发扬艰苦创业的精神,不断提高产品质量和服务水平,努力创造先进的技术和管理方法,带领中国汽车企业“军团”跻身世界汽车列强之林!

7.6.2 主要品牌

奇瑞公司旗下现有奇瑞(Chery)、开瑞(Karry)、瑞麒(Riich)、威麟(Rely)四个子品牌(现已合并),覆盖家轿、微车、商用车和高端品牌领域,“大品牌”战略满足了细分市场的不同消费需求。

奇瑞在乘用车品牌旗下已有QQme、QQ3、QQ6、A1、A3、A5、瑞虎、东方之子、旗云等数十款车型。

开瑞微车品牌旗下主要有优雅、优翼、优派、优优、优胜、优劲等已经上市和即将上市的多款车型。

瑞麒是一个以高标准精心打造的中高端乘用车品牌,主要有G5、G6、M1等车型。

威麟是中高端全能商务车品牌,目前只有V5车型,另有多个系列车型将相继上市。

7.6.3 汽车商标

1. 奇瑞车标

奇瑞车标(见图7.17(a))整体由英文字母“CAC”(Chery Automobile Corp.)的变形重叠形式组成,中文意为奇瑞汽车有限公司;中间“A”字母为变形的“人”字,代表以人为本的设计、管理理念;两边的“C”字母向上环绕,如同人的两个臂膀,象征一种团结和力量;两个“C”字母环绕成地球的椭圆状,中间的“A”字母在上方的断开处向上延伸,预示着奇瑞公司发展无穷,潜力无限,追求无限。整个标志又是“W”和“H”两个字母的交叉变型设计,为芜湖的汉语拼音声母,表示公司的生产地。整个图标形似一只牛头,表示对内团结一致、生产出好产品、为用户提供好的服务,对外勇于开拓市场。

2013年4月,奇瑞发布全新车标(见图7.17(b)),该车标在原奇瑞车标的基础上进行了修改,以此希望消费者能够对奇瑞品牌有一个全新的认识。这次发布会奇瑞明确了着力打造一个品牌的发展战略,旗下四大品牌“奇瑞”“开瑞”“瑞麒”“威麟”被重新整合,同时发布了iAuto核心技术平台。

2. 开瑞车标

开瑞英文名Karry,与英语中搬运、运送的单词Carry同音,给人以力量、稳妥、安心之感。而汉字中的“开”取宏业骏开、旗开得胜之意,“瑞”给人吉祥发展之感。“开瑞”二字既可与“奇瑞”集团在名称识别上产生清晰区隔,又以“瑞”字暗含与奇瑞集团同源的信息;从行业背景角度分析,“微车”较之于“微客”涵盖更大的品类范畴,从公司长远的规划角度而言更具发展空间。

开瑞车标(见图7.18)由椭圆形蓝底银环背景及品牌英文名Karry构成,立体银环给人以浓厚的现代感,蓝色的背景映衬着银色的罗马体Karry,显得沉稳大气又不乏灵动。整体构图均匀和谐,以蓝银为主色调,经典优雅。配以刚劲有力的罗马字体,既符合微车行业的本身属性,又放眼未来,寄寓未来。

(a) 旧车标　　(b) 新车标

图 7.17　奇瑞车标

图 7.18　开瑞车标

3. 瑞麒车标

瑞麒标志(见图 7.19)的主形象是一只振翅高飞的浴火凤凰,深蕴蜕变、超越、奋进的精神,也凸现了其勇于开拓、身先士卒的领导气质,充满了无尽的张力。同时,中间的"R"字母不仅醒目地展示了瑞麒的品牌名称 Riich,也呈现出聚焦稳重的视觉美感。银色飞翼与金色字母的组合,极大地增添了瑞麒标志的品质感,同时也展示了追逐更高品质生活、崇尚更高境界人生的强烈希望。它将搭载着每一位成功者向着更高的目标不断迈进,同时不断带给每一位渴望成功的人追逐梦想、超越现实的希望。

4. 威麟车标

威麟车标(见图 7.20)以字母 R 和一个圆构成,就像麒麟的脚印。麒麟在中国传统文化中具有古典、活力和智慧的象征意义,除寓意吉祥之外更富于贵族化的色彩,被中国人广泛认知和喜爱。同时威麟标志也来源于奇瑞标志,如果说奇瑞标志像飞机的跑道,那么威麟就是在这个跑道上落下的脚印,并快速地起飞和成长。

图 7.19　瑞麒车标

图 7.20　威麟车标

7.7　华晨汽车集团控股有限公司

7.7.1　公司概况

华晨汽车集团控股有限公司(简称"华晨汽车")是我国汽车工业高起点"自主创新、自有技术、自主品牌"的主力军。华晨汽车是 2002 年经辽宁省政府批准设立的国有独资公司。集团公司全资、控股、参股的主要企业有沈阳华晨金杯汽车有限公司、华晨宝马汽车有限公司和金杯车辆制造有限公司等三个整车制造厂以及 30 余家汽车发动机及汽车零部件企业,是一个集整车、发动机、核心零部件研发、设计、制造、销售以及资本运作为一体的大型企业集团。1991 年 7 月 22 日,华晨汽车集团与一汽金杯汽车有限公司投资组建沈阳金杯客车制造有限公司。同年 11 月,第一台金杯海狮在沈阳成功下线。1992 年 10 月,公司在美国纽约股票交易所挂牌上市,成为我国第一家海外上市公司。华晨汽车在海外成功上市，为中国企业融入并利用国际资本市场创造了一个崭新模式。1999年10月，公司在香港上市。2000年12月中华轿车下线，2002年8月投放市场。2003年1月，沈阳金杯客车制造有限公司更名为沈阳华晨金杯汽车有限公司。2003年3月27日，华晨与德国宝马合资项目在北京签约。

华晨汽车合理利用资源，与国际领先的汽车生产商建立战略联盟，坚持“以我为主、外部为辅”的研发模式，先后与日本丰田、德国宝马、保时捷等国际知名公司开展合作。在学习、消化、吸收先进技术、优秀管理经验的同时，形成自有知识产权，现拥有了148项技术专利。致力于提高中国汽车制造业的国际竞争力，创造国内汽车自主品牌发展的新模式。

7.7.2 主要品牌

华晨汽车除拥有华晨宝马合资品牌外，高起点打造了中华和金杯两大自主品牌。

华晨宝马主要生产3系列和5系列车型。

中华轿车(见图7.21)是一款拥有自主品牌的中高档轿车产品，主要有尊驰、骏捷、酷宝等车型。这款车由世界顶级设计大师乔治·亚罗主持设计，整车性能验证由国际权威机构英国MIRA公司试验鉴定，冲压、装焊、涂装、总装四大工艺设备由世界著名汽车设备制造公司SCHULER、KUKA、DURR、SCHENCK等企业提供，其重要的总成件、配件由国际著名汽车厂商提供。

图7.21 中华尊驰轿车

金杯品牌主要有海狮、海星等轻型客车以及阁瑞斯MPV。

7.7.3 汽车商标

1. 中华车标

中华车标(见图7.22左)是“中”字外加圆环，显示天圆地方的寓意，也体现了中华传统文化的底蕴，象征中华牌轿车跻身世界级轿车之列。

2. 金杯车标

金杯车标(见图7.22右)是一块镶嵌金杯的盾牌，象征着实力和成就。

图7.22 中华车标和金杯车标

7.8　吉利控股集团有限公司

7.8.1　公司概况

浙江吉利控股集团有限公司(简称吉利公司)是国内一家大型民营轿车生产经营企业,始建于 1986 年,其前身是位于浙江省台州市路桥区的黄岩县制冷元件厂,创始人李书福。总部设在浙江杭州,在临海、宁波、路桥和上海、兰州、湘潭建有六个汽车整车和动力总成制造基地。1994 年 4 月,进入摩托行业。1996 年 5 月,成立吉利集团有限公司。1997 年,进入汽车产业。1998 年 8 月 8 日,第一辆吉利汽车——吉利豪情二厢轿车在临海下线。2002 年 8 月,并购了上海杰士达汽车集团公司,形成上海华普整车制造基地。2002 年 12 月,分别与韩国大宇国际株式会社、意大利著名汽车项目集团签约联合开发 CK－1 与 CI－1 轿车项目。2003 年 3 月 24 日,浙江吉利国际汽车有限公司成立。2003 年 9 月,首辆吉利美人豹(见图 7.23)都市跑车被中国国家博物馆永久收藏并展示,当年还推出了自行研制的中国第一辆初级方程式赛车(见图 7.24)。2004 年 4 月,原韩国大宇公司总裁沈奉燮加盟吉利,任吉利研发副总裁。2005 年 5 月,与马来西亚签署吉利整车销售代理及 CKD 项目协议书。2007 年 5 月,吉利 CK－1 CKD 组装项目落户印尼。

图 7.23　吉利美人豹跑车

图 7.24　吉利方程式赛车

吉利公司投资数亿元建立了吉利汽车研究院、发动机研究所、变速器研究所、电子电气研究所,拥有较强的轿车整车、发动机、变速器和汽车电子电器的开发能力,每年可以推出多款全新车型和机型,在汽车造型设计开发、发动机、变速器和汽车电子电气设计开发方面拥有行业顶尖的技术专家和技术力量。

其自主开发的 4G18 CVVT 发动机,升功率达到 57.2 kW,处于世界先进、中国领先水平;自主研发并产业化的 Z 系列自动变速器,填补了国内汽车领域的空白,并获得 2006 年度中国汽车行业科技进步唯一的一等奖;自主研发的 EPS,开创了国内汽车电子智能助力转向系统的先河;同时在 BMBS 爆胎安全控制技术、新能源汽车等高新技术应用方面也取得重大突破;目前已经获得各种专利 718 项,其中发明专利 70 多项,国际专利 26 项;另外还投资建立了北京吉利大学、海南吉利三亚学院、临海浙江吉利汽车技师学院等高等院校,培养出近万名毕业生,为中国汽车工业人才战略作出重大贡献。连续 6 年进入中国企业 500 强,连续 4 年进入中国汽车行业 10 强,被评为首批国家“创新型企业”和首批“国家汽车整车出口基地企业”,是中国汽车工业 50 年发展速度最快、成长最好的企业。2010 年 8 月 2 日,吉利控股集团以 18 亿美元的价格,完成对福特汽车公司旗下沃尔沃轿车公司的全部股权收购。

浙江吉利控股集团有限公司在国内建立了完善的营销网络,建立了国内一流的呼叫中心,率先在国内汽车行业实施了ERP管理系统和售后服务信息系统,实现了用户需求的快速反应和市场信息快速处理。

吉利公司本着"总体跟随、局部超越、重点突破、招贤纳士、合纵连横、后来居上"的战略思想,发扬"敬业、创新、沟通、拼搏"的企业精神,持续进行技术创新和管理创新,积极参与国际竞争与合作,以先进的技术、优质的产品和细微的服务,全心全意地圆中国老百姓的汽车梦,为中国汽车工业自主品牌的崛起,为实现"造老百姓买得起的好车,让吉利汽车走遍全世界"的美好理想而拼搏奋斗!

7.8.2 主要品牌

吉利公司曾经拥有吉利、上海华普、全球鹰、帝豪、上海英伦五大品牌,已于2014年整合。

吉利旗下有豪情、美日、优利欧、SRV、美人豹、远景、金刚、中国龙、金鹰、自由舰等车型。

上海华普主要有海域、海尚、海迅、海锋等车型。

全球鹰主要有熊猫(见图7.25)、SUV、gx313等车型。

帝豪是吉利汽车新推出的中高档品牌,是吉利企业战略转型时期的多品牌运营的主角和开创者,承担重塑和提升吉利品牌价值与形象的重任,主打大众化车型,以中高端公商务用车和家用轿车为主,目前有EC7(见图7.26)、GT(见彩页)等车型,另有EC8、EV8、EX8、EX9、ET-9等规划车型。

图7.25 熊猫轿车

图7.26 帝豪EC7轿车

上海英伦是吉利控股集团与英国锰铜控股集团共同成立的合资企业,主攻高端汽车市场,有GE(见图7.27)、TX4(见图7.28)等车型。

图7.27 上海英伦GE轿车

图7.28 上海英伦TX4轿车

此外，吉利公司还拥有JLS和Z系列变速器，排放标准均达到欧Ⅲ及以上的1.0～1.8 L多系列发动机。这些产品均通过国家的3C认证，且拥有完全自主知识产权。

7.8.3　汽车商标

1. 吉利车标

吉利车标如图7.29(a)所示，圆形象征地球，表示面向世界、走向国际化。中间阶梯状的六个“6”有多个含意，象征太阳的光芒，只有走进太阳，才能吸取无穷的热量，只有经过竞争的洗礼，才能百炼成钢；也寓示着中国传统的“六六大顺”，象征如意、吉祥；还预示着吉利一步一个台阶，不断攀登进步。图案内圈蔚蓝色，象征广阔的天空，超越无止境，发展无止境；外圈深蓝色象征无垠的宇宙，超越无限，空间无限。

2014年4月，吉利发布了全新品牌架构，帝豪、全球鹰、英伦三个子品牌被取消，汇聚为“一个吉利”，同时发布了新车标(见图7.29(b))。新车标以帝豪车标为基础，融入了原有吉利车标的蓝色，寓意为吉利品牌集聚既往精华，在演进中获得新生。同时公司也对销售渠道进行了相应的优化整合，以统一形象和产品组合为消费者提供优质服务。

(a) 旧车标　　(b) 新车标

图 7.29　吉利车标

2. 全球鹰车标

全球鹰车标(见图7.30)整体外廓为椭圆形，象征着全球化的背景，喻示吉利在全球市场动态平稳的发展前景。椭圆形状呈犄角之势，意喻吉利开拓、奋进、忠诚，负表使命感，也象征着时尚、激情、梦想。标识中间部分为吉利首字母“G”的变体，同时又是阿拉伯数字“6”的形状，6在中国传统文化中含有吉祥顺利的寓意。

3. 华普车标

华普车标(见图7.31)形似枫叶，寓意深远。标徽中心是一片向上的枫叶，象征华普的事业根植于枫茎，从这里出发，走向全国，走向世界；中间最高的主叶，象征华普人客户至上的至高理念，左右两片辅叶代表华普汽车以品质为本，以服务为先的经营理念；蓝色边底，象征华普人海一般的胸怀，吸纳国内外的贤人志士与先进科技，以发达华普，光大华普。双圆像车轮，象征华普人励精图治、不断进取，不断追求完美，不断创造新的不朽业绩。图中“SMA”是上海华普汽车有限公司“Shanghai Maple Automobile”的英文缩写。

4. 帝豪车标

帝豪车标(见图7.32)采用盾牌形，寓意帝豪车的坚固锐气，传递着豪华、稳健、力量；中间红黑相间的宝石体现帝豪车高贵雍容，洋溢着贵族睿智神韵。

图 7.30　全球鹰车标

图 7.31　华普车标

5. 上海英伦车标

上海英伦(见图 7.33)车标中包含红、黄、蓝、白四种颜色,象征着中英两国国旗。整体设计风格融合东西方文化,代表着经典、英伦、贵族,体现了上海英伦不断开拓创新、放眼全球的战略目标。

图 7.32　帝豪车标

图 7.33　上海英伦车标

7.9　长安汽车集团股份有限公司

7.9.1　公司概况

长安汽车集团股份有限公司(简称长安汽车集团)是经国务院批准组建的特大型汽车企业集团。公司原名为中国南方工业汽车股份有限公司,2009 年 7 月 1 日,经国家工商行政管理总局批准,正式更为现名。创建于 1995 年,由原长安机器制造厂和江陵机器厂合并而成,是中国最大的微型汽车及发动机生产厂家之一,总部设在北京。长安汽车集团起源于 1862 年清朝大臣李鸿章创办的上海洋炮局,曾开创了中国近代工业的先河,民国时期改为金陵兵工厂,至今已横跨三个世纪,有着 140 多年的悠久历史。伴随中国改革开放大潮,20 世纪 80 年代初长安正式进入汽车领域。1984 年,长安机器制造厂与日本铃木株式会社展开技术及商业合作,开始制造微型汽车。1986 年 9 月,长安机器制造厂成功推出长安品牌微型客车。1991 年 9 月,长安机器制造厂开始用铃木株式会社的技术制造奥拓品牌轿车。1993 年 6 月,成立长安铃木汽车有限公司。1996 年 9 月,成立重庆长安汽车股份有限公司。2000 年 10 月,与澳洲空调国际有限公司合作,成立南方英特空调有限公司,生产车用空调器。2000 年 9 月,成立南京长安汽车有限公司。2001 年 4 月,成立长安福特汽车有限公司(2006 年重新命名为长安福特马自达汽车有限公司)。2002 年 7 月,成立河北长安汽车有限公司。2005 年 1 月,先后成立了长安福特马自达南京分公司和长安福特马自达发动机有限公司。2005 年 9 月,与美国天合汽车控股有限公司合作,成立南方天合底盘系统有限公司,生产刹车系统。2005 年 9 月,与江铃汽车集团合资,成立了江铃控股有限公司。2006 年 1 月,中国南方工业汽车股份有限公司正式成立。2007 年 6 月,重组山西省汽车工业集团,将之更名为太原南方重型汽车有限公司后纳入本公司。同年,中国第一台氢内燃机在长安成功点火,中国第一辆产业化混合动力轿车杰勋下线。2008 年 7 月,由重庆长安汽车股份公司与重庆市科技风险投资公司共同出资成立重庆长安新能源汽车公司。当年,22 辆杰勋混合动力轿车成功服务北京奥运会。2009 年长安杰勋混合动力轿车作为行业唯一代表,成功驶入中南海成为国家机关工作用车。在重度混合动力、可充电混合动力、纯电动等领域均已取得突破性进展。

长安汽车集团有着雄厚的生产实力,在国内拥有重庆、南京、南昌、保定、太原等产业基地,生产自主品牌及合资品牌的乘用车、商用车、专用车,以及发动机等几百种相关汽车零部件。集团已实现与福特、马自达、沃尔沃、铃木等国际知名汽车生产商在乘用车和发动机领域的战略合作,以及与美国 TRW、日本昭和、澳洲空调国际、英国 GKN 在汽车零部件领域的紧密合作。集团在全球 30 多个国家建立了自己的生产基地和营销机构,产品销往 70 多个国家和地区。

7.9.2　主要品牌

长安汽车集团旗下拥有长安自主品牌微型车、轿车和商用车以及合资合作品牌福特、马自达、沃尔沃、铃木等。

长安微型车主要有长安之星、长安星光、长安 CM8、长安星韵、空间王等车型。

长安轿车主要有悦翔、志翔、杰勋、奔奔、陆风等车型。

长安商用车主要有长安小卡、长安星卡、远威、都市彩虹、村村通等产品。

福特主要有蒙迪欧、福克斯、嘉年华等产品。

马自达主要有 Mazda3、Mazda2 等车型。

沃尔沃主要有 S80L、S40 等产品。

铃木主要羚羊、天语、雨燕、奥拓等车型。

7.9.3　汽车商标

1. 长安微型车车标

长安微型车车标(见图 7.34)以天体椭圆运行轨迹为基础,捕捉长安汉语拼音“Chang An”中的“C”和“A”两个关键发音字母作为其造型设计的基本元素,经过抽象、组合,变形而成一个永恒运行的天体、一个攀升的箭头、一个精致的方向盘,又如一辆轻巧的汽车奔驰于阡陌纵横的公路之上。标志字体“CHANA”是长安汉语拼音“Chang An”的高度凝练,是在黑体字基础上经过修饰、设计和手工绘制而成的,其造型稳重、遒劲、优美,与图形标志一脉相承,最能和谐地表达出长安企业的品牌特征。

2. 长安轿车车标

长安汽车 2006 年 7 月在北京正式发布自主品牌轿车发展战略,推出了为轿车量身订制的盾形车标(见图 7.35(a))。盾形车标中间为矛,矛代表速度,盾表示安全,矛在盾内的意思是在安全的前提下保证速度。

2010 年 10 月,长安汽车发布全新轿车车标(见图 7.35(b)),新车标以“V”为核心创意表现,雄浑刚健的 V 型,好似飞龙在天,龙首傲立于蓝色地球之上,同时又是 Victory 和 Value 的首字母,代表着长安汽车致力于打造世界一流企业的战略愿景和为消费者与股东创造价值的企业责任感。刚柔并济的V型,也恰似举起的双手,传递出长安汽车科技创新、关爱永恒的价值追求。

图7.34　长安微型车车标

(a) 旧车标　(b) 新车标

图7.35　长安轿车车标

7.10　哈飞汽车工业集团有限公司

7.10.1　公司概况

哈尔滨哈飞汽车工业集团有限公司于2006年3月7日成立,是中国汽车及汽车发动机骨干生产企业和研发基地。下属企业包括哈飞汽车股份有限公司、东安动力股份有限公司、深圳分公司、威海分公司等。集团公司始终坚持走联合、引进、自主开发的道路,坚持企业技术进步和技术创新,走出了一条适合自身特点的自主创新之路。公司拥有自己的汽车及发动机研究机构和各类先进的实验设施、设备。汽车产品实现了从单一的微型汽车向经济型轿车和中高级轿车的跨越。多年来,通过与意大利、英国、奥地利、日本等国际著名企业开展技术合作,培养和锻炼了一支技术全面的工程技术团队,在企业科研和生产中发挥着重要作用。

7.10.2　主要产品

哈飞汽车集团公司目前主要的汽车产品有微轿、微客、微货、MPV、三厢轿车五大系列近百个品种,有与意大利宾尼法瑞纳公司设计开发的哈飞中意、路宝、赛豹系列,引进日本三菱公司技术联合开发的哈飞赛马系列和哈飞自行设计开发的哈飞民意、哈飞锐意、普通微型客车与货车系列三大类别。

汽车发动机拥有三大系列几十个品种,涵盖了0.8～2.0 L的所有黄金排量,完全满足国家排放和燃油经济性法规要求。主要机型有DA465、DA468、DA471和4G1、4G9系列发动机。这些产品都具有技术的先进性、良好的动力性、可靠的安全性、燃油的经济性和广泛的实用性。

7.10.3　哈飞车标

哈飞微型车车标(见图7.36)是蜿蜒涌动的松花江位于倒钻石形中,寓意公司事业如松花江水奔流不息,滚滚向前。哈飞原来是从飞机制造企业转变而来的,图形中央银白色条纹,看上去像翱翔的飞机,以盾形作为背景,喻示哈飞产品来自制造飞机的军工企业,质量可靠。

哈飞轿车车标(见图7.37)是哈飞首款三厢轿车赛豹的标志。中间的双星既代表哈飞与东安(分公司)强强联手,星星相映,共同奔向全球;又代表哈飞与意大利宾尼法瑞纳之间的紧密合作;也表示哈飞与广大用户心心相连、心手相牵。放眼望去,双星标志又是由哈飞的第一个字母“H”变形而来,代表整个哈飞汽车。

图 7.36　哈飞微型车车标

图 7.37　哈飞轿车车标

7.11　长城汽车股份有限公司

7.11.1　公司概况

长城汽车股份有限公司的前身是长城汽车工业公司,成立于 1984 年,位于河北保定市,是一家大型民营跨国公司,是国内规模最大、品种最多的皮卡(Pickup)专业厂商,目前拥有轿车、MPV、SUV、皮卡 4 个整车生产基地,具备发动机、前后桥等核心零部件自主配套能力。

7.11.2　主要产品

长城汽车产品主要有酷熊(COOLBEAR)、长城精灵 (GWPERI)、炫丽 (FLORID)轿车系列;有哈弗(HOVER) CUV 与 H3 、长城迷你 、赛影(SING) RUV 、赛弗(SAFE) SUV 系列;有嘉誉(COWRY) MPV ;有长城金迪尔(DEER)、长城赛铃(SAILOR)、长城风骏 (WINGLE)、长城赛酷(SOCOOL)皮卡系列;另有哈弗 · 派(HOVER · π)加长版(见图 7.38)等。

图 7.38　哈弗 · 派加长版长城汽车

7.11.3　汽车商标

1. 长城车标

长城旧车标(见图 7.39)是椭圆之中包含一个长城烽火台。椭圆外形是地球的形状,象征着长城汽车不仅要立足于中国,铸造牢不可破的汽车长城的企业目标,更蕴涵着长城汽车走向世界,屹立于全球的产业梦想。长城汽车是中国的长城,更是融入世界的长城。以长城作为公司、产品的名称,表达出长城人振兴中国民族汽车工业的执着信仰和奋斗精神。

2007 年,长城汽车公司公布了新车标(见图 7.40),由两个对放的字母“G”组成“W”造型,“GW”是长城汽车的英文 Great Wall 的缩写;中间凸起的造型是仰视古老烽火台 90°夹角的象形,被正中边棱平均分割,挺立的姿态酷似“强有力的剑锋和箭头”,象征着长城汽车蒸蒸日上的活力,寓意着长城汽车敢于亮剑,无坚不摧;凸起部分也象征着立体的“1”,表明企业勇于抢占制高点,永远争创一流的企业精神;椭圆底部长出盾形长城烽火台,整体外观形似汉字“中”。与长城汽车旧标识相比,采用立体构图,看起来更简洁和大方。

图7.39 长城旧车标

图7.40 长城新车标

2. 哈弗车标

哈弗是长城旗下的汽车品牌,主要定位为CUV(City Utility Vehicle)车型,即城市多功能车。2005年哈弗英文名为“HOVER”,代表“自由翱翔”。由于2006年开始批量出口欧盟,在国际市场有了一定影响,原来的英文名字已被很多国家注册,公司只好重新寻找了一个在英文里没有实际意义、全球发音更一致的单词“HAVAL”,含义为have all(无所不能)。

图7.41 哈弗车标

7.12 昌河汽车股份有限公司

7.12.1 公司概况

江西昌河汽车有限责任公司坐落于驰名中外的瓷都景德镇,有着30余年生产汽车的历史,是我国小排量汽车的定点生产企业,有着深厚的航空技术背景。拥有景德镇、九江、合肥三个整车生产基地,九江发动机生产基地和一个零部件工业园区,形成了地跨两省三市的生产格局。拥有完整的汽车生产、供应、销售系统及产品技术开发中心,完善的质量保证体系和售后服务体系,较强的设计、试制和批量生产模、夹、验具等工装设备的能力,实现了规模化经营。昌河汽车一度领跑中国小排量车市场,享有“微面之王”的美誉。2013年昌河汽车重组进入北京汽车集团有限公司,定位为北汽集团南方基地、节能环保车型战略基地和新能源汽车发展基地。

7.12.2 主要产品

昌河汽车于1973年生产出第一辆“昌河”牌大客车,1982年成功研制出中国第一辆微型汽车,1995年引进“铃木”国际品牌进军乘用车领域,2003年推出第一款自主品牌乘用车产品。40多年来,昌河汽车先后通过自主开发、技术引进等途径,成功研制出9大系列整车和3大系列汽车发动机产品。现主要产品包括北斗星系列多功能轿车,利亚纳系列经济型轿车,福瑞达、浪迪系列紧凑型MPV,昌河Q系列SUV和微型客货车,以及K系列发动机等。2015年以后,昌河汽车陆续推出了A0级SUV、A级轿车等新产品,实现了轿车、SUV、MPV、交叉乘用车和新能源车的全覆盖。

7.12.3　昌河车标

昌河车标由昌河汉语拼音“Chang He”两个首字母“C”和“H”构成，代表地球的椭圆形状(见图7.42)，喻示昌河汽车立足本土，面向世界。昌河铃木车型启用了全新的三环标(见图7.43)，形如昌河汽车的“昌”字。

图7.42　昌河车标

图7.43　昌河铃本车标

7.13　江淮汽车集团有限公司

7.13.1　公司概况

安徽江淮汽车集团有限公司(简称江汽集团公司)成立于1997年5月18日，其前身是始建于1964年的合肥江淮汽车制造厂。目前江汽集团公司有安徽江淮汽车股份有限公司、安徽安凯汽车股份有限公司两家上市公司和安徽江淮客车有限公司、安徽江淮银联重型工程机械有限公司、安徽江淮专用汽车有限公司、扬州江淮轻型汽车有限公司、安徽江淮自动化装备有限公司、合肥车桥有限责任公司、六安江淮汽车齿轮制造有限公司、六安江淮永达机械制造有限公司、黄山市江淮工贸有限公司、安徽江汽物流有限公司、合肥兴业经济发展有限公司等十多家控股子公司。

江汽集团公司肩负着振兴民族汽车工业的使命，高举自主品牌的大旗，整合全球资源，实施自主创新，紧密跟踪、同步引进国际前沿技术，持续开发在国际具有成本优势、在国内具有品质优势的高性价比产品，积极构筑民族汽车的品质和品牌优势，形成了具有较强竞争力的全系列产品格局。

7.13.2　主要产品

按照业务属性及产品特点，目前江汽集团公司已形成江汽、客车、工程机械、零部件四大板块和物流、“三产”两项事业的发展格局。江汽板块以江汽股份公司为主体，主要生产7～12座瑞风商务车、两驱和四驱瑞鹰越野型轿车(SRV)、0.5～50 t载货汽车、6～10 m客车专用底盘；客车板块以安凯股份公司、江淮客车公司为主体，主要生产6～13.7 m豪华高中普档客车及10 m以上底盘；工程机械板块以江淮重工公司、江淮专用车公司、江淮自动化公司为主体，主要生产叉车、自卸车、泵车和水泥搅拌车等专用汽车及工业机器人等自动化设备；零部件板块以合肥车桥公司、安凯车桥公司、六安齿轮公司为主体，主要生产发动机、变速器和汽车车桥等核心零部件。其中客车专用底盘和载货汽车是公司自主研发、拥有自主知识产权的产品。

载货汽车有骏铃、格尔发牵引车、威铃、康铃、亮剑、小薇、格尔发自卸车、帅铃等车型。

客车有安凯和江淮两个品牌。

7.13.3 江淮车标

1. JAC 车标

JAC 车标主要用作江淮载货汽车标识(见图 7.44),是由江淮汽车股份有限公司的英文"Jianghuai Automobile Co. Ltd."前三个英文首字母构成。椭圆象征着地球,表明 JAC 通过整合全球资源,造世界车,实现全球化经营;椭圆有迫于外力向内收缩之势,警示 JAC 人在发展过程中始终清醒认识来自外部环境的持续压力与挑战,时刻保持危机意识。

2. 五星车标

从 2006 年开始,公司在新一代瑞风 MPV 和瑞鹰 SUV 车上不再使用原来的 JAC 车标,改用江淮乘用车新标志——五星标志(见图 7.45),体现 JAC 自强不息、艰苦奋斗、令行禁止、学习创新的新红军精神;象征顾客、员工、股东、上下游合作伙伴及相关方的紧密协作,和谐共赢;表达了江淮汽车系统思考、团队学习、协调平衡、追求卓越的企业理念。整个标志柔和与刚毅兼具,稳重而极具张力,充分辉映着"制造更好的产品、创造更美好的社会"的企业愿景。

图 7.44 江淮 JAC 车标

图 7.45 江淮五星车标

7.14 比亚迪股份有限公司

7.14.1 公司概况

比亚迪股份有限公司创立于 1995 年 2 月,是一家在香港上市的高新技术民营企业,现拥有 IT 和汽车两大产业群。2003 年成为全球第二大充电电池生产商。2003 年 1 月 22 日,比亚迪正式收购陕西秦川汽车有限责任公司,组建比亚迪汽车有限公司,进入汽车制造与销售领域,开始了民族自主品牌汽车的发展征程。发展至今,比亚迪已建成西安、北京、深圳、上海四大汽车产业基地,在整车制造、模具研发、车型开发等方面都达到了国际领先水平,产业格局日渐完善并已迅速成长为中国最具创新的新锐品牌。

2008 年 10 月 6 日,比亚迪以近 2 亿元收购了半导体制造企业宁波中纬,整合了电动汽车上游产业链,加速了比亚迪电动车商业化步伐。通过这笔收购,比亚迪拥有了电动汽车驱动电机的研发能力和生产能力。作为电动车领域的领跑者和全球二次电池产业的领先者,比亚迪将利用独步全球的技术优势,不断制造清洁能源的汽车产品。2008 年 12 月 15 日,全球第一款不依赖专业充电站的双模电动车——比亚迪 F3DM 双模电动车(见图 7.46)在深圳正式上市。2009 年,比亚迪计划推出纯电动汽车,提前 20 年实现世界汽车工业追逐的梦想。

图 7.46　比亚迪 F3DM 双模电动汽车

比亚迪汽车遵循自主研发、自主生产、自主品牌的发展路线，矢志打造世界一流的精品轿车，产品的设计既汲取国际潮流的先进理念，又符合中国传统的审美观念。

7.14.2　主要汽车产品

目前，比亚迪汽车产品线已涵盖传统动力的燃油轿车与创新动力的纯电动汽车、混合动力汽车多系列，汽车产品包括各种高、中、低端系列燃油轿车，以及汽车模具、汽车零部件、双模电动汽车及纯电动汽车等。代表车型包括 F3、F3R、F6、F0、G3、L3 等传统高品质燃油汽车，S8 运动型硬顶敞篷跑车、高端 SUV 车型 S6 和 MPV 车型 M6，以及领先全球的 F3DM 双模电动汽车和纯电动汽车 E6 等；还有新推出的插电式混动轿车“秦”、油电混动 SUV“宋”、插电式混动 SUV“唐”。

7.14.3　比亚迪车标

比亚迪车标由两个同心的内外椭圆构成（见图 7.47），象征比亚迪与合作伙伴一路同驰骋。内椭圆等分为蓝天白云两部分，突出比亚迪打造节能环保汽车的意志。两椭圆间的黑带中镶嵌的“BYD”，展现比亚迪立足科技的理念。整个标志彰显比亚迪既是勇立潮头的大船，更是孕育自主品牌的摇篮。

2007 年，比亚迪车标换为由 BYD 三个字母和一个椭圆组成的新车标（见图 7.48）“BYD”的意思是 Build Your Dreams，即成就梦想。

图 7.47　比亚迪车标　　图 7.48　比亚迪新车标

7.15　力帆实业（集团）有限公司

7.15.1　公司概况

力帆（LIFAN）实业（集团）有限公司乘用车项目位于重庆市北部新区汽车园，成立于 1992 年，是中国最大的民营摩托车制造企业。历经十多年的发展，公司已迅速发展成为融科研开发、发动机、摩托车和汽车生产、销售为主业，并集足球产业、金融证券于一体的大型民营企业。

力帆轿车为自主品牌，属于家用经济型轿车。力帆轿车响应国家对从“中国制造”提升到“中国创造”的倡议，坚持走自主研发的道路，产品开发主要采用联合开发与技术购买的方式，通过获得技术归属权获得自主知识产权,为力帆汽车业务跨越产业竞争壁垒、实现可持续发展创造核心战略资源,从而获得广阔的发展空间。在自主开发过程中,力帆也非常重视知识产权的保护。截至目前,力帆轿车已被授权70余项专利。

为有效实施自主研发战略,力帆汽车采用创新方式组建研发团队,从全球范围整合技术资源,引进国际汽车界高级人才。聘任国际领先厂商(克莱斯勒公司)原技术高管王德伦加盟担任力帆研发团队负责人,并从克莱斯勒引入近30名技术骨干;同时从国内各大车厂引入百余人,搭建基本研发团队。力帆开门造车,与上海同济大学、重庆大学、重庆汽车学院、长春第九设计院、英国D&P公司、美国MSC公司、西门子公司、德尔顿公司开展全方位技术合作。

7.15.2 力帆车标

力帆车标(见图7.49)是并列斜排的三艘扬帆远行的大船,喻示着力帆汽车乘风破浪,勇往直前。

图7.49 力帆车标

7.16 广州汽车集团股份有限公司

7.16.1 公司概况

广州汽车集团股份有限公司(简称广汽集团)创立于2005年6月28日,由成立于1997年6月的广州汽车集团有限公司整体变更成立,是由广州汽车工业集团有限公司、万向集团公司、中国机械工业集团公司、广州钢铁企业集团有限公司、广州市长隆酒店有限公司作为共同发起人,以发起方式设立的大型国有控股股份制企业集团。

广汽集团主要业务有面向国内外市场的汽车整车及零部件设计与制造,汽车销售与物流,汽车金融、保险及相关服务,具有独立完整的产、供、销及研发体系。目前公司旗下拥有广州本田、广州丰田、本田(中国)、广汽集团汽车研发生产基地、骏威客车、羊城汽车、广汽日野、广汽部件、广汽丰田发动机、广汽商贸、广爱公司、同方环球、中隆投资、广汽汇理、广汽研究院、广汽菲亚特、广汽长丰、广汽吉奥等数十家知名企业,生产多种品牌多种型号的乘用车、商用车、汽车发动机和主要汽车零部件。

广汽集团以卓越的国际化企业为目标,铸造社会信赖的公众公司;以"人为本,信为道,创为先"为企业理念;以"尊重人性,崇尚沟通。勤勉务实,注重实践。追求效率,善用资源。诚信合作,激情创新。"为运营方针。

7.16.2 广汽车标

2010年,广汽集团正式启用全新标识(见图7.50),新标识的启用不仅仅是一个视觉符号的诞生,也是对"至精·志广"的全新演绎,更是一个全新时代的开启——"G"时代。

图7.50 广汽车标

7.17　其他国内汽车公司

7.17.1　东南(福建)汽车工业有限公司

东南(福建)汽车工业有限公司于1995年11月23日诞生在福建省福州市,由福建省汽车工业集团有限公司与中国台湾最大的汽车企业裕隆集团所属的中华汽车公司共同组建,双方各占50%股份,是迄今为止经国家正式批准成立的最大的海峡两岸合资汽车企业,主要生产“东南得利卡”和“东南富利卡”两大系列的轻型客车及与日本三菱公司合作推出的轿车系列。其车标如图7.51所示。

图7.51　东南汽车车标

7.17.2　四川(野马)汽车工业股份有限公司

20世纪80年代末,野马汽车在改革开放的大潮中诞生,是全国最早生产汽车的厂家之一。2006年8月更名为四川汽车工业集团有限公司,2011年12月经股份重组后正式更名为四川(野马)汽车工业股份有限公司。公司拥有客车和乘用车两大公司。客车公司拥有完整的四大工艺生产线和自动化终端检测线,生产的野马客车是四川省重点规划和发展的拳头产品。乘用车公司引进源自欧洲罗孚的生产线以及模具,建立了完备的四大工艺生产线,是四川省唯一的本土整车制造企业。其车标如图7.52所示。

图7.52　川汽野马车标

7.17.3　厦门金龙汽车集团股份有限公司

厦门金龙汽车集团股份有限公司的前身为厦门汽车工业公司,创立于1988年6月,1992年改制为股份制企业,1993年公司股票在上海证券交易所挂牌上市。2006年5月,公司更名为厦门金龙汽车集团股份有限公司。公司以大、中、轻型客车的制造与销售为主导产业,旗下拥有:厦门金龙联合汽车工业有限公司、厦门金龙旅行车有限公司、金龙联合汽车工业(苏州)有限公司、南京金龙客车制造有限公司等客车整车制造厂以及金龙汽车车身、电器、座椅、橡塑、空调和冲压零件等汽车零部件生产厂,具备大、中、轻型客车全系列车型的生产能力,形成了集客车整车与零部件制造于一体的金龙客车生产体系。

7.17.4　江铃汽车股份有限公司

江铃汽车股份有限公司由1968年成立的江西汽车制造厂发展而来。1997年,江铃/福特成功推出中国第一辆中外联合开发的汽车——全顺。江铃吸收世界最前沿的产品技术、制造工艺、管理理念,有效的股权制衡机制、高效透明的运作和高水准的经营管理,使公司形成了规范的管理运作体制,以科学的制度保证了公司治理和科学决策的有效性。江铃建立了研发、物流、销售服务和金融支持等符合国际规范的体制和运行机制，成为中国本地企业与外资合作成功的典范。其车标如图7.53所示。

7.17.5 众泰控股集团有限公司

众泰控股集团有限公司创立于2003年，是一家以汽车整车及发动机、模具、钣金件、变速器等汽车关键零部件为核心业务的民营企业。总部位于浙江永康，众泰控股集团是中国首批布局新能源汽车产业化的企业之一，是国内首家获得工信部颁布的新能源汽车整车生产公告目录的企业，在中国新能源汽车领域曾创造了“六个”第一。众泰控股集团目前拥有众泰汽车、江南汽车两大自主品牌，产品覆盖轿车、SUV、MPV和新能源汽车等领域。其车标如图7.54所示。

图7.53 江铃车标

图7.54 众泰车标

7.17.6 辽宁曙光汽车集团股份有限公司

辽宁曙光汽车集团股份有限公司成立于1984年，是以整车、车桥及零部件为主营业务的跨地区的现代企业集团，是国家汽车整车出口基地企业，拥有国家级技术中心，旗下拥有“黄海”客车与“曙光”轿车两大品牌。

7.17.7 华泰汽车集团

华泰汽车集团是一家集汽车研发、核心零部件生产和整车制造于一体的综合性汽车制造企业。集团成立于2000年，公司总部位于北京，下设北京、慕尼黑2个汽车工程技术研发中心和山东荣成、内蒙古鄂尔多斯、天津华泰、吉林延边4个汽车生产基地，并在内蒙古包头设有一个模具厂。华泰拥有世界领先的清洁柴油发动机和自动变速器核心技术，目前已具备年产30万台欧Ⅳ/Ⅴ清洁柴油乘用车发动机、45万台自动变速器、35万辆整车的生产制造能力。其车标如图7.55所示。

图7.55 华泰车标

7.17.8 长丰(集团)有限责任公司

长丰(集团)有限责任公司的前身为中国人民解放军第七三一九工厂，始建于1950年，总部位于湖南长沙，于1996年10月经改制成立长丰(集团)有限责任公司。2001年9月移交湖南省管理。集团有11家子公司和1家分公司，先后在长沙、永州建立了两个越野汽车整车生产基地，创建了“猎豹”汽车品牌。目前公司业务范围涵盖整车及相关零部件的研发、制造、销售与服务，拥有长沙、永州、衡阳、惠州 4 个零部件生产基地，长沙、永州、滁州 3 个整车生产基地，长沙、北京两大研发中心，旗下“猎豹”品牌在国内 SUV 行业中具有较为明显的专业与品牌优势。其车标如图 7.56 所示。

图 7.56　长丰车标

此外，我国还有海马汽车集团股份有限公司、东风裕隆汽车有限公司、河北中兴汽车制造有限公司、观致汽车有限公司、浙江青年汽车集团、贵州航天成功汽车制造有限公司、潍柴（重庆）汽车有限公司、浙江永源汽车有限公司、福建新龙马汽车股份有限公司、广东福迪汽车有限公司、江苏卡威汽车工业集团有限公司等。它们的创立和发展都在一定程度上推动了我国汽车工业的发展。由于篇幅所限，不再一一详述。

思考题

1. 我国三大汽车集团公司是哪几家？
2. 我国第一辆自主品牌轿车是什么？
3. 列举我国汽车工业的一些自主品牌。
4. 我国第一个中外合资汽车公司是哪家？
5. 谈谈我国应如何发展自主品牌汽车。

第 8 章　汽车时尚

8.1　汽车展览

8.1.1　汽车展览概况

汽车推广的形式似乎具有无限丰富的内容。除展销会和订货会之外,邀请参观、通报信息、汽车大赛、知识竞赛、无偿赠车、免费用车、组合商店、窗口公司等,都是汽车推广的基本形式。所谓汽车展览,是一种面向社会公众的汽车推广形式。因此,自汽车诞生之日起,汽车展览也随之而来。一般来说,汽车展览会主要有国际车展和国产车展、厂家车展和商家车展、专业车展和主导车展、固定车展和巡回车展、实物车展和虚拟车展、临时车展和永久车展等多种类型。从市场开拓的实践来看,汽车展览由于实现了产品直接与用户见面,便于用户对产品有一个直观而全面的了解,而且,在现场就可以签订供销合同,现场成交,效果非常明显。研究表明,在同样的费用条件下,展览所取得的效果是其他促销手段的数倍,这也是有那么多厂家千里迢迢热衷于参加车展的缘故。不仅如此,近几年来,随着车展的普及,尤其是轿车开始走进家庭,汽车展览的参观者已非单纯的经销商,大量的市民也纷纷涌向展览,一饱眼福,相应地带动了与展览有关的消费业发展,形成了所谓的会展经济,它反过来又对车展形成了推波助澜的效果,加速了车展业的繁荣。

国际车展,是以各国汽车为展销对象的车展;国产车展,是以本国汽车为展销对象的车展。通过汽车展览,不但可以沟通供需、培养汽车文化、促进汽车消费,而且可以彼此观摩、交流经营理念、促进汽车发展。衡量某一车展是否为国际一流的主要依据是:参展商规模和级别,汽车展品的档次,首次亮相的新车、概念车的多少,展出面积,配套设施的先进性、完备性,主办方的服务质量,国内外媒体宣传报道量,观众数量和专业水平等。国际车展是国际厂商的一次集体实力秀,也是刺激眼球经济的最好形式。德国法兰克福车展、法国巴黎车展、瑞士日内瓦车展、北美车展和日本东京车展被誉为当今国际五大车展。

中国被公认是世界上最后一块汽车大市场。中国汽车工业在新世纪以轿车进入家庭为标志,进入了新的发展阶段。汽车展览是一项面向大众的社会活动,汽车知识、汽车文化可以通过展览实现普及,特别是实现汽车文化的培育与传播,对于发展我国汽车工业起到了推动作用。目前,北京、上海、广州、长春、杭州、天津、大连、南京等城市纷纷举办车展,举办和参加汽车展销会,已经成为一项重要的促销策略,受到了汽车生产厂家的高度重视。展销并举、以展促销,有些汽车生产厂家,甚至可以预售出年产量的一半以上。

8.1.2　世界著名汽车展览

1. 北美车展

北美车展是国际五大 A 级车展中历史最久、涵盖面最广的汽车盛会。北美车展创办于

1907年,起先称为“底特律车展”,是世界最早的汽车展览之一,1989年更名为“北美国际汽车展”。由底特律汽车经销商协会主办。1900年11月,纽约美国汽车俱乐部召开了第一届世界汽车博览会,1907年转迁到底特律汽车城,当时会场设在贝乐斯啤酒花园,小小的展示区中参加的厂商只有17家,车辆不过33辆。1957年,欧洲车厂终于远渡重洋而来,首次出现了沃尔沃、奔驰、保时捷的身影,获得了美国民众的高度重视,底特律车展的“王旗”正式树起。从1965年起,展览移师Cobo会议展览中心。北美车展每年一月办展,每年总能出现四五十辆新车。众多人被吸引到车展的原因,除了对汽车的兴趣外,还因为车展办得像个大的假日集会,吃喝玩乐,热闹非凡。而密歇根州近年来每次车展都能进账5 000万美元以上。

2. 巴黎车展

巴黎车展是国际车展中商业味道最浓,展览时间最长的汽车盛会。两年一届的巴黎车展已成功举办了78届。作为浪漫之都的巴黎,它的车展如同时装,总能给人争奇斗艳的感觉。该展起源于1898年的国际汽车沙龙会,直至1976年每年一届,此后每两年一届。在每年的9月底至10月初举行。1998年10月,巴黎车展恰逢百周年,欧洲车迷期待已久的巴黎“百年世纪车展”以“世纪名车大游行”方式,让展车行驶在大街上供人观赏。法国的汽车设计一向以新颖独特著称于世,富于浪漫和充满想象力的法国人,总是在追求最别具一格的车型、风一般的速度和最舒适的车内享受,这些法国人的嗜好,都在巴黎车展中显露无遗,使得巴黎车展始终围绕着“新”字做文章。与此同时,巴黎车展也是概念车云集的海洋,各款新奇古怪的概念车常常使观众眼前一亮。第一届巴黎车展共有14万人参加。2000年,参展人数增长了10倍,达到了140万人,其中包括来自81个国家的8 500名记者。2002年法国巴黎国际车展持续16天,迎来世界5 000多名记者和125万观众。据统计,巴黎车展直接收入约85亿法郎,实现交易额1 500亿法郎。

3. 日内瓦车展

日内瓦车展是国际车展中新车阵容最强、车型档次最高的汽车盛会,素有“国际汽车潮流风向标”之称,是欧洲唯一每年举办的车展,在位于瑞士的日内瓦机场附近的巴莱斯堡国际展览中心举行,总面积达7万平方米。日内瓦车展始创于1924年。从1931年起,每年举办一届。其展会多在每年的3月举行,以展示豪华车及高性能改装车为主,展品比较个性化。在五大车展中,瑞士是唯一一个没有汽车工业的国家,但却承办着世界上最知名的车展之一,它每年总能吸引着30个国家900多辆汽车参展,是世界上举足轻重的车展之一。

4. 法兰克福车展

法兰克福车展是国际车展中技术性最强、规模最大的汽车盛会。德国是世界最早办国际车展的地方。法兰克福车展前身为柏林车展,创办于1897年,1951年移到法兰克福举办,每年一届,轿车和商用车轮换展出。法兰克福车展是世界上规模最大的车展,有“汽车奥运会”之称。每两年举办一次的法兰克福国际车展一般安排在9月中旬开展,为期两周左右。参展的商家主要来自欧洲、美国和日本,尤其以欧洲汽车商居多。法兰克福地处德国,唱主角的自然是德国企业,这似乎与底特律车展、东京车展的地域性如出一辙。德国是现代汽车的发祥地,是奔驰公司、大众公司、奥迪公司等老牌公司的老家,法兰克福车展正是它们一展身手的好机会。展出的车辆主要有轿车、跑车、商用车、特种车、改装车及汽车零部件等。此外为配合车展,德国还举行不同规模的老爷车展览。

5. 东京车展

东京车展是五大车展中历史最短的,被誉为“亚洲汽车风向标”,创办于20世纪50年代,逢单数年秋季举办。东京车展还是亚洲最大的国际车展。第一次国际汽车展始于1954年。东京对于世界汽车市场有较深的影响,对于亚洲汽车市场更有着重要的意义。该展在日本东京近邻的千叶县举行,其各类电子三维展示装备让车展的参观者有“头晕目眩”的奇妙感。1999年的东京车展创下了参观人数达140万的世界纪录,足见它的热闹程度。与其他西方大型车展相比,日本车展更具有亚洲的东方风韵。日本厂商的多款造型小巧精美、内饰高档的车总能成为车展的主角。东京车展每年轮流展示一次轿车和商务用车,2003年东京汽车展着重展示的是商务用车和摩托车。东京车展具有鲜明的特点:日本本土车厂出产的五花八门、千姿百态的小型汽车历来是车展的主角。同时,各种各样的汽车电子设备和技术也是展会的一大亮点。

8.1.3 中国主要汽车展览

1. 北京车展

北京国际汽车展览会(以下简称北京车展)于1990年创办,每两年举办一次,第十四届北京车展于2016年4月举行,该车展是在国际汽车展览会中著名的品牌展会之一,对促进中外汽车界的交流与合作、加快中国汽车工业的发展起到了积极的推动作用。

第一届北京车展只有240辆展车,其中很大一部分为特种车辆和客车,国外厂商的参展车型仅23辆,参展企业共400家,展出面积2万平方米,观众10万人次,报道车展的记者只有50名。当时的北京车展规模较小,主要面向的还是专业领域市场,国产厂商推出的展车竞争力也无法同当时的国际车展相比,曾有媒体评论:“第一届北京国际车展,参展的国内展车,只有合资的桑塔纳轿车和北京吉普切诺基还看得过去”。随着中国汽车工业的崛起,北京车展的规模和影响力也迅速扩大,第七届北京车展于2002年6月6日至13日隆重举行。这是我国加入世界贸易组织后首次举办的大型国际专业汽车展。该届车展共有来自24个国家和地区的1 200余家厂商参展,展出代表国际汽车工业最新发展趋势的各类车辆550辆,其中242辆来自国外,展出面积近8万平方米。其中,英国汽车豪华品牌劳斯莱斯及宾利是首次参加北京车展。俄罗斯索克集团也是首次参展并展出4台依日和4台拉达轿车,希望借此重新打入中国市场。

如今,北京车展已成为全球最具影响力的车展之一,许多厂商将其定位为全球最重要的A级车展,纷纷在车展上推出自己的首发车型。2014年第十三届北京车展共有展车1 134辆,其中首发车118辆,概念车71辆,新能源车79辆,参展企业来自14个国家共2 000余家,总展出规模23万平方米,吸引观众80万人次,参展产品除整车外还包括汽车制造装备与工艺、汽车检测仪器、汽车新能源技术、汽车新材料、各种汽车用品、维修设备、装饰件、汽车金融等。

2. 上海车展

上海国际汽车工业展览(lnternational Automobile and Manufacturing Technology Exhibition)又称上海国际车展(Automobile Shanghai),创办于1985年,两年举办一届,至2015年,已成功举办了16届。上海车展是中国最权威、国际上最具影响力的汽车大展之一,也是亚洲规模最大的车展。

第一届上海国际车展于1985年7月3日在上海工业展览馆(今上海展览中心)开幕,参展厂商来自22个国家和地区，共328家厂商参加，展馆面积1万平方米，桑塔纳轿车、天津大发微型车、南京依维柯货车均在这次车展亮相。当时参展轿车都是国外品牌的天下，国产轿车品牌几乎没有。1991年第四届上海车展，上海大众和一汽大众首次携手联展，并推出桑塔纳、高尔夫、捷达、奥迪等德国大众品牌的轿车，随后不久上海牌轿车退出，形成了中外合资企业主导轿车产业的格局。1995年第六届上海车展，上海帕萨特作为桑塔纳的换代车型首次在本届车展上登台亮相，并成为观众争看的热点。我国首台具有自主开发知识产权的概念车"麒麟"，在本届车展上隆重推出，并产生轰动效应。2004年6月，上海国际汽车展顺利通过了国际博览联盟(UFI)的认证，成为中国第一个被UFI认可的汽车展。随着中国汽车市场的迅猛发展，车展也从以前的默默无闻变得有声有色，网络等新媒体的出现，更增加了公众对于上海车展的关注度。2005年上海车展首次出现线上直播，各大媒体专门为其开辟了特别关注、嘉宾访谈等栏目。各种新颖车型、各大品牌文化的展示、规模空前的宣传报道，让车展变得热闹好看，也逐渐成为全民关注的盛事。

2015年第十六届上海车展正逢创办30周年，本届车展吸引了18个国家和地区2 000家中外汽车展商参展；展出总面积超过35万平方米；展出整车1 343辆，其中全球首发车109辆，新能源车103辆，概念车47辆，无人驾驶汽车、智能互联汽车、新能源汽车在这届展会上频频高调亮相，使创新、升级成为本届车展的最大特色。走过30年的上海车展折射了一个时代的变迁，也见证了中国汽车工业的崛起，更成为上海的一张城市名片。

3. 广州车展

中国(广州)国际汽车展览会创办于2003年，每年举办1次，时间一般在12月左右。广州车展基于"高品位、国际化、综合性"的定位，经过十几年的发展，已成为中国大型国际车展之一。

广东是我国汽车消费的大省，沿海开放、毗邻港澳的地理优势让广州成为中国最早能接触到国内外各色车型的城市，汽车市场和后市场的发展都在全国处于领先地位，汽车文化深入人心，这都是广州得天独厚的优越之处。2004年的第二届广州车展，吸引观众达53万人次。经过十几年的发展，广州车展迅速壮大，成为媲美北京、上海车展的重要车展，被称为中国三大车展之一。2014年的广州车展参展车型达1 095辆，为历届之最，其中56辆为全球首发车，新一代smart、奔驰新B级、捷豹XE、新索兰托、全新奥迪TT、奔驰AMGGT等关注度相当高的车型在这次车展中亮相。

4. 成都车展

成都国际车展创办于1998年，每年举办1次，是西部地区规模最大、规格最高的车展。

素有"天府之国"之称的成都，目前已是我国汽车销售的主力市场，其背后蕴藏的巨大商机正成为众多外资汽车厂商竞相觊觎的车市"蓝筹股"，成都车展因此应运而生，并日益壮大发展成为中国最好的地域性车展。2009年第十二届成都车展首次将规格定位为国内A级车展，被中国贸促会汽车行业分会认定为国内第四大最具影响力的车展。2015年成都车展吸引了全球106个汽车品牌倾力参展，展出总面积达15万平方米，展出车辆约1 320辆，其中有71款新车为首发，各式概念车型12辆，成为全球车企布局在中国西部市场巩固品牌地位的重要战略举措，越来越具有国际影响力和行业话语权。

除了以上介绍的国内车展外，国内目前还有深港澳车展、杭州车展、武汉车展、长春车展、天津车展等规模不一的国际性和地方性车展。据统计，每年国内各类车展的总数在50个以上,成为中国汽车行业一道不可或缺的风景线。

8.2 汽车运动

8.2.1 汽车运动概况

汽车运动是使用汽车在封闭场地内、道路上或野外进行行驶速度、驾驶技术和车辆性能的比赛项目。

既然是汽车比赛,因此,除了要有驾驶技术一流的车手以外,有一部好的赛车和强大的维修及后勤保障也非常重要。特别是作为比赛运动器械的赛车,由于各大汽车厂家只生产民用的汽车,因此要把其变成适合比赛的赛车,就必须由专门的赛车改装公司或各车厂的汽车运动部门在原车基础上重新进行安全和性能改装,甚至"无中生有",特别生产出一种比赛车型。在它身上集中了当今世界汽车制造工业和科技的高精尖技术,其结构复杂,成本高昂。因此,赛车是需要根据不同的比赛特别改装和定制的,在汽车销售店堂是买不到的。也就是说,相对于传统体育项目的运动器械来讲,赛车作为运动器械所起到的作用十分巨大。

各大汽车厂家也在日趋白热化的竞争中抢占着自己的市场份额。除了一般方式的宣传推广以外,为了证明产品的可靠性以及自己的经济实力,几乎所有的汽车厂家都投入到了汽车运动当中,有的提供引擎,有的提供整车,而有的干脆成立了属于厂家自己的汽车运动部门。其目的就是为了不论在市场上还是赛场上都可以与自己的竞争对手一比高低。同时,激烈的赛场还如同汽车和汽车相关产品的试验场,除了汽车厂家以外,轮胎、机油、汽车配件等赞助商还能够采集到许多日常驾驶过程中无法得到的各种技术数据,以便于不断地提高产品质量,加强其产品的市场竞争力。

在国外大多数人都有自己的车,因此,人们关于车的共同语言也就很多,而赛车自然成了大家热衷的节目。国外的车迷团体相当庞大,他们会成群结队地转战世界各国的赛场,去追捧自己心目中的赛车英雄。据统计,每年通过现场和电视转播观看世界最高级别的一级方程式赛车的观众人数达到了 600 亿人次,超过了每四年一届的世界杯足球赛。这么大的一个观众群,除了汽车厂家以外,还有许多汽车相关的产品如机油、轮胎、汽车配件等产品,以及以大众为消费对象的烟草、啤酒、饮料等跨国公司,也将汽车比赛作为了一个传播效果非常好的广告载体,以向各大车队提供赞助的形式来宣传自身形象。据统计,全球最大的 100 家跨国公司都曾赞助过赛车运动。所以,那些五颜六色的赛车和漂亮的车手服装,其实就是一个可以移动的广告牌。由于赞助 F1 赛事的多为万宝路、威斯、555 和好彩等香烟品牌,因此曾有人戏称在赛道上奔跑的不是赛车,而是一个个香烟盒子。

赛车运动的投入相当大,以 F1 比赛为例,2001 年度一只规模最小的车队开支预算就达到了 5 千万美元,而规模最大的法拉利车队竟然达到了 2 亿 9 千万美元的天文数字。其主力车手麦克尔·舒马赫的年薪高达 3 千万美元。所以,世界上没有任何一个国家的政府或体育部门会养着一支车队和身价百倍的车手,而车队每年高昂的运作费用全是仰仗各大汽车厂家和各个大财团支持的。而这些大品牌也通过赞助这一影响广泛的赛事获得了丰厚的广告回报。赛车比赛的车手、车队是跨越国界的,是全球化的,他们不代表任何国家,而只代表企业。因此,汽车比赛不单纯是一项体育运动,它还是汽车厂家展现实力和促进汽车科技发展的一个平台，同时也是各个商家争夺观众的广告载体，所以说，它是一个最能够体现体育产业化的项目。

中国于1994年成立了汽车运动联合会。十几年来，中国的汽车运动从无到有，从单纯的赛事服务到1997年开始举办正规国内比赛，取得显著的发展。经过不断的努力，国内相对开展比较好的赛事已正式成为全国锦标赛联赛，如每年7站左右的全国拉力锦标赛，每年5站左右的全国卡丁车锦标赛。在此基础上，还陆续开展了不同类型的汽车越野赛、场地赛、集结赛等赛事。近几年来，成功举办了国际汽联亚洲区拉力锦标赛、亚太区拉力锦标赛、世界拉力锦标赛等高水平的国际大赛。目前，在中国汽联正式注册的有60多家汽车运动赛车俱乐部，每年近1000名车手在中国汽联注册，领取赛手执照。无论是拉力赛还是卡丁车赛，已经涌现出一些接近洲际水平的车手。赛车改装、场地建设也相继进入规划和实施的阶段，且已建立了珠海一家基本符合国际汽联赛事要求的场地。在汽车运动的宣传、推广方面，已经涌现出一定规模的赛事报道队伍。

8.2.2　世界主要汽车运动

目前国际上正规车赛主要分方程式汽车赛、耐久赛、拉力赛、越野赛等几种主要形式。其中，当属方程式赛车的影响力最大，也最被国内所熟悉。

1. 世界一级方程式赛车锦标赛

世界一级方程式赛车锦标赛简称F1(FIA Formula I Word Champion ship)，是方程式汽车赛中最高级别的比赛（见图8.1）。F1汽车大赛，不仅是赛车手勇气、驾驶技术和智慧的竞争，在其背后还是各大汽车公司之间技术的竞争，有人形象地把汽车大赛比作“高科技奥运会”。

图8.1　一级方程式赛车锦标赛

世界上首次举行赛车场上的汽车比赛是1900年在法国的默伦。现代世界一级方程式锦标赛是于1950年在英国银石赛车场开始的，现在每年举行20站左右的比赛，由国际汽车联合会安排比赛。现有10支参赛车队均为“一级方程式车队协会(FOCA)”的成员。车手必须持有由国际汽车联合会签发的“超级驾驶执照”。全世界持有这种执照的车手不超过100人。

20世纪30年代，为了规范汽车比赛并使比赛的胜负不再由发动机的功率，而是由车手的技术来决定，人们开始规定发动机的类型和气缸容量。于是有了“方程式”的概念。方程式汽车赛赛车必须依照国际汽车联合会（简称FIA）制定颁发的车辆技术规则规定的程式制造，包括车体结构、长度和宽度、最低重量、发动机工作容积、气缸数量、油箱容量、电子设备、轮胎的距离和大小等，而且各级方程式赛车的制造程式也不相同。要生产方程式赛车的厂家，首先要通过FIA的认可，在确信有足够的技术生产实力之后才能够生产方程式赛车。方程式赛车是生产厂家创造力、想象力、技术水平和经济实力的结晶，价值不亚于一架小型飞机。油箱是绑缚在车身上的，前部的空间正好容纳驾驶员。为了保证车身的流线型造型，方程式赛车的底盘极低，离地只有50.8～76.2 mm，经常和地面擦出火花。配合不同的赛道，轮胎分为干地胎和湿地胎。在仪表盘上，设有发动机转速表、机油压力表、燃油表，但没有车速表。方程式赛车均为手动变速。为减少换挡时间，变速杆只能前后移动。为了保证赛车安全，方程式赛车采用制动卡钳而不是普通汽车使用的盘式制动器。

专用赛道均为环形,每圈长度为3~8 km,每场比赛的距离为300~320 km。赛道两端有用于隔离的草地或沙地。限制直道的长度,从而达到限制车速的目的。比赛分为计时排位赛和决赛两个部分。计时排位赛用以决定在决赛中发车位置的先后。排位赛名次越靠前,决赛的发车位置越靠前。决赛的车辆是经过排位赛筛选出的20辆赛车。在比赛进行过程中,可以进入维修点对车辆进行维修,维修的时间累计到比赛成绩中,但不能更换车辆。一旦赛车在赛道上出现故障,就被迫退出比赛。

图8.2 F1赛车

一级方程式赛车的车队由三部分组成:一是赛车(见图8.2),由著名汽车制造厂家研制,一般每个车队有1~2辆参赛车辆;二是拥有FIA颁发的“超级驾驶员驾驶执照”的车手;三是一流的汽车维修人员,负责赛车的维修保养。

F1赛车有着极好速度性能:2.3 s就可以实现0~100 km/h的加速;只需比网球场长一点的距离,它就可以将时速从300 km降到60 km;最高时速可达300 km左右。这一切均归功于F1赛车上的四大“速度法宝”。

一是超级发动机。一部F1赛车的发动机大约有900个运动部件,其最高转速可以突破19 000 r/min,而普通轿车发动机的最高转速通常不会超过8 000 r/min。当F1赛车的发动机以最高速运转时,火花塞每秒点火150次,活塞往复循环300次,其加速度更高达8 500 G。目前,国际汽联规定F1赛车发动机的排量上限为3 000 mL,所以各车队就将赛车发动机的排量定为3 000 mL。F1赛车的发动机不但质量轻,尺寸同样精巧,以至于让人很难相信赛车的澎湃动力是来源于这样的“瘦小身躯”,而小巧的发动机无疑会对提升整部赛车的空气动力学特性。F1赛车的发动机普遍采用V10结构,每个气缸为4气门结构,这种结构目前在普通发动机上也被广泛采用。F1的发动机属于短冲程发动机,其活塞的直径都要大于其行程。

二是轻量化的结构。轻量化的结构对F1赛车的超高速性能有着重要的贡献。2004年F1的赛事规则规定参加比赛的赛车质量必须要达到605 kg,而这个质量还包括车手、油料、摄像机和赛车的配重。据此推算,F1赛车本身的质量只有500 kg左右,如此轻盈的车身,用超过900马力的发动机驱动,结果大家应该可想而知了。F1赛车能做到身轻如燕,主要是由于赛车制造过程中大量采用了轻质材料。如用来制造车体的是一种被称作“三明治”的复合材料,材料的中间是蜂窝结构的铝板,两边的外层为碳纤维增强塑料(CFRP),用这种材料制成的F1赛车底盘只有35 kg,但其强度却大大高于普通的钢铁结构。因此,碳纤维类材料被广泛应用于赛车的悬架、方向盘、制动盘等很多部件的制造。除此之外,轻质合金的大量采用,使赛车的发动机和变速器等“质量大户”也得以“瘦身”,如法拉利F2004赛车的变速器壳体就是用钛合金制成的。经常有人说,F1赛车的设计师们是用航空航天技术来设计和制造赛车的,这些轻质高性能材料在赛车上的使用就是最好的佐证,因为它们最早就是应用在航空航天领域。

三是顶尖的空气动力学设计。不少人都认为F1赛车的长相实在是太怪了,与民用汽车的概念相差甚远,这是因为空气动力学原理在F1赛车的设计中已经被应用得炉火纯青。在今天的F1赛车上,大家能看到的部分几乎都有空气动力学的应用,其中最明显的莫过于安装于赛车车体之上的空气动力学组件，它包括位于赛车前后部的前、后定风翼，车体两侧大大小小、形状各异的导流板和车底尾部的扩散器等。除了减少风阻之外，在 F1 赛车的设计中空气动力学还要帮助赛车获得足够的下压力。赛车动力性能能否发挥，最终取决于轮胎是否能从地面获取足够大的附着力。而当其他条件一定时，轮胎从地面获得的附着力与赛车对地面的压力是正比关系，所以附着力的大小取决于赛车对地面压力的大小。然而 F1 赛车本身重量非常轻，要获得足够的下压力，必须依靠应用空气动力学原理。如果与飞机的机翼比较一下就会很容易理解。飞机的机翼是通过特殊的截面造型改变空气的流动，从而获得升力翱翔蓝天。F1 赛车的定风翼就是将这个原理逆向应用，从而为赛车获得足够的下压力。当赛车高速行驶时，其前、后定风翼可以获得上万牛的下压力，正是因为有了这么大的下压力，F1 赛车才能以 4g 的向心加速度转弯，而普通轿车则不可能超过 1g。对于总质量只有 605 kg 的 F1 赛车，其获得的巨大下压力，理论上完全可以使它能够在天花板上行驶。除了获得下压力，空气动力学在 F1 赛车的设计中还被应用于动力系统和刹车系统的冷却，以及对赛车操控稳定性的提高等诸多方面，这甚至还包括车手头盔的造型。在过去的 20 年中，F1 赛车车速能够大幅提高也应主要归功于赛车空气动力学研究的进步，而绝非动力性能的提升。今天，赛车的空气动力学特性已经成为衡量赛车性能的重要标尺。为了提高赛车的空气动力学水平，各车队都不惜重金修建试验风洞，如新建的索伯车队的风洞投资就高达 4 500 万美元。因此甚至有人开玩笑说，现在连车手的鼻子和下巴都已经成为 F1 赛车的空气动力学专家们的研究对象。

四是制动系统与轮胎。每一部 F1 赛车都拥有一套功能非常强大的制动系统。F1 赛事并不是简单的直线竞速，形式多样的弯道不但可以考验车手的技术水平，更是检验赛车综合性能，尤其是制动系统性能的实验场，因此每站比赛的弯道部分就成为赛道中最引人注目的地方。普通轿车从 100 km/h 减速到 0 的制动距离一般都要超过 50 m，而这样长的距离，F1 赛车几乎可以从 300 km/h 减速到 0。能拥有如此高超的制动性能，是因为 F1 赛车采用了碳纤维材料制造的制动系统。这种材料不仅质量轻，更重要的是与普通轿车制动系统的金属材质相比，更耐高温，而这一点对于比赛中被频繁使用的制动系统实在是太重要了。当然 F1 赛车能实现优良的制动性能，也离不开轮胎附着力的强有力保证。无论是赛车想要获得前进的动力，还是减速时的制动力，如果没有轮胎附着力的保证，一切都是空谈，因此在 F1 赛事中，轮胎经常成为比赛胜负的决定性因素。F1 赛车的轮胎分为干胎和雨胎，分别在晴天和雨天使用，这不同于普通轿车只用一套轮胎就可以包打天下。此外 F1 赛车轮胎的寿命与普通轮胎也无法相比，一般不会超过 150 km，只有普通轮胎的 1/500，但它的超高附着力是普通轮胎无法达到的。

上面的四大法宝使 F1 赛车成为陆地上最强悍的行驶机器，不过其造价也同样惊人，以法拉利 F2004 赛车为例，其制造费用高达 410 万美元，相关的研发投入更高达 2 000 万美元。

此外同属方程式汽车比赛的项目还有 F－3000、F－3、亚洲方程式、无限方程式、福特方程式、雷诺方程式、卡丁车方程式等。在这些非顶级的方程式赛车里，卡丁车是世界方程式赛车的最初级形式，始于 1940 年。由于许多著名的一级方程式赛手都是从卡丁车起步的，因此卡丁车被视为 F1 的摇篮。

2. 世界越野拉力锦标赛

世界越野拉力锦标赛简称 WRC，是由 FIA 批准的、仅次于 F1 的世界顶级赛车运动，参加

WRC的赛车都是以制作精良的顶级世界越野拉力赛车为主。除此之外还有很多私人车队会同时参赛,通常每一站的参赛车辆约70～100辆,全球约有超过10亿人次通过电视转播或其他媒体观赏这项世界顶级的汽车越野拉力赛事。同时,WRC还以它"不要门票的比赛"或者叫"家门口的比赛"而闻名,因为WRC的赛道多是利用乡村、野外的砂石,沙漠或者柏油路面设计组成,比赛时赛车会在村庄中穿行,而观众就站在赛道两侧的安全区域观战,可以说是"零距离"地体验赛车飞驰的刺激。

WRC可以说是所有赛车项目中最苛刻的一种,因为所有参赛车辆都是以量产车为基础研发制作而成的。目前FIA规定的WRC每年有14站比赛,比赛时间是每年的1月～11月。

另外,同属越野拉力赛的还有欧洲拉力锦标赛(11站)、亚洲拉力锦标赛(6站)、非洲拉力锦标赛(5站)、中东拉力锦标赛(6站)等众多大型赛事。

3. 中国汽车场地锦标赛

2003年12月19日,由中国汽车运动联合会、央视体育中心与上海国际赛车场在珠海签署三方协议,确定三方将从2004年起联手打造和经营中国汽车场地锦标赛。

中国汽车场地锦标赛 (China Circuit Championship)简称CCC,比较巧合的是这也是其核心理念Challenge(挑战)、Confidence(信心)、Cooperation(合作)的浓缩。锦标赛是按照赶超F1的目标打造的,所以相对于中国现有的赛车运动,更加正规和庞大。它从6月～10月共有6站比赛,分别在上海、珠海和北京三个拥有国际赛车场的城市举行,每个城市连续举办2站。比赛由单一品牌挑战赛、中国量产车赛1 600 mL组和2 000 mL组及康巴斯方程式系列赛等项目组成。

抛开CCC能否达到F1的运作规模和影响力不说,其蓬勃的开展对于国内汽车赛事的气氛和国内赛车手的成长是非常有利的。这将会是加快中国赛车事业发展的一个重要盛会,因此此项赛事被称为中国人自己的F1。

4. 全国汽车拉力锦标赛

在国内越来越多引进国际赛事的情况下,中国汽联为推动国内汽车运动发展,统一制定了全国汽车拉力锦标赛比赛规则、规程。1996年,作为一个试点,郑州汽车拉力赛在河南成功举行,这是一次国内选手、汽车及相关产业厂商以及组织者们的大聚会。1997年,第一届全国汽车拉力锦标赛在全国范围内展开。此次拉力赛在赛事组织、参赛车手、俱乐部数量和运动水平上均有很大提高,这是中国汽车运动走向规范化、系列化的一个良好开端。

1998年,第二届全国汽车拉力锦标赛再次成功举办,使这一系列赛事逐步走上正轨。

1999—2001年,全国汽车拉力锦标赛在全国范围内稳步开展,把拉力运动推向了北京、上海、河北、河南、山东、贵州、云南、广东、湖北、吉林等省市和地区,在国内产生了广泛的影响,并得到赛事赞助商的广泛青睐。

在汽车文化及运动迅速发展的近几年,全国汽车拉力锦标赛得到了社会各界的更多支持,成了国内赛车爱好者的一次盛会。

8.3　汽车俱乐部

8.3.1　汽车俱乐部概述

汽车作为一个新事物的出现，免不了出现一批忠实的、热心的“粉丝”——汽车迷，他们聚集在一起，切磋驾驶技术、交流爱车心得、结伴驾车出行、讨论修理技术、寻觅配品备件、互相救助救援。这种实践的凝聚力催生了汽车俱乐部，这也决定了汽车俱乐部的本质：在特定的人群中，互助合作办事情。会员制是其必然的结果。

汽车俱乐部由来已久。1895 年 10 月中旬，美国《芝加哥时报》在“车坛风云”专栏上发表了赛车运动员查尔斯·布雷迪·金格建议成立汽车俱乐部的一封信，成为车迷和驾驶员议论的热门话题。1895 年 11 月 1 日，由《先驱者时报》主办的汽车大赛在芝加哥开幕，全国各地很多驾驶员都赶来参加比赛。其中，有 60 名驾驶员聚会在一家酒店，他们赞成金格的倡议而发起成立了美国汽车联盟，这是世界上最早的汽车俱乐部。11 月 29 日，美国汽车联盟召开第二次会议，选举产生委员会并通过了活动宪章，旨在利用举办报告会等形式，向会员传授汽车工程最新技术，通报汽车大赛动态，并为他们提供紧急救援和法律咨询服务，以保障机动车的各种合法权益。同年 11 月 12 日，法国汽车驾驶员则以巴黎普拉斯·德罗佩拉大街 4 号作为活动总部，成立了法国汽车俱乐部。随后，欧美各国都相继成立了为车主和驾驶员服务的汽车俱乐部，使汽车融入了人们的交通生活。人们对汽车的需求与企盼不仅推动了汽车生产，同时推动汽车服务市场的发展。

如今汽车俱乐部在发达国家早已盛行，并且形成一个非常大的行业。据统计，世界各国汽车俱乐部的会员总数至少 2 亿。其中规模最大的当数美国，在全国 9 000 万驾车人中，已有 4 200万人成为会员。俱乐部这个组织形式不仅创造了大量就业岗位，而且每年营业额也很可观，如澳大利亚悉尼俱乐部有会员 200 万，每年营业额达 40 亿美元。

中国已进入一个汽车拥有率迅速上升的时期。中国汽车俱乐部的出现始于 1995 年建立的北京大陆汽车救援中心，即现在的北京恩保大陆汽车俱乐部(CAA)。由于处于发展初期，而且各自的经营理念和发展方向不同，中国目前的汽车俱乐部形式多样，主要可以划分为以下几种类型：一是以救援服务为龙头，并带动相关服务等，如北京的“大陆”、福建的“迅速”等；二是专门做售后服务，如武汉的“绿岛”；三是与文化、沙龙以及公益活动相结合，带有一定的协会性质，如全国唯一的一家在民政部门注册成功的北京“爱车俱乐部”；四是以旅游、越野、赛车等兴趣或职业特征为主，如“风鸟”、“摄影家”等；五是以企业、品牌等设立的俱乐部，如法拉利汽车俱乐部、大众汽车俱乐部。当然，也有集上述特色于一体的综合俱乐部，不少俱乐部在尝试这种模式。

8.3.2　世界主要汽车俱乐部

1. 美国汽车协会

1902 年 3 月，美国 9 个汽车俱乐部在芝加哥召开会议，宣布成立美国汽车协会(简称 AAA)，并接纳了 1 000 个会员。目前，全美 69 个地区俱乐部为其成员，有会员 4 800 万，初级会员年费为 70 美元。

100多年来,AAA服务范围和种类不断扩大,目前有以下几项主要服务:出行服务、会员服务、预订服务、金融服务、保险服务等,汽车救援服务作为汽车主要服务嵌入到上述各项特色服务之中。

2. 德国汽车俱乐部

德国汽车俱乐部(简称ADAC)成立于1903年,现有1 500万会员,是一家企业化运作、非营利性、混合性的组织,拥有保险、空中救援、旅游、通信、汽车金融、汽车运动等领域的经营性公司18个,然而最基本的汽车救援等服务是以会员制的方式,收取少量的年费,服务时不收费或少收费。

ADAC也是AIT(国际汽车旅游联盟)与FIA(国际汽车协会)的双重会员。ADAC在德国各地共设有18个地区性汽车俱乐部。

ADAC在海外包括美国、加拿大、欧洲各国等,拥有16个海外会员救援呼叫中心,配备以德语为主要工作语言的工作人员,为会员提供各种(包括医疗在内)救助。

ADAC追求高质量的救援网络建设,除不断完善自有的网络拓扑外,还发展了4 100个合作伙伴,与他们签订特约服务合同,建立通信联系、疏通指挥渠道,实现更加有效、及时地向公众提供服务的目的。

3. 意大利汽车俱乐部

意大利汽车俱乐部(简称ACI)成立于1905年,公开声明自己是法定的非营利组织,但却是一个上市公司。拥有106家汽车俱乐部,11个全资公司,7个参股公司,经营范围涉及旅游、保险、通信、出版物、传媒、救援、汽车运动、二手车评估等各个领域。13个分支机构遍布意大利全国。

受国家委托,从1927年开始,机动车登记及国家车辆信息数据库管理由ACI负责,并监控车辆征税状态。数据库资源无偿为国家服务。

ACI的会员每年交纳70欧元的会费,可以得到免费救援、安全驾驶培训等服务,倘若会员通过该集团所属的保险公司购买保险,不仅可以享受20%的优惠,还可以得到每年2～4次的免费救援服务。

4. 日本汽车联合会

日本汽车联合会(简称JAF)成立于1962年,现有会员1 720万,基本会费每年2 000日元。日本汽车联合会也公开称自己为公众组织,其宗旨:为增强驾车人的安全与提高安全意识服务,努力改善驾驶安全与公共交通环境与秩序。这样的宗旨还体现在他们提出的三原则之中,即:面向服务的原则,面向挑战的原则,开放的原则。也就是说,为会员服务是该机构的第一宗旨;不断改进服务,面向新的挑战,是提高会员服务质量的根本;保持与会员的联系,利用各种手段与机会创造一个透明的运行环境,使会员充分地了解自己,向会员开放,是该机构不断发展、保持生命力的根本。

8.4 其他汽车时尚

8.4.1 概念车

概念车由英文Conception Car音译而来。概念车是汽车中内容最丰富、最深刻、最前卫、最能代表世界汽车科技发展和设计水平的汽车。它不是即将投产的车型,而是向人们展示设计人员新颖、独特和超前的构思,代表着未来汽车的发展方向,给人以启发并促进相互借鉴学习,具有极高的鉴赏价值。

别克 YJob 是汽车工业界公认的世界第一辆概念车(见图 8.3),它是于 1938 年由美国通用汽车艺术和色彩部首任主任、美国汽车造型之父——哈利杰·厄尔(Harley Earl)发明出来的。在当时看来,这是一部梦想之作,而非现实之作。连续的弯曲表面和突出车身水平性的平行合金饰带创造了一种狭长的流线型车身。别克 YJob 引入了嵌入式头灯、电动车窗、水平水箱护罩、与车身齐平的门把、电动活动顶篷等,这些在现在看来再平常不过的装配与设计,在当时足以让制造商和驾车者们疯狂不已,它不仅带领人们走进了概念车的缤纷世界,其长而低、流线型的轮廓设计更对后来的汽车设计产生了深远影响。这款车向世人展示了汽车工艺和造型方面的最新发展和趋势。这是世界上第一款不以商业生产为目的,而更注重向公众展示新技术和新造型设计而开发的概念车。厄尔的设计远远超越了他所在的年代。这种开拓性、开创性的设计手法随即成为其他制造商竞相模仿的对象。汽车业也从此以概念车的形式昭示未来。

图 8.3　世界第一辆概念车别克 YJob

概念车有两种:一种是能跑的真正汽车,比较接近于批量生产,其先进技术已步入试验并逐步走向实用化,一般 5 年左右可成为公司投产的新产品;另一种是设计概念模型,汽车虽是更为超前的设计,但因环境、科研水平、成本等原因,只是未来发展的研究设想。

概念车的展示,是世界各大汽车公司借以展示其科技实力和设计观念的最重要的方式。因而概念车也是艺术性最强、最具吸引力的汽车。世界各大汽车公司都不惜巨资研制概念车,并在国际汽车展上亮相,一方面了解消费者对概念车的反应,从而继续改进;另一方面也是为了向公众显示本公司的技术进步,从而提高自身形象。

1999 年 6 月,在第八届上海国际车展上,泛亚汽车技术中心推出了我国第一辆概念车“麒麟”(见图 8.4),开创了中国汽车产业的一项先河。

图 8.4　我国第一辆概念车“麒麟”

8.4.2 汽车模特

1391年在法国第一次出现了“model(模特)”一词。自1845年世界上出现第一个女模特以来,模特行业随着每一次的工业革命,都会向前发展一个阶段,模特行业距今已有600余年的历史了。

早在1985年,我国在北京举办了首届中国国际汽车博览会。1993年在北京的汽车展览会上,“香车美女”的概念终于由西方引入中国,在中国便出现了“汽车模特”这一新名词,汽车模特从此为中国汽车博览会增添了一道亮丽的风景,同时在某种程度上推动了中国汽车展览业和中国汽车工业的发展。

现在各类大型汽车展上,线条流畅、贵气逼人的靓车吸引着人们的眼球,时尚而迷人的汽车模特,也成了另一重要看点。他们以形体动作揉汇以艺术的立体表演,最便捷、最直接地展示并演绎着各类汽车迥异的内涵、气质、形象、特点:一部跑车需要树立一个热情奔放、充满活力的形象;一部豪华轿车则以高贵典雅为最佳;而概念车则应以抽象、前卫才最为合适;家庭车要以温馨、浪漫为主题;旅行车则以自然、休闲为重点。出落得美丽动人的模特们是天地的造化,是大自然直接赋予人类的天使。人体优美的曲线和富于情感的姿态被美术大师庄严而又宏伟地展现出来,这与汽车设计大师的情感形成了强烈共鸣。模特的整体姿态、情感延伸,再现了设计大师的灵感与激情,美女和汽车的组合逐渐成为一种潮流,一种全新的促销手段。红花绿叶两相宜,车模靓丽的面容、婉约动人的身段,与一辆辆有着优美曲线、光亮外表、鲜艳色彩的名车一起构成了最完善的汽车展台,把人和车完美而和谐地融合在一起。而钢铁铸就的汽车与柔美婀娜的车模的搭配也成为一种传统,一种定格,一种文化。

汽车模特作为一个新兴行业,以其鲜明的行业特征融入社会,引导潮流,成为一种时尚,成为汽车文化不可分割的组成部分。

8.4.3 汽车模型

图8.5 汽车模型

汽车模型是将真实汽车按一定的比例缩小制作的比例模型(见图8.5)。世界上第一批车模诞生于1914年,当时,美国福特汽车厂在销售新出品的T型车的同时,还赠送给购车者一个精致的T型车小模型,福特的本意纯粹是为了和通用汽车进行竞争。然而出人意料的是无心插柳柳成荫,这种被用于赠送的礼品车模一经问世,便很快受到爱车人士的青睐。各汽车生产厂继而争相效仿,在推出新车的同时纷纷推出新款车模。近年来,汽车模型逐渐发展成为一种风行于全球的收藏和投资项目,也形成了一种汽车文化。

汽车模型主要有高仿真汽车模型、竞赛用汽车模型和玩具汽车模型三大类。

高仿真汽车模型是完全依照真车的形状、结构、色彩,甚至内饰部件,严格按比例缩小而制作的比例模型,主要用于观赏和收藏。世界各地都有专门制造和销售高仿真汽车模型的厂商,为收藏者提供方便。我国天津的杨国发先生,以收藏1 200多辆汽车模型创造了吉尼斯世界纪录。

竞赛用汽车模型主要用于参加汽车模型比赛，装有动力及制动装置(见图 8.6)，有的还有遥控装置，可以行驶。由于它具有较强的趣味性和对抗性，因此得到不少青少年的喜爱，正在作为一种体育运动项目在世界范围内兴起。我国港台地区近年举办过多次亚太地区汽车模型比赛，国内也多次举办全国性比赛。

玩具汽车模型是根据汽车的基本构造和外观造型制作的供儿童娱乐的玩具，具有很好的开发智力的作用。其尺寸设计可大可小，非常随意，小到玩于手掌中，大到可以坐骑(见图 8.7)。

图 8.6　竞赛用汽车模型

图 8.7　电动玩具车

8.4.4　艺术汽车

汽车是生活，生活需要艺术。艺术汽车是指以汽车为题材传达主体特定的思想、观念、心理与情感活动的一种艺术形态。通过创意设计或改装，将汽车制成各种艺术造型(见彩页)，给人们带来欢乐的同时，也给人们带来艺术的享受。除了追求汽车本身的艺术外，很多汽车在车身上绘制彩色图案，也成为一种艺术汽车。美国休斯敦每年举办一届艺术汽车展。

思考题

1. 简述世界著名汽车展览。
2. 简述世界一级方程式赛车锦标赛情况。
3. 什么是汽车俱乐部？汽车俱乐部有什么作用？
4. 什么是概念车？世界最早的概念车是哪一辆？
5. 汽车模型有哪几种？其中具有收藏和观赏价值的是哪一种？

第 9 章　汽车驾驶与考试

9.1　我国道路通行原则与汽车行驶规定

9.1.1　我国道路通行原则

1. 右侧通行原则

我国机动车、非机动车和行人实行右侧通行的原则。右侧通行是我国(包括我国台湾省)道路交通的基本原则。但由于历史原因,目前,我国香港特别行政区和澳门特别行政区仍然奉行左侧通行原则。在国际上,一些国家或地区实行的是右侧通行的制度,如美国、俄罗斯等;一些国家或地区实行的是左侧通行的制度,如英国、日本等。规定是右侧通行还是左侧通行是其他一切通行原则的前提。

2. 分道行驶的原则

分道行驶的原则也称各行其道原则或路权原则。机动车、非机动车、行人必须各行其道,才能确保道路通行秩序良好。

3. 优先权原则

优先权原则包括流向优先和交通物体优先。

流向优先包括直行车辆优先于转弯车辆,干道上行驶的车辆优先于支路上行驶的车辆;车辆行至无管制交叉路口时,只有在右边无车辆驶入路口时才可通行。

交通物体优先包括火车和有轨电车在行驶时,优先于其他一切交通物体;一切车辆在道内通行时,优先于行人;紧急车辆(如警车及护卫的车队、消防车、工程救险车)优先于其他车辆;在人行横道内行走的行人优先于车辆。

4. 确保安全、畅通的原则

车辆、行人应当按照交通信号通行;遇有交通警察现场指挥时,应当按照交通警察的指挥通行;在没有交通信号的道路上,应当在确保安全、畅通的原则下通行。

9.1.2　汽车行驶规定

1. 行驶速度

汽车行驶速度与行车安全,油量消耗,机件磨损有直接关系。车速过高,不仅增加油量消耗,加速机件磨损,而且容易发生行车事故,但车速过低,也会使油量消耗增加,运输效率降低,所以必须根据车型、道路、气候条件、交通流量状况等确定行车速度。在有限速标志的路段,不得超过限速标志标明的最高时速。在没有限速标志的路段,应当保持安全车速。

2. 行驶间距

同车道行驶的机动车,后车应当与前车保持足以采取紧急制动措施的安全距离。不得尾追过紧,同时注意前车的行车信号(转向灯、制动灯等)。

3. 让车、会车、超车、停放

让车。机动车在行车中应严格遵守优先权原则。遇有流向优先和交通物体优先时须停车或减速瞭望,确认安全后方准通行。

会车。在没有中心隔离设施或者没有中心线的道路上,机动车遇相对方向来车时应减速靠右行驶,并与其他车辆、行人保持必要的安全距离;在有障碍的路段,无障碍的一方先行;但有障碍的一方已驶入障碍路段而无障碍的一方未驶入时,有障碍的一方先行;在狭窄的坡路,上坡的一方先行;但下坡的一方已行至中途而上坡的一方未上坡时,下坡的一方先行;在狭窄的山路,不靠山体的一方先行;夜间会车应当在距相对方向来车 150 m 以外改用近光灯,在窄路、窄桥与非机动车会车时应当使用近光灯。

超车。机动车超车时,应当提前开启左转向灯,变换使用远、近光灯或者鸣喇叭。在没有道路中心线或者同方向只有一条机动车道的道路上,前车遇后车发出超车信号时,在条件许可的情况下,应当降低速度、靠右让路。后车应当在确认有充足的安全距离后,从前车的左侧超越,在与被超车辆拉开必要的安全距离后,开启右转向灯,驶回原车道。

停放。机动车停放必须在停车场或准许停放车辆的地点,依次停放。不准许在行车道、行人道或其他有妨碍交通的地点停放。机动车停放时,须关闭电路,拉紧驻车制动器,锁好车门。机动车在停车场以外的地点临时停车时,须按顺行方向靠道右侧停留,驾驶员不准离开车辆,妨碍交通时必须迅速驶离;车辆未停稳前,不准开门和上下人,开门时不准妨碍其他车辆和行人通行。在有禁停标志路段不准停车。

4. 掉头、倒车

掉头。机动车在有禁止掉头或者禁止左转弯标志、标线的地点以及在铁路道口、人行横道、桥梁、急弯、陡坡、隧道或者容易发生危险的路段,不得掉头。

机动车在没有禁止掉头或者没有禁止左转弯标志、标线的地点可以掉头,但不得妨碍正常行驶的其他车辆和行人的通行。

倒车。机动车倒车时,应当观察车后情况,确认安全后倒车。不得在铁路道口、交叉路口、单行路、桥梁、急弯、陡坡或者隧道中倒车。

5. 通过交叉路口

机动车通过有交通信号灯控制的交叉路口,遇放行信号时,依次通过;交通信号与交通警察指挥不一致时,按交通警察指挥决定行止;遇停止信号时,依次停在停止线以外,没有停止线的,停在路口以外。

机动车通过没有交通信号灯控制也没有交通警察指挥的交叉路口时,有交通标志、标线控制的,让优先通行的一方先行;没有交通标志、标线控制的,在进入路口前停车瞭望,让右方道路的来车先行;转弯的机动车让直行的车辆先行;相对方向行驶的右转弯的机动车让左转弯的车辆先行。

机动车遇前方交叉路口交通阻塞时,应当依次停在路口以外等候,不得进入路口。

机动车遇前方有机动车停车排队等候或者缓慢行驶时,应当依次排队,不得从前方车辆两侧穿插或者超越行驶,不得在人行横道、网状线区域内停车等候。

机动车在车道减少的路口、路段,遇前方有机动车停车排队等候或者缓慢行驶时,应当每车道一辆依次交替驶入车道减少后的路口、路段。

6. 机动车装载

机动车载物。机动车载物应当符合核定的装载质量,严禁超载;载物的长、宽、高不得违反装载要求,不得遗洒、飘散载运物。机动车运载超限的、不可解体的物品,影响交通安全的,应当按照公安机关交通管理部门指定的时间、路线、速度行驶,悬挂明显标志。在公路上运载时,应当依照《公路法》的相关规定执行。机动车载运爆炸物品、易燃易爆化学物品以及剧毒、放射性等危险物品时,应当经公安机关批准后,按指定的时间、路线、速度行驶,悬挂警示标志并采取必要的安全措施。

机动车载人。机动车载人不得超过核定的人数,客运机动车不得违反规定载货。禁止货运机动车载客,货运机动车需要附载作业人员的,应当设置保护作业人员的安全措施。

9.2 汽车驾驶

随着我国汽车产业的蓬勃发展,汽车产量和保有量的不断增加,汽车驾驶成了新世纪人们心目中的一门必修课,也促进了驾驶培训市场的火爆。然而,不同类型的汽车有着不同的驾驶方法和要求。本节只对特殊环境下汽车驾驶的技术要求和一些紧急情况的处理进行介绍。

9.2.1 汽车特殊环境下的驾驶

1. 雾天行车

雾天能见度低,行车时应打开防雾灯和车尾雾天信号灯;不可开远光灯,因为远光灯光线强烈,会被雾反射到驾驶员眼中使视线模糊;保持足够的行驶距离;限速行驶,千万不可开快车;适时鸣笛,预先警告行人和车辆。

2. 雨天行车

雨天路面积水,车辆易打滑,行车时应限速行驶,不要猛拐弯;防侧滑跑偏;行车避让大水坑,防止制动鼓或发动机进水,也可避免将水溅到路边行人身上;保持足够的行驶距离;如果是久雨或暴雨天气,还要注意路基疏松和可能出现塌方,选择安全路面行驶,在傍山路、堤坝或沿河道上,不宜靠边行驶或停车;应勤按喇叭,引起行人注意。

3. 冰雪天行车

冰雪天路面很滑,行车前应保证车况良好特别是转向系、制动系,制动时不得有跑偏现象;适当降低轮胎气压;行车起步时轻踩加速踏板,慢抬离合器踏板,以防止车轮滑转;起步困难时,可在驱动轮下铺垫灰沙、炉渣等物,或在轮下冰面刨槽沟提高附着力,必要时可事先在车轮上装上防滑链,但要左右对称,松紧适中;同前车保持车距;低速行车,转弯减速,适当加大转弯半径,切忌猛打方向盘;久在雪路行驶,要佩戴有色眼镜,以防雪盲;避免在半坡上停车、换挡;下坡时利用发动机制动来控制车速,严禁滑行;避免紧急制动,保持直线行驶时制动,在弯道内制动会使车侧滑,没有ABS系统的车在紧急制动时须连续点制动;如发生侧滑时,必须迅速松开制动,稍收加速板,把前轮转向侧滑方向,待侧滑消除后再驶入正常路线。

4. 山区行车

山区路险弯多坡陡,行车时应高度集中注意力;车速不要太快;转弯时,尽量靠外侧行驶;上坡路少超车,尤其一些视线死角,应小心慢行;下陡坡时,严禁空挡滑行,可挂低速挡利用发动机控制车速。

另外，夏季行车轮胎气压不宜过高，防止爆胎；冬季行车，启动前应预热暖车。

9.2.2　汽车道路驾驶应急处理

汽车驾驶过程中，可能会发生一些意想不到的事件，作为一名驾驶员应掌握一些应急处理措施。

1. 爆胎应急处理

行车过程中如出现爆胎，应马上打开双跳警示灯，让后车知道出现紧急情况；不能急踩制动踏板，应采用逐级退挡到低速挡，靠发动机怠速把车速拖慢并配合点制动踏板，但一定要轻，车速降到 60 km/h 后，可适当增加制动力度靠路边停车；在降挡减速的同时，一定要把住方向盘，爆胎后，车会出现方向跑偏、甩尾，这时一定不能猛打方向，因为车速很快时，猛打方向会造成失控。

2. 制动失灵应急处理

汽车行驶过程中出现制动失灵时，若路况风险较小，可逐级迅速从高挡换入低挡，用发动机怠速拖慢车速到 30 km/h 以下时采用驻车制动；若下坡而路况不好，应尽量跳挡换入低挡后配合驻车制动；勿高速时采用驻车制动，尽可能不采用靠蹭路边障碍物的方法使车辆停止，除非不得已。

3. 车辆着火应急处理

汽车行驶时若出现着火情况，应立即停车，打开警示灯；尽快取下车载灭火器灭火，若无灭火器可用湿棉被、衣服、毛巾灭火；若无法灭火立即拨打 119 和 122 报警；树立警告标志，疏散过往车辆和行人避免发生爆炸意外。

4. 交通事故应急处理

汽车行驶过程中发生交通事故时，应马上停车保持现场，并打开警示灯、树立警示标志；若有人受伤较重应立即拨打 120 急救，并尽可能就地施救；拨打 122 电话报警并报保险公司前来处理；疏散过往车辆和行人，避免造成交通堵塞。

9.3　汽车驾驶证考试

9.3.1　汽车驾驶证

根据 2016 年 4 月 1 日起施行的《公安部关于修改〈机动车驾驶证申领和使用规定〉的决定》(公安部 139 号令)，驾驶机动车应当依法取得机动车驾驶证。

申领机动车驾驶证，应当符合公安部门规定的驾驶许可条件(如年龄条件、身体条件等)，经考试合格后，由公安机关交通管理部门发给相应类别的机动车驾驶证。

我国机动车准驾车型及代号如表 9.1 所列。

表 9.1　准驾车型及代号

准驾车型	代　号	准驾的车辆	准驾车型
大型客车	A1	大型载客汽车	A3、B1、B2、C1、C2、C3、C4、M
牵引车	A2	重型、中型全挂、半挂汽车列车	B1、B2、C1、C2、C3、C4、M

续表 9.1

准驾车型	代号	准驾的车辆	准驾车型
城市公交车	A3	核载10人以上的城市公共汽车	C1、C2、C3、C4
中型客车	B1	中型载客汽车(含核载10人以上、19人以下的城市公共汽车)	C1、C2、C3、C4、M
大型货车	B2	重型、中型载货汽车;大、重、中型专项作业车	
小型汽车	C1	小型、微型载客汽车以及轻型、微型载货汽车;轻、小、微型专项作业车	C2、C3、C4
小型自动挡汽车	C2	小型、微型自动挡载客汽车以及轻型、微型自动挡载货汽车	
低速载货汽车	C3	低速载货汽车(原四轮农用运输车)	C4
三轮汽车	C4	三轮汽车(原三轮农用运输车)	
残疾人专用小型自动挡载客汽车	C5	残疾人专用小型、微型自动挡载客汽车(只允许右下肢或者双下肢残疾人驾驶)	
普通三轮摩托车	D	发动机排量大于50 mL或者最大设计车速大于50 km/h的三轮摩托车	E、F
普通二轮摩托车	E	发动机排量大于50 mL或者最大设计车速大于50 km/h的二轮摩托车	F
轻便摩托车	F	发动机排量小于等于50 mL,最大设计车速小于等于50 km/h的摩托车	
轮式自行机械车	M	轮式自行机械车	
无轨电车	N	无轨电车	
有轨电车	P	有轨电车	

9.3.2 科目一

1. 考试内容

科目一为道路交通安全法律、法规和相关知识考试科目,考试内容包括:道路交通安全法律、法规和规章;地方性法规;道路交通信号;安全行车、文明驾驶基础知识;机动车驾驶操作相关基础知识;客车、货车、轮式自行机械车等车型的专用驾驶知识。

考试题型为判断题、单项选择题。申领机动车驾驶证和满分学习考试,摩托车为50道试题,其他车型为100道试题,考试时间为45分钟。恢复驾驶资格考试试题数量为50道,考试时间为30分钟。

2. 合格标准

科目一考试满分为100分,成绩达到90分为合格。

9.3.3 科目二

科目二为场地驾驶技能考试科目。科目二考试应当按照报考的准驾车型,选定对应考试场地和考试车辆，在考试员的现场监督下，由考生按照规定的考试线路、操作要求和考试员的考试指令独立完成驾驶。

1. 倒车入库

考试车辆运行路线见图 9.1。

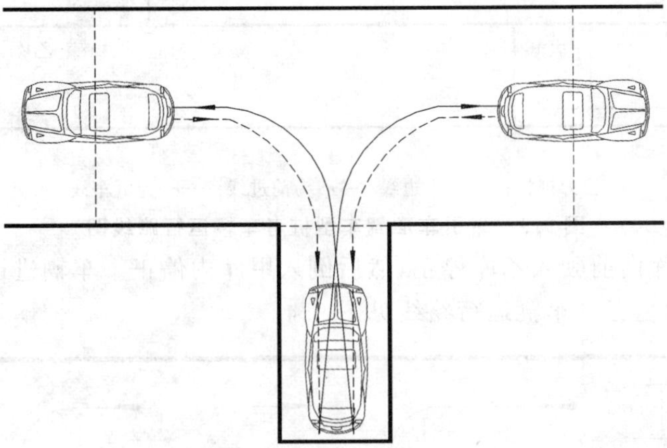

—— 为边线；------ 为控制线；——→ 为前进线；---→ 为倒车线

图 9.1　倒车入库车辆运行路线图

考试过程中，车辆进退途中不得停车。从道路一端控制线(车身压控制线)倒入车库停车，再前进出库向另一端驶过控制线后倒入车库停车，最后前进驶出车库。

2. 桩　考

大型客车、城市公交车、中型客车、大型货车准驾车型考试车辆运行路线见图 9.2。

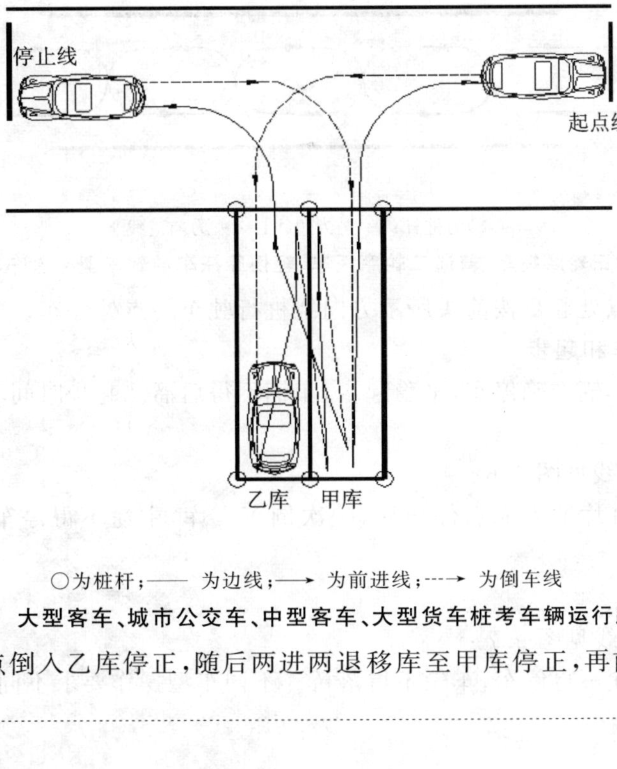

○为桩杆；—— 为边线；——→ 为前进线；---→ 为倒车线

图 9.2　大型客车、城市公交车、中型客车、大型货车桩考车辆运行路线图

操作要求：从起点倒入乙库停正，随后两进两退移库至甲库停正，再前进从乙库出库至控制线,倒入甲库停正,前进返回起点。车辆进退途中不得停车,运行时间不得超过 8 min。

牵引车准驾车型考试车辆运行路线见图 9.3。

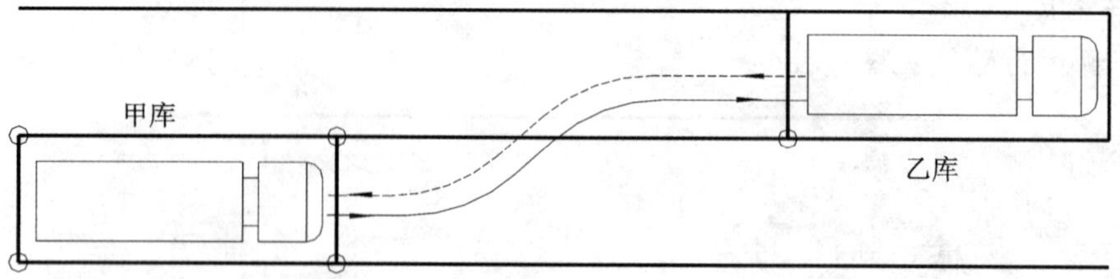

○为桩杆;—— 为边线;—→ 为前进线;---→ 为倒车线

图 9.3 牵引车准驾车型桩考车辆运行路线图

操作要求:从甲库向前驶入乙库停正,然后倒入甲库内停正。车辆进退途中不得停车。

三轮汽车准驾车型考试车辆运行路线见图 9.4。

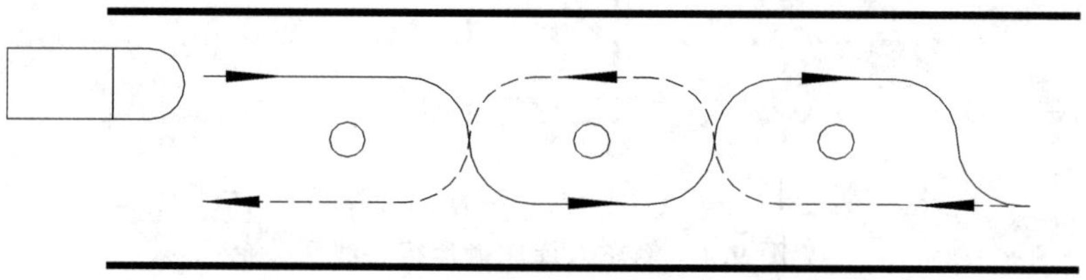

○为桩杆;—— 为边线;—→ 为前进线;---→ 为倒车线

图 9.4 三轮汽车准驾车型桩考车辆运行路线图

操作要求:从起点绕桩前进驶出,再倒车绕桩反向驶回。车辆进退途中不得停车。

普通三轮摩托车、普通二轮摩托车、轻便摩托车准驾车型考试车辆运行路线见图 9.5。

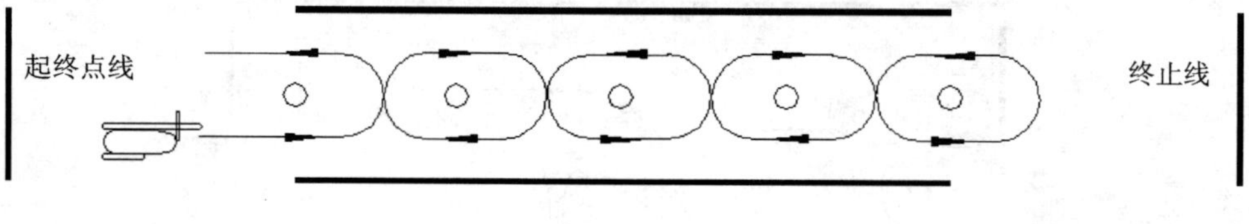

○为桩杆;—— 为边线;—→ 为前进线

图 9.5 普通三轮摩托车、普通二轮摩托车、轻便摩托车准驾车型桩考车辆运行路线图

操作要求:从起点处起步按箭头所示方向绕桩行驶至终点处停车。

3. 坡道定点停车和起步

考试内容:控制车辆准确停车,平稳起步,车辆不得后溜。起步时间不得超过 30 s。

4. 侧方停车

考试车辆运行路线见图 9.6。

操作要求:车辆在库前方靠右停稳后,一次倒车入库,中途不得停车,车轮不轧碰车道边线、库位边线。

5. 通过单边桥

考试车辆运行路线见图 9.7。

考试过程中,中途不得停车,车轮不得落桥。不同车型操作要求不同:普通二轮摩托车、轻

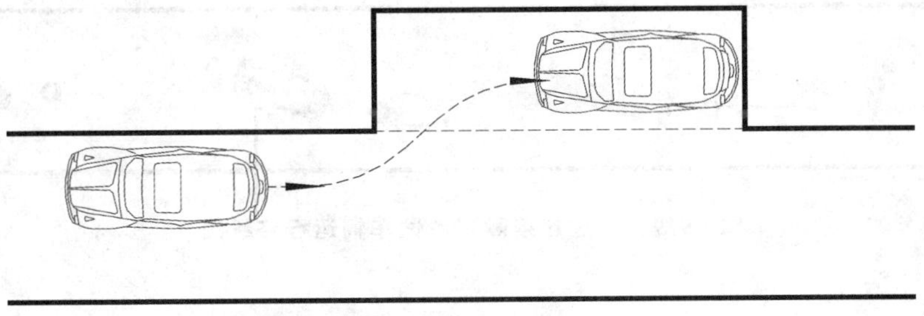

图 9.6　侧方停车考试车辆运行路线图

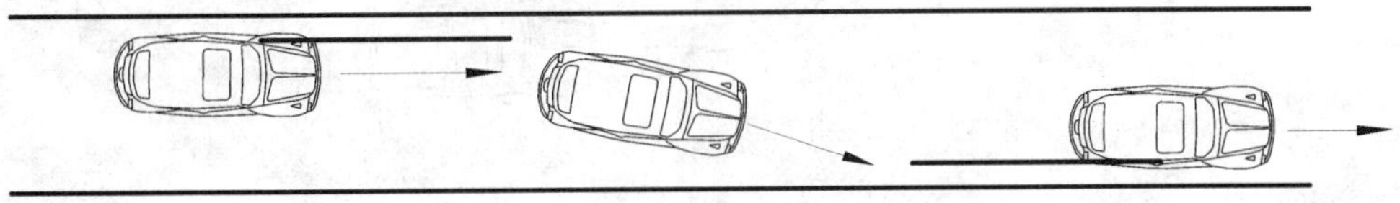

图 9.7　通过单边桥考试车辆运行路线图

便摩托车从单边桥上驶过；三轮汽车、正三轮摩托车左、右后轮依次驶过左侧、右侧单边桥；侧三轮摩托车，前轮、左后轮从左侧单边桥上驶过，然后右后轮从右侧单边桥上驶过；其他车型，车辆左前轮、左后轮从左侧单边桥上驶过，然后右前轮、右后轮从右侧单边桥上驶过。大型车辆使用二挡(含)以上挡位。

6. 曲线行驶

驾驶车辆从弯道的一端前进驶入，从另一端驶出。行驶中转向、速度平稳。中途不得停车，车轮不得碰轧车道边线。

7. 直角转弯

驾驶车辆按规定的线路行驶，由左向右或由右向左直角转弯，一次通过，中途不得停车，车轮不得碰轧车道边线。

8. 通过限宽门

考试车辆运行路线见图 9.8。

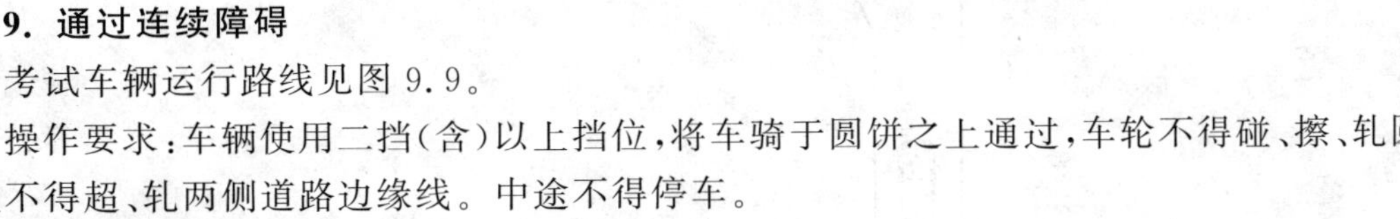

图 9.8　通过限宽门考试车辆运行路线图

操作要求：车辆以不低于 10 km/h 的速度从三门之间穿越，不得碰擦悬杆。

9. 通过连续障碍

考试车辆运行路线见图 9.9。

操作要求：车辆使用二挡(含)以上挡位，将车骑于圆饼之上通过，车轮不得碰、擦、轧圆饼，并且不得超、轧两侧道路边缘线。中途不得停车。

10. 起伏路行驶

车辆行驶至起伏路前减速，缓慢通过起伏路，中途不得停车。

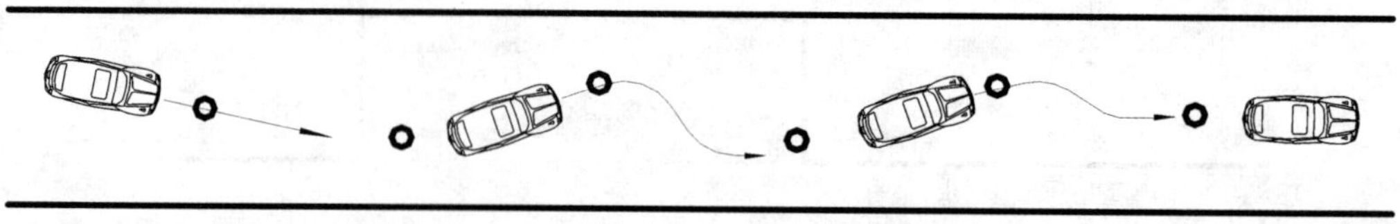

图 9.9 通过连续障碍考试车辆运行路线图

11. 窄路掉头

考试车辆运行路线见图 9.10。

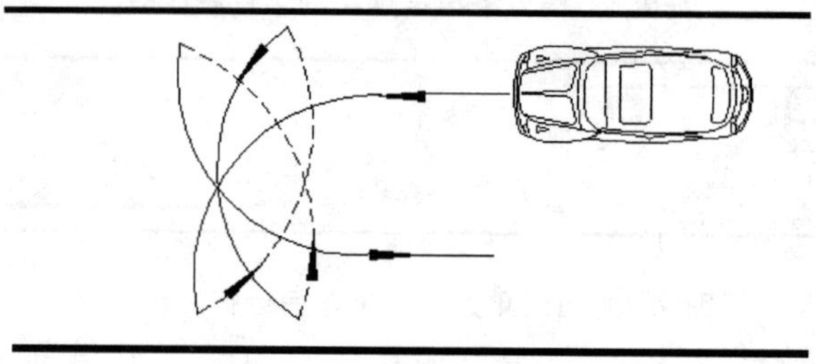

—— 为道路边线；——→ 为前进线；---→ 为倒车线

图 9.10 窄路掉头考试车辆运行路线图

操作要求：车辆行驶至掉头路段靠右停车，不超过三进二退，将车辆掉头。考试时间不超过 5 min。

12. 模拟高速公路行驶

车辆行驶至入口匝道后，开启左转向灯，向左侧回头观察来车情况，确认安全后，加速驶入行车道至最低限速后正常行驶，关闭转向灯。需要变更车道时，应当开启准备驶入车道一侧的转向灯，观察来车情况，确认安全后变更车道。驶出高速公路时，按照出口预告标志提前调整车速和车道。

13. 模拟连续急弯山区路行驶

考试车辆运行路线见图 9.11。

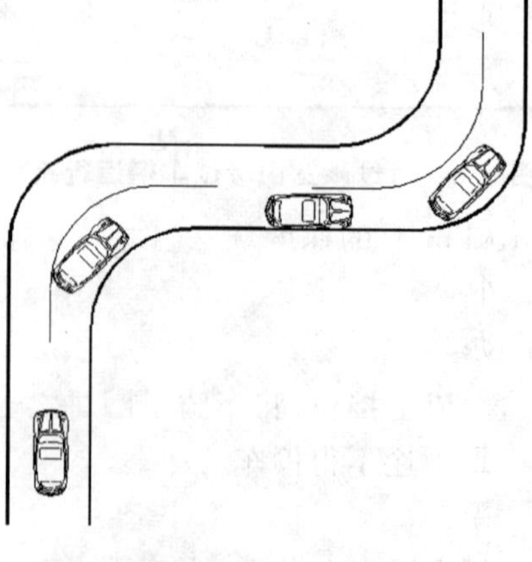

图 9.11 通过连续急弯山区路行驶考试车辆线路图

操作要求：车辆行驶至弯道前减速，靠右行驶，鸣喇叭后驶入弯道，行驶时不得占用对方车道。

14. 模拟隧道行驶

车辆行驶至隧道前观察隧道处道路交通标志，按标志要求操作。驶抵隧道时先减速，开启前大灯，鸣喇叭；驶抵隧道出口时，鸣喇叭，关闭前大灯。禁止鸣喇叭的区域不得鸣喇叭。

15. 模拟雨(雾)天行驶

车辆减速行驶。雨天视雨量大小选择雨刮器挡位，雾天开启雾灯、示廓灯、前照灯、危险报警闪光灯。

16. 模拟湿滑路行驶

进入湿滑路前，减速行驶；进入湿滑路后，使用低速挡匀速行驶，平稳控制车辆方向通过。

17. 模拟紧急情况处置

在正常行驶过程中，随机选取以下紧急情况之一，用语音或灯光等进行模拟：

(1) 前方突然出现障碍物，应当立即制动，迅速停车，停车后开启危险报警闪光灯；

(2) 高速公路行驶遇爆胎等车辆故障时，合理减速，观察后方跟车情况，将车平稳停于应急车道，开启危险报警闪光灯，发出乘员撤离至护栏外的提示，正确摆放警告标志，驾驶人本人撤离至护栏外侧，模拟报警。

18. 合格标准

大型客车、牵引车、城市公交车、中型客车、大型货车准驾车型考试内容为 1～17。

小型汽车、小型自动挡汽车、残疾人专用小型自动挡载客汽车和低速载货汽车准驾车型考试内容为 1～7。

三轮汽车、普通三轮摩托车、普通二轮摩托车和轻便摩托车准驾车型考试内容为 1～3。

科目二考试满分为 100 分，考试车型为大型客车、牵引车、城市公交车、中型客车、大型货车准驾车型的，成绩达到 90 分为合格，其他准驾车型的成绩达到 80 分为合格。

9.3.4　科目三

科目三为道路驾驶技能和安全文明驾驶常识考试科目，道路驾驶技能考试应当按照报考的准驾车型，选定对应考试车辆，由考生按照考试员的考试指令完成实际道路的驾驶操作。安全文明驾驶常识考试为理论考试。

1. 上车准备

绕车一周，观察车辆外观和周围环境，确认安全。打开车门前应观察后方交通情况。

2. 起　步

起步前检查车门是否完全关闭，调整座椅、后视镜，系好安全带，检查驻车制动器、挡位，启动发动机。检查仪表，观察内、外后视镜，侧头观察后方交通情况，开启转向灯，挂挡，松驻车制动，起步。起步过程平稳、无闯动、无后溜，不熄火。

3. 直线行驶

根据道路情况合理控制车速，正确使用挡位，保持直线行驶，跟车距离适当，行驶过程中适时观察内、外后视镜，视线不得离开行驶方向超过 2 s。

4. 加减挡位操作

根据路况和车速，合理加减挡，换挡及时、平顺。

5. 变更车道

变更车道前,正确开启转向灯,通过内、外后视镜观察后方道路交通情况,确认安全后变更车道,变更车道完毕关闭转向灯。变更车道时,判断车辆安全距离,控制行驶速度,不得妨碍其他车辆正常行驶。

6. 靠边停车

开启右转向灯,通过内、外后视镜观察后方和右侧交通情况。减速,向右转向靠边,平稳停车。拉紧驻车制动器,关闭转向灯。停车后,车身距离道路右侧边缘线或者人行道边缘 30 cm 以内。

7. 直行通过路口、路口左转弯、路口右转弯

合理观察交通情况,减速或停车瞭望,根据车辆行驶方向选择相关车道,正确使用转向灯,根据不同路口采取正确的操作方法,安全通过路口。

8. 通过人行横道线

减速,观察两侧交通情况,确认安全后,合理控制车速通过,遇行人停车让行。

9. 通过学校区域

提前减速至 30 km/h 以下,观察情况,文明礼让,确保安全通过,遇有学生横过马路时应停车让行。

10. 通过公共汽车站

提前减速,观察公共汽车进、出站动态和乘客上下车动态,着重注意同向公共汽车前方或对向公共汽车后方有无行人横穿道路。

11. 会　车

正确判断会车地点,会车有危险时,控制车速,提前避让,调整会车地点,会车时与对方车辆保持安全间距。

12. 超　车

超车前,保持与被超越车辆的安全跟车距离。观察左侧交通情况,开启左转向灯,选择合理时机,鸣喇叭或交替使用远近光灯,从被超越车辆的左侧超越。超车时,侧头观察被超越车辆的动态,保持横向安全距离。超越后,在不影响被超越车辆正常行驶的情况下,开启右转向灯,逐渐驶回原车道,关闭转向灯。

13. 掉　头

降低车速,观察交通情况,正确选择掉头地点和时机,发出掉头信号后掉头。掉头时不妨碍其他车辆和行人的正常通行。

14. 夜间行驶

起步前开启前照灯。行驶中正确使用灯光。无照明、照明不良的道路使用远光灯;照明良好的道路、会车、路口转弯、近距离跟车等情况,使用近光灯。超车、通过急弯、坡路、拱桥、人行横道或者没有交通信号灯控制的路口时,应当交替使用远近光灯示意。

15. 安全文明驾驶常识考试

安全文明驾驶常识考试主要内容包括:违法行为综合判断与案例分析,安全行车常识,常见交通标志、标线和交警手势辨识,驾驶职业道德和文明驾驶常识,恶劣气候和复杂道路条件下驾驶常识,紧急情况下避险常识,交通事故救护及常见危化品处置常识,地方试题。

考试题型为判断题、单项选择题、多项选择题,数量为50道,按科目一要求操作,考试时间为 45 min。

16. 合格标准

科目三道路驾驶技能和安全文明驾驶常识考试满分均为 100 分，成绩分别达到 90 分为合格。

思考题

1. 我国道路通行的原则是什么？
2. 如何保证汽车在雾天和冰雪天安全行驶？
3. 汽车发生爆胎和交通事故时应如何处理？
4. 我国各种准驾车型的代号分别是什么？
5. 我国汽车驾驶证考试的主要内容有哪些？

参考文献

[1] 陈开考. 汽车文化[M]. 杭州:浙江大学出版社,2007.
[2] 帅石金. 汽车文化[M]. 北京:清华大学出版社,2007.
[3] 龚箭,陈恒华. 汽车文化[M]. 上海:复旦大学出版社,2007.
[4] 宋景芬. 汽车文化[M]. 北京:电子工业出版社,2005.
[5] 屠卫星. 汽车文化[M]. 北京:人民交通出版社,2005.
[6] 郎全栋,曹晓光. 汽车文化[M]. 北京:高等教育出版社,2005.
[7] 苑士军,赵国华. 汽车史话[M]. 天津:百花文艺出版社,2003.
[8] 蔡兴旺. 汽车概论[M]. 北京:机械工业出版社,2008.
[9] 凌永成. 现代汽车与汽车文化[M]. 北京:清华大学出版社,2005.
[10] 凌永成,李雪飞. 汽车运用基础[M]. 北京:北京大学出版社,2008.
[11] 王震坡. 现代汽车艺术鉴赏[M]. 北京:北京理工大学出版社,2008.
[12] 杨宏进. 汽车运用基础[M]. 北京:人民交通出版社,2005.
[13] 中华人民共和国交通部. 安全驾驶从这里开始[M]. 北京:人民交通出版社,2005.
[14] 浙江省公安厅交通管理局. 汽车驾驶人理科考试指南[M]. 浙江:浙江科学技术出版社,2007.
[15] 杨柏青,王凤军. 汽车使用与技术管理[M]. 北京:北京大学出版社,2005.
[16] 陈焕江. 汽车运用基础[M]. 北京:机械工业出版社,2003.
[17] 张京明,江浩斌. 汽车工程概论[M]. 北京:北京大学出版社,2008.
[18] 蒋猛. 汽车文化[M]. 重庆:西南师范大学出版社,2007.
[19] 方勇. 汽车构造[M]. 北京:化学工业出版社,2008.
[20] 薛华,郭文洋. 汽车发动机构造与维修[M]. 大连:大连理工大学出版社,2007.